Evelyne und Annabel DA SILVA

DIE REINKARNATIONEN,

ein Weg zu unserer Entwicklung

... oder wie man einen anderen Blick auf das Leben hier und anderswo werfen kann.

Editions BoD – Books on Demand

Editeur : BoD – Books on Demand
12-14 rond-point des Champs Elysées – 75008 Paris
Impression : BoD-Books on Demand, Norderstedt, Allemagne

Name des Autors/Rechteinhabers : Evelyne DA SILVA
Illustration : Pierre CABOURET
Übersetzung : Peer JANSSEN

ISBN : 978-2-322-04499-3
Pflichtabgabe: Januar 2016

An alle, von hier oder von woanders,
die uns geholfen haben,
einen Schritt hin zum Verständnis zu gehen.

VORWORT

Sind wir wirklich allein, wenn wir Einsamkeit erleiden? Sind wir wirklich von unseren Verstorbenen getrennt und sind sie überhaupt wirklich verschwunden? Was kreist um uns, ohne dass wir uns dessen bewusst sind? Was hat eine Bedeutung, und welche Bedeutung geben wir den Dingen, um uns zu beruhigen? Warum gehen wir durch oft unerklärte Lebensetappen? Welcher Zufall bewirkt die Begegnungen und Ereignisse?

Von wem erhalten wir die Hilfe, wenn wir unsere Bitten oder unsere Notfallmeldungen ins Universum senden? Von unserer geliebten Großmutter, von unserer zu früh gegangenen Schwester, von unserem verstorbenen Ehemann? Von den Engeln, aber gibt es sie wirklich? Von einem Seelenführer vielleicht? Aber wer ist er eigentlich?

Welten zu entdecken, deren Existenz wir uns nicht (klar) vorstellen können, Dimensionen der feinstofflichen Sphären und ihre zeitlichen und räumlichen Einflüsse kennen zu lernen, kann uns schwindelig machen oder – umgekehrt – uns berauschen, während es uns gleichzeitig beruhigt und uns ermöglicht, uns selbst in Bezug auf die Anderen, die Dinge und das Leben einzuordnen, indem dem Leben Sinn gegeben wird. Und wenn wir versuchen, mit Ihnen die Erfahrungen zu teilen, die wir seit etwa 15 Jahren in der Therapie, aber auch entlang unseres Lebenswegs erlebt haben, so sind wir uns dennoch bewusst, dass wir nur an den Böschungen einer Welt anlegen, die unendlich groß ist.

Die Ebene der Materie, die der Emotionen, aber auch die feinstoffliche Ebene – mit anderen Worten: das Greifbare und das nicht Greifbare – sind untrennbar und unentwirrbar miteinander verwoben. Sie beeinflussen sich gegenseitig innerhalb eines Individuums, interagieren zwischen den Menschen, aber auch im ganzen Universum. Und dieses wirkt in ungeahntem Ausmaße sowohl innerhalb der Welten, aus denen es zusammengesetzt ist, als auch auf die Wesen, die es bewohnen. Die Kenntnis über das „Kollektive Unbewusste", das seit dem 19. Jahrhundert bekannt ist, hat uns ebenfalls andere Türen geöffnet. Dahinter steckt die Theorie, dass eine Gesellschaft, eine Nation oder eine Gruppe eine Entität bildet, die sich wie ein globales Individuum verhält, wie ein homogenes Ganzes. Man redet dabei sogar von Gruppenseele.

Die Quantenphysik, die im 20. Jahrhundert ergründet wurde, und noch mehr die Theorie der morphischen Felder, entwickelt von Rupert Sheldrake, Doktor der Biologie und Forscher am Institut für noetische Wissenschaften Kaliforniens, bringt uns dazu zu hinterfragen, was den Menschen, die Natur und alle Phänomene verbindet, die die heutige Wissenschaft entweder noch schwer erklären kann oder einfach nicht akzeptieren will.

Alle Handlungen, Gedanken, Worte, Gefühle, Erinnerungen – selbst diejenigen, auf die wir nicht geachtet hatten – sind in unserem

Körpergedächtnis und unserem Unterbewusstsein gespeichert. Unser Körper besteht aus zahlreichen Energieparzellen, in denen alle Daten beieinander wohnen, die unmittelbar, inhärent zu uns selbst gehören, aber auch diejenigen, die wir von unseren nahen oder fernen, identifizierten oder unbekannten Ahnen geerbt haben. Diese generationen-übergreifenden Informationen jedoch, deren Auswirkungen wir nur selten erahnen und die wir demzufolge nicht beherrschen, spielen ziemlich oft eine parasitäre Rolle, die den Verlauf unserer Existenz heimtückisch und in schwer messbarem Ausmaß durcheinanderbringen kann.

Zu diesen Speichern kommt der Einfluss unserer zahlreichen früheren Leben hinzu, von denen wir (glücklicherweise?) nur selten eine Erinnerung behalten. Alle unsere persönlichen Daten werden in einer „universellen Datenbank“ gespeichert.

Schon beim Aufsagen all dieser Komponenten könnten wir Lust haben, uns den Schweiß von der Stirn zu wischen, und dennoch darf man nicht die Bedeutung der feinstofflichen Welt vergessen, die sehr oft mit Recht als Parallelwelt bezeichnet wird. Auf welche Weise, zu welchem Grad beeinflusst sie unsere Verhaltensweisen oder unser Leben? Mit welchem Ziel und zu welchem Zweck?

Als Menschen sind wir alle unbewusst durch unser Verständnis, unsere Glaubensvorstellungen und unsere Wahrnehmung der Zeit und des Raums begrenzt. Wir bleiben überzeugt, dass wir uns, am Tag an dem wir da oben ankommen und wir vorsichtig mit dem Zeigefinger die Tür aufdrücken, die sich zur anderen Welt hin öffnet – totlachen. Denn wir werden die Verflechtungen des Universums und die Verbindungen entdecken, die die Wesen miteinander in den unvermuteten Dimensionen verbinden, um anschließend davon ergriffen zu sein.

Dieses Buch gliedert sich in drei Teile. Der erste und zweite erklären anhand erlebter Anekdoten, wie Einträge in unserem Körpergedächtnis, die energetisch an unserem physischen Körper abtastbar sind, unser Handeln beeinflussen. Um die Anonymität der Personen zu wahren, deren Geschichten hier in dem Buch vorkommen, haben wir bewusst die Vornamen geändert. Der dritte Teil gibt den Dialog zwischen meiner Tochter Annabel und ihrem Seelenführer wieder, der uns die Tür zu einem Universum eröffnet, das viel weiträumiger und komplexer ist, als wir es uns vorstellen können. Das, was er uns enthüllt, beantwortet zahlreiche Fragen, die wir uns über unser Leben stellen.

Evelyne und Annabel DA SILVA

ERSTER TEIL - EINFÜHRUNG

WAS IST HELLEMPFINDEN ?

Ausgehend vom Prinzip „Wir haben nichts erfunden, wir erinnern uns bloß“ bleiben wir überzeugt, dass die Methode Resonance, die mehr ein Werkzeug als eine Methode ist, die wir verwenden und lehren, an sich nichts Außergewöhnliches ist. Die Menschen verwenden ihren Instinkt seit Anbeginn der Zeit. Wir alle sind – in unterschiedlichem Grad – fähig, Zugang zu den Erinnerungen zu erhalten, die wir als Menschen verursacht und gespeichert haben.

Jedes lebendige Wesen ist definitionsgemäß die Summe seiner Vergangenheit und seiner Individualität: dimensional, temporal und existenziell. Aufgrund unseres Status als sich entwickelnde Wesen sind wir auf die eine oder andere Weise mehr oder weniger verlangsamt oder blockiert in unserer Entwicklung.

Wenn wir uns wirklich aller Elemente bewusst werden, die uns auf unserem eigenen Weg aufgebaut und motiviert haben, richten wir einen anderen Blick auf die Anderen. Wir können uns vorstellen, dass die Begegnungen niemals einfach so geschehen, dass wir immer „eine Geschichte angesichts einer anderen Geschichte“ sind und dass die Begegnung der beiden niemals zufällig erfolgt. Wir haben es mit einem Menschen zu tun der genau wie wir eine Geschichte trägt, sich in einem Prozess einer dynamischen und permanenten Entwicklung befindet. Wir sind beide von unserer Vergangenheit, unserer ererbten Koffer und der feinstofflichen Welt die uns umgibt, beeinflusst. Außerhalb der Grenzen unserer Zeit haben wir schon gelebt, in anderen Ebenen verkehrt, andere Lebensformen gekannt und die Beeinflussungen und die Erinnerungen haben in uns Spuren hinterlassen.

Das Hellempfinden, ein Schlüsselbegriff in der Résonance, ist eine Fähigkeit, die jeder Mensch natürlicherweise und instinktiv besitzt, mit dem einzigen Unterschied, dass nicht alle auf dieselbe Weise diese entwickelt haben. Als die Sprache noch nicht strukturiert war, war es nötig als Überlebensinstinkt, die Umgebung und den anderen mehrsinnig wahrzunehmen und seine Absichten zu erspüren. Das Hellempfinden geht aus diesem Instinkt hervor, weil das Konzept auf eine Gesamtheit von Erspürtem verweist, das – gleichzeitig, abwechselnd oder einzeln – die visuelle, auditive, olfaktorische und kinesthetische Fähigkeiten vereint. Dies bedeutet, dass wir Bilder (reale oder symbolische) empfangen, Szenen des Lebens erahnen, Gerüche riechen, Namen oder Informationen hören, die der fernen oder nahen Vergangenheit des Individuums oder seiner Abstammungslinien angehören, wenn wir uns in die Situation des Hellempfindens versetzen. Diese Wahrnehmungen setzen voraus, dass wir uns den subtilen Ebenen öffnen und dass wir vertrauen.

Und was hat es mit dem Heilungsprozess auf sich?

In der populären Wahrnehmung wird Heilung als Fehlen, Verschwinden oder Rückzug der Krankheit verstanden. Dies ist eine Sichtweise, die eine Trennung zwischen Körper, Seele und Geist impliziert. Das Wichtigste ist jedoch nicht die Pathologie selbst, sondern eher ihre Ätiologie, das heißt, ihre tiefen Ursachen. Die Krankheit, leicht oder schwer ausgeprägt, ist die Botschaft, die vom Unbewussten ausgesendet wird.

In einem ersten Schritt erleichtert der Aufbau eines Dialogs mit dem Körper und/oder dem Unbewussten das Verstehen und die Deutung der Signale die er sendet. Warum hindert die Halswirbelarthrose diese Dame am Aufrichten ihres Kopfes und zwingt sie seit Jahren sich zu beugen? Warum hindert ein Hexenschuss diesen Bauern am Gehen, während er viel Arbeit hat und sich nicht gestatten kann, die Tagesleistung zu verringern? Warum entwickelt diese ältere Dame bei der Geburt ihrer Enkelin urplötzlich einen Augentumor? Warum leidet dieser Mann – dessen Großvater taub war – an ernsten Hörproblemen, und warum ist sein jüngster Sohn auch taub? Genetische Vererbung oder Weitergabe transgenerationeller Erinnerungen? Unausweichlichkeit oder zu versteckte Familiengeheimnis?

In einem zweiten Schritt ist es sinnvoll, die feinstofflichen Einflüsse oder die Erinnerungen eines früheren Lebens zu erkunden, denn schließlich erfolgt die wirkliche Heilung, wenn die Person die in ihr Unbewusstes eingeprägten traumatisierenden Erinnerungen entknotet hat. Es kann vorkommen, dass der körperliche Tod dennoch das Ende einer Krankheit ist, aber die Seele wird verwandelt von uns gehen, um besser wiedergeboren werden zu können. Vielleicht ist es das, was wir alle verwirklichen können? Vielleicht haben wir uns sogar inkarniert, um dieses Ziel anzupeilen?

Die Botschaft der Seelenführer geht klar in die Richtung, dass der Körper nur ein Mittel ist, den unsere Seele benutzt, um durch Erfahrung wachsen zu können. Die Krankheit ist nur ein

Seinszustand, der die Erfahrung in einem präzisen Inkarnationsprogramm ermöglicht, und unsere Lebensbedingungen sind nur ein Gebiet für Erfahrungen. Alle diese Elemente sind letztlich nur unserer inkarnierten Seele zur Verfügung stehende Mittel.

UNSER EXISTENZIELLES PROGRAMM

Wenn wir durch ein schwieriges Ereignis oder ein Drama getroffen werden, das unser Leben zu zerreißen droht, schreien wir unseren Schmerz oder unsere Hoffnungslosigkeit den anderen, dem Leben oder Gott entgegen, der so viel Leid und Ungerechtigkeit erlaubt. Wenn wir - nachdem die Schmerzen geringer geworden sind - die Kraft und die Möglichkeit zur Beobachtung finden können, was diese schmerzhaften Erlebnisse darstellen; wenn wir den erforderlichen Abstand einnehmen können, um zu versuchen, die Bedeutung aller Elemente zu erfassen, die eingetreten sind, um diesen ungerechten Unfall, die Krankheit, oder diesen plötzlichen Tod zu verstehen, so können wir verstehen, dass nichts zufällig geschieht, selbst wenn uns viele Informationen entgehen. Natürlich ist es leichter, dies für die Anderen zu tun, als für sich selbst, denn die erforderliche Beteiligung und der erforderliche Einsatz sind nicht gleich.

So viele Leute um uns herum leiden, und es reicht, an einem beliebigen Ort der Welt die Seiten einer Tageszeitung zu öffnen, um dies festzustellen. Und dort könnten wir uns die Frage stellen: Warum ist dieser Mann bei diesem Unfall nur knapp dem Tod entkommen? Warum hat diese Frau eine Fehlgeburt nach der anderen? Warum wird dieses Kind von seinem Vater geschlagen? Warum hat dieses Neugeborene nicht überlebt? Bei diesen unangenehmen Fragen kann sich eine weitere Frage anschließen: Welchen Anteil der Verantwortlichkeit hat jeder Beteiligte, bewusst oder unbewusst, in jeder dieser beängstigenden, schrecklichen, schmerzlichen Situationen übernommen? Hat sich dieser Mensch vielleicht dieses Unfalls „bedient", um mit dem Tod zu spielen? Hat diese junge Mutter diese neue Fehlgeburt „provoziert"? Hat dieses Kind „absichtlich" eine Situation erschaffen, die es den wiederholten Schlägen eines gewalttätigen Vaters aussetzt? Hat dieses Baby „gewählt" in seinen ersten Stunden zu sterben?

Wir reagieren als Menschen die begrenzt sind durch uralte, zähe, heimtückische und oft irreführende Ängste und Glaubensvorstellungen. Wir funktionieren vor allem wie Menschen, die seit Jahrtausenden durch eine extreme existentielle Angst terrorisiert werden: den Tod. Denn viele verbinden den Tod mit Leere, Verlassenwerden, Trennung, Jenseits. Das sind abstrakte Begriffe, die der Mensch seit Anbeginn der Zeiten unaufhörlich mystifiziert und verteufelt hat, und die ihn in eine tiefe Angst versetzen. Die Verknüpfung dieser Ängste und Beklemmungen des Lebens bewirkt, dass wir mit allen unseren Kräften, von der Wiege bis ins Grab, gegen den Tod und die Krankheit, gegen den Verfall, die Alterung und die Zeit, gegen die anderen ebenso wie gegen uns selbst – gegen alles, was uns schaden könnte und was wir nicht selbst steuern, kämpfen. Wir funktionieren als ob wir durch einen schlechten Steuermann angeführt würden, weil wir ganz einfach vergessen, dass wir unser existentielles Inkarnationsprogramm selbst gewählt haben.

AM ANFANG - UNSERE MOTIVATION, UNS ZU INKARNIEREN

Die ersten Male, in denen ich mit der feinstofflichen Welt konfrontiert war, musste ich meine Empfindungen und die wahrgenommenen Informationen dekodieren, indem ich eine Logik hinzuzog, die mehr mit dem Subtilen und dem Emotionalen zu tun hatte als mit dem Intellektuellen. Mit der Zeit und mit der Wiederholung der Situationen haben sich die Antworten von selbst aufgedrängt, und diese haben sich Fall für Fall bestätigt.

Aber was versteht man eigentlich unter „feinstoffliche Welt"?

Jede Manifestierung und jedes Element, die dem Materiellen, dem Greifbaren, dem Sichtbaren gegenüberstehen, und im weiteren Sinne dem, was wir objektiv und rational erklären können, kann als feinstofflich qualifiziert werden. Das Energiefeld, als eine Ausstrahlung, die von jeder tierischen, pflanzlichen oder mineralischen Lebensform abgegeben wird, ist schon Teil der feinstofflichen Ebene. Es ist nicht für alle wahrnehmbar, und dennoch existiert es sehr wohl. Ebenso ist es mit unserer Seele, die nach unserem Tod ihre Schwingung behält.

Was nehmen wir beim Hellempfinden wirklich wahr? Die Seele der Person? Die Schwingungen von ihr? Ein Echo? Das spielt keine Rolle. In diesem Buch verwenden wir durchgehend das Wort „Seele“, um kohärent zu bleiben. Jeder Leser ist frei, dem Begriff die Bedeutung zu geben, die ihm angemessen erscheint, oder ihm eine Übersetzung beizuordnen, die sich für ihn stimmig anfühlt.

Unsere Seele hat sich aufgrund einer absichtlichen und freiwilligen Entscheidung in unseren physischen Körper integriert. Sie hat dies nicht zufällig getan, sondern in Bezug auf ein bestimmtes Lebensziel. Sie hat sich das Zeitalter, den Ort, das Umfeld und die Bedingungen ausgewählt, aber auch eine Familie, in der jeder seinen Platz hat, seine persönliche Geschichte und seine eigenen Integrationsmotivationen. Alle diese geeigneten Elemente sind ihr für die Umsetzung ihres Lebensziels unerlässlich gewesen. Bei der überwiegenden Mehrzahl von uns wurde dieses fundamentale Lebensziel jedoch vergessen, ganz einfach aus unserem Bewusstsein und unserem Gedächtnis gelöscht. Entweder im Moment unserer Inkarnation oder während des intrauterinen Lebens, oder auch ganz kurz nach der Geburt. Diese Amnesie beeinflusst mehr oder weniger stark die psychische und emotionale Entwicklung des Fötus, des Kindes und/oder später das Leben des Erwachsenen. Jedoch hat diese Amnesie einen Sinn im Zyklus der von den höheren Ebenen für die Seele vorgesehenen Reinkarnationen.

Seit dem Beginn meiner Aktivität wurde ich – bei den Sitzungen – dahin geführt, mit dem Hellempfinden Seelen von Kindern wahrzunehmen, die bereit waren, sich zu integrieren, deren kondensierte Schwingungen über dem Bauch einer Frau mit bewusstem oder unbewusstem Kinderwunsch schwebten. Die Ereignisse haben es oft ermöglicht, dass ich den Lebensweg dieser Frauen etwas später erneut kreuzte, nachdem sie schwanger geworden waren. Meistens haben die Dialoge mit der inkarnierten Seele auf ganz natürliche Weise begonnen, und ich habe dann mein Gespräch mit dem – jetzt deutlich anwesenden – Fötus fortgesetzt, der in einigen Fällen derjenige war, der im Energiefeld seiner zukünftigen Mutter vor der Zeugung war. Einige dieser schwebenden Seelen bleiben nämlich manchmal einige Tage, einige Wochen oder länger in der Aura der hypothetischen Mutter, während sie darauf warten, dass die potentiellen Eltern sich entscheiden und die Begegnung der Körper stattfindet. Wenn der Kinderwunsch nur vorübergehend ist oder aus verschiedenen Gründen nicht realisiert werden kann, verschwinden sie wieder in die Unissenz, und eine andere Seele übernimmt den Platz bei der „nächsten eventuellen Bestellung“. In der Folge konnte ich die Unterstützung durch die Hellsichtigkeit meiner Tochter nutzen, welche die auf die Integration wartenden Seelen deutlich sieht. Sie materialisieren sich im Allgemeinen in Form von sich bewegenden ätherischen Blasen die in verschiedenen Farben strahlen können.

Wir waren oft überrascht festzustellen, dass diese frisch inkarnierten Seelen sehr häufig schon emotionale Verletzungen gespeichert hatten und sich schon von den ersten Sekunden der Schwangerschaft an als Opfer verhielten, obwohl sie ihre Inkarnation ganz bewusst und freiwillig gewählt haben. Neun Monate Schwangerschaft stellen neunmal dreißig Tage dar, eine Anzahl entscheidender Stunden, Minuten und Sekunden, in denen dem werdenden Kind ein echtes Kaleidoskop von Emotionen und

Empfindungen begegnet: seine eigenen, die der Mutter und manchmal die seiner Umgebung. Ein beachtliches, affektives Gepäck für ein kleines Wesen, das noch nicht über die Fähigkeit zur Analyse verfügt, auch nicht über die Mittel, sich auszudrücken und in eigener Sache einzugreifen. Dieses Gefühl des Schuldigseins und/ oder des Opferseins, das sich aus dieser emotionalen Konditionierung ergeben kann, erklärt zu einem großen Teil die Pathologien des Fötus, sowie mögliche Komplikationen der Schwangerschaft oder der Geburt, wie z.b. fötale Hypotrophie, intrauteriner Fruchttod, Frühgeburt, Beckenendlage, Asynklitismus, usw.

Zur Verdeutlichung, hier ein Fall aus meiner Praxis: Rebecca ist schwanger und sorgt sich um ihr Baby, das sich wenige Tage vor dem Geburtstermin trotz mehrerer Akupunktursitzungen immer noch in Steißlage befindet. Die junge Frau fürchtete einen Kaiserschnitt, denn sie wollte gern auf natürlichem Wege gebären und so die Geburt ihres ersten Kindes ganz genießen können. Ihr Großvater war einige Monate vor der Konzeption des Kindes verstorben, und Rebecca hatte sich sehr gewünscht, dass das von ihr getragene Kind dem Verstorbenen ähneln würde. Sicher, ihr Glück, schwanger zu sein, hat das Leid der Trauer etwas abgemildert. Sie hätte dennoch gerne die Freude erlebt, es dem alten Mann noch vor seinem Tod zu präsentieren. Daher hegt sie einen gewissen Groll gegen ihr Baby, das es nicht eher gekommen ist. So viele widersprüchliche Emotionen und Gefühle, die sie im Verlauf der Sitzung ausdrückt. Durch das Hellempfinden fange ich auf, dass der Fötus verdrossen ist, unter diesen Bedingungen geboren zu werden, denn er weiß, dass er seine Mutter niemals wird befriedigen können; er fühlt sich nicht um seiner selbst willen erwartet und weigert sich daher, das Leben auf diese Weise anzugehen. Ich spiegelte der

Mutter die Gedanken ihres Babys. Nachdem ihr die Umstände bewusst wurden, lud sie es ehrlich mit lauter Stimme ein: Zu sein, was es Lust hat zu sein, wie er ist, was er ist und bestätigte ihm, dies wird sie glücklich machen. Auf dem Rückweg nach Hause hat sich das Baby in ihrem Bauch gedreht.

Erika ist eine andere Mutter, die sich bewusst für eine vierte Schwangerschaft entschieden hat. Sie ist überzeugt, dass dieses neue Kind der Kitt für ihre sich in Auflösung befindende Ehe sein wird. Ihr Mann hat den Haushalt verlassen, weil er es nicht mehr ertrug, in einer nicht gewünschten Rolle als Vater einer kinderreichen Familie eingesperrt zu sein. Bei der Ankündigung der neuen Schwangerschaft zog ihr ältester Sohn zu seiner Großmutter. Die Vorstellung, eine weitere kleine Schwester zu haben, die ihn in seinem Raum noch mehr eingeengt, war ihm unerträglich. Erika war um die Gesundheit des von ihr ausgetragenen Kindes besorgt, denn die im 6. Monat durchgeführte Ultraschalluntersuchung hatte eine Zyste beunruhigender Größe an der linken Niere des Fötus aufgedeckt. Es war auch schon ein Eingriff nach der Geburt geplant. In dem telepathischen Austausch, den wir gemeinsam hatten, hat das Kind verstehen können, dass es seine Aufgabe ist, seinen Platz einzunehmen und den Mitgliedern seiner Familie zu vertrauen, ihre Probleme selbst zu lösen. Er hat es geschafft, sich von seinen Ängsten und vom Gefühl abgelehnt zu werden zu befreien. Als ich Erika sechs Wochen später wiedersah, verkündete sie mir mit einem Lächeln auf den Lippen, dass die Zyste an der Niere ihres Babys komplett verschwunden und auch im Ultraschall nicht mehr nachweisbar war. Vielleicht lag dies an meinem Eingriff? Vielleicht wäre sie in jedem Fall verschwunden? Vielleicht lag ihre Resorption an einem anderen Einflussfaktor? In jedem Fall hat sich der große Bruder total in diese kleine „zusätzliche" Schwester verliebt. Der Vater ist seinen eigenen Weg weiter gegangen.

Zahlreiche Föten, mit denen wir über das Hellempfinden kommunizierten, haben die Erinnerung an ihr anfängliches Ziel bewahrt, jedoch nach der Geburt haben dies fast alle vergessen. Einige Dialoge in unterschiedlichen Schwangerschaftsstadien sind ziemlich erstaunlich. Trotz unserer Routine an diesen Konversationen sind wir manchmal immer noch erstaunt über die Fähigkeit der Föten zu verstehen, zu erklären, und über ihre Kenntnisse des Lebens hier wie dort. Einige haben sogar schon, bevor sie kamen, ihre zukünftigen Großeltern kennen gelernt, die diese Erde verlassen hatten.

Maryline, die das Ende ihrer Schwangerschaft erreichte, hat über ihre kleine Tochter, die friedlich in ihrem Bauch heranwuchs, Informationen über die unerklärten Bedingungen des Todes ihres Vaters empfangen können, der zehn Jahre vorher verstorben war. Um sie zu beruhigen bat er sie, ihrer Mutter mitzuteilen, dass es ihm dort, wo er sich befand, gut ging. Die Mutter und die Tochter sprachen beide miteinander, und ich kam mir wie eine Telefonvermittlerin in den 30er Jahren vor, die die Verbindung ermöglicht!

Manchmal richtete sich die Botschaft direkt an die Eltern, um sie in Bezug auf ihre eigene Geschichte reagieren zu lassen.

Ich werde mich immer an die Sitzung erinnern, in der ein Ehemann, mit dem Einverständnis seiner schwangeren Frau teilnahm. Das Paar ging damals durch eine schwierige, konfliktreiche Zeit. Verheddert in Paarproblemen, hatten sie seit langem keine affektiven Annäherungen mehr. Die Eltern hatten sich an einem Abend schwer gestritten und den Streit auf dem Kopfkissen „geregelt...". Die zukünftige Mutter lag ausgestreckt auf dem Behandlungstisch und drückte sich kaum aus. Darum besorgt, das nicht vorgesehene Kind bestmöglich aufzunehmen, informierte sich der zukünftige Vater über die Befindlichkeit des Babys. Ich legte meine Hand in das feinstoffliche Feld des Fötus und war sehr erstaunt über seine Antwort. Das Kind stellte sich nicht als Opfer dar, sondern drückte tiefgehende Überlegungen aus, was das von ihm für sich gewählte Lebensziel und die Schwierigkeit angeht, die es hatte, um es zu verfolgen. Es war tief bedrückt und ratlos durch das, was es würde überwinden müssen, und bereit definitiv die Arme sinken zu lassen und sagte ihnen in einem Wortschwall: „Ich bin umsonst gekommen. Ihr habt nicht begriffen, dass das Wesentliche woanders ist. Ihr liebt euch und ich bin gekommen, damit ihr euch dessen bewusst werdet, aber es ist zu hart für mich. Hört auf, hört auf mit euren Dummheiten.“ In diesem Moment hat die zukünftige Mutter, ohne ein Wort, sanft eine Hand auf die ihres Ehegatten gelegt und ein Lächeln skizziert; die Magie des Moments wurde wirksam. Camille ist gewachsen. Das Kind ist ein sehr besonderes Wesen, ein Wesen der Weisheit, sehr verbunden mit seinen Eltern und gesegnet mit einer außergewöhnlichen Sensibilität, die ihm einen besonders hohen Wahrnehmungsgrad gibt. Es steht über den Dingen, über den Ereignissen und letztere erreichen ihn nicht so, wie sie viele andere Kinder oder andere Erwachsene berühren oder verletzen würden. Camille ist das Geschenk des Lebens an seine Eltern gewesen; ein Geschenk, das sicher nicht zufällig geschah.

Es ist nicht leicht, die Eltern von Kindern zu sein, die, wie Camille, dieses Bewusstsein des „Vor-dem-Leben“ behalten haben, denn sie müssen akzeptieren, von ihren Sprösslingen neue Lebenslektionen und eine gewisse Form der Spiritualität zu lernen. Sie können sich nicht mehr als alleinige Inhaber der Wahrheit und der

Erziehungsregeln hinstellen, wie es die klassischen Schemata uns glaubhaft machen. Vielleicht haben Sie in Ihrer familiären Umgebung Umgang mit einem dieser Kinder. Vielleicht ist sogar Ihres eines dieser „andersartigen“ Kinder!

Der Austausch mit Camille und sehr vielen anderen Kindern, mit denen wir kommuniziert haben, lange bevor wir ihre Nasenspitze sehen konnten, haben uns bestätigt, dass ein Kind schon in utero entscheiden kann zu bleiben oder zu gehen. Zu jedem Zeitpunkt behält es seinen freien Willen, nach vorn oder hinten zu kippen, am Leben zu bleiben oder nicht - je nach den verschiedenen Wendungen, die die Ereignisse nehmen: Veränderungen des Verhaltens oder der Gefühle der Mutter, Reaktionen der Umgebung, Fehlen persönlicher Motivation usw. Es ist uns nicht möglich, alles zu erfassen und die Wirren des Lebens zu verstehen, denn die Gründe befinden sich außerhalb der Zeit und der menschlichen Logik. Annabels Seelenführer hat uns in Einzelheiten erklärt in welchem Ausmaße die Föten während der Schwangerschaft ihren freien Entscheidungswillen beibehalten und welche Auswirkungen dies auf ihren Entwicklungspfad nimmt. Wir werden im zweiten Teil dieses Buches in mehreren Kapiteln darauf zurückkommen.

ALLES HAT EINE BEDEUTUNG

Auch wenn wir alle unser Inkarnationsprogramm selbst zusammengestellt haben, haben wir dafür jedoch nicht alle Modalitäten definiert oder die Unwägbarkeiten vorhergesehen. Das ist als ob wir ein Flugzeugticket für eine Trekking-Tour in Thailand kaufen, ohne unsere einzelnen Übernachtungsstellen festgelegt zu haben. Eines ist sicher: Wir brechen auf nach Thailand! Indem wir das Ticket für unser Leben auf der Erde kaufen, haben wir die emotionalen Etappen ausgewählt, die wir auszuprobieren und möglicherweise zu lösen haben. Zum Beispiel: das Bedürfnis nach Anerkennung, fehlendes Selbstvertrauen, die Schwierigkeit, seinen Platz zu finden, seinen Wert zu erkennen usw. Die Programme des Universums werden uns auf unseren Weg anschließend Möglichkeiten, Begegnungen, Ereignissen und Synchronisationen geben, die für uns die entsprechenden Mittel zum Erreichen unseres Ziels sein werden. Wobei das Wesentliche nicht ist, es um jeden Preis zu erreichen, sondern auf dem Weg zu ihm zu sein. Denn sein Ziel erreichen zu wollen, ist schon ein Ziel für sich.

Selbst wenn wir es vielleicht im Moment nicht verstehen, erleben wir nichts aus Zufall. Jede Etappe, jede Prüfung, jede Freude oder auch jedes Leid, haben eine Bedeutung. Selbst wenn der Schmerz uns hindert, die Bedeutung und Reichweite dessen zu erfassen, sind diese Wechselfälle des Lebens notwendig und führen uns zu der Erfahrung, die wir für die Kenntnis und die Realisierung unseres existenziellen Programms benötigen. Dies ermöglicht wiederum die Entwicklung unserer Seele. Das Leben hat nichts Nutzloses im Universum erschaffen. Alle Pflanzen, alle Insekten, alle Tiere, ob Parasiten oder Räuber, spielen eine Rolle. Einige Arten töten, um sich zu ernähren und zu überleben, andere sind unerlässliche Glieder in der großen Kette des Lebens. Auf ihre Weise „nähren“ sich auch die Menschen von denjenigen, die sie umgeben, um sich zu entwickeln.

Die fundamentalen menschlichen Bedürfnisse sind universeller Art. Dennoch bleiben die Modalitäten der Erfahrung individuell, und unsere Geschichte gleicht keiner anderen; weil sie unsere Essenz ist, die Quintessenz von uns selbst – unsere Seele. Wir haben die Entscheidung getroffen, uns zu inkarnieren – und daran werden uns die Seelenführer oftmals erinnern. Und wenn wir wieder Kontakt mit dieser ursprünglichen Absicht unserer Seele aufnehmen, so verbinden wir uns wieder mit diesem souveränen Lebensimpuls, finden unsere Freiheit wieder; die Freiheit, für uns selbst zu entscheiden.

DER ERSTE SCHREI IM FÖTALEN LEBEN

Nachdem sich der Fötus gut im Bauch der Mutter eingenistet hat, beginnt er mit – aus kaum ein paar Zellen bestehend – Emotionen zu spüren und anzusammeln. Einige werden angenehm oder fröhlich sein, andere aber negativer. Diese werden subtile oder auch tief einprägende Spuren hinterlassen. Diese bezeichnen wir als „erste Schreie", die dem allerersten Auftreten, dem allerersten Erscheinen einer präzisen, negativen Emotion in unserem aktuellen Leben entsprechen. Die Idee impliziert, dass wir in unseren Gedächtnissen mehrere erste Schreie und die aufeinander-folgenden „Echos" speichern, die aus diesen hervorkommen. Als Spuren unserer ersten Leiden werden unsere ersten Schreie meistens während des fötalen Lebens oder ganz am Anfang unseres Lebens in unserem Unbewussten archiviert. Jedoch können wir – wenn wir uns in einer Problematik wiederfinden, die uns am Vorankommen hindert – keinen Zugang zu den ersten Schreien und deren Echos haben, die durch die erlebte Situation aufgeweckt werden.

Die während des fötalen Lebens aufgezeichneten ersten Schreie entsprechen meistens den Erlebnissen der Mutter, und der – oft fehlerhaften – Übersetzung der mütterlichen Gedanken, Reaktionen oder Verhaltensweisen durch das Kind. Obwohl es nicht immer so ist, stehen die emotionalen Blockaden des intrauterinen Lebens sehr oft in Verbindung mit den Emotionen, die die Mutter während der Schwangerschaft – von der Konzeption bis zur Entbindung – erlebt hat. Je nach Intensität oder Schwere haben sie Auswirkungen auf das werdende Wesen. Diese Formatierung erklärt teilweise die Unterschiede von Verhaltensweisen und Charakter zwischen den aus einer Schwangerschaft geborenen Kindern, selbst im Fall eineiiger Zwillinge.

Nehmen wir Doris als Beispiel: Nach zahlreichen Versuchen, schwanger zu werden und zwei spontanen Fehlgeburten, wird sie mit 42 Jahren schwanger. Diese nicht geplante Schwangerschaft ist für sie eine derartige Überraschung, dass sie nicht gleich ihren Zustand begreift, denn in gewisser Weise hatte sie ihren Kinderwunsch aufgegeben. Sie brauchte mehrere Tage, um sich an diese glückliche Neuigkeit zu gewöhnen. Immer noch in ihrem Körper und in ihrer Seele gezeichnet durch den vorzeitigen Verlust der von ihr getragenen Kinder, zieht sie es vor, sich nicht zu früh zu freuen, sich nicht zu schnell an das Kind zu binden, dessen Bewegungen sie noch nicht spürt, aus Angst, dass es ihr ein weiteres Mal genommen würde. Durch dieses legitime Verhalten versucht die Frau sicher nur, sich vor dem Leid eines eventuellen Misserfolgs zu schützen, aber die Übersetzung des Embryos davon ist leider eine ganz andere: Das werdende Baby interpretiert dieses Getrenntbleiben nämlich wie ein Nichtlieben oder eine Verleugnung und verankert die Vorstellung, dass es nicht erwünscht sei. Da die Mutter nicht ausdrücklich Freude bekundet, folgert das Kind daraus, dass es ihm niemals gelingen wird, sie zufrieden zu stellen (und indirekt übrigens auch keine andere Frau). Für dieses Kind werden Fatalismus, Miesmacherei,

Freudlosigkeit, Selbstabwertung wahrscheinlich die wichtigsten emotionalen Blockaden sein, die in seinem zukünftigen Leben als Erwachsener zum Tragen kommen werden.

Es kommt vor, dass die negativen Emotionen der Mutter nicht unbedingt mit der Schwangerschaft selbst in Verbindung stehen. Denn während dieser für die Entwicklung des Babys entscheidenden Periode kann die direkte familiäre oder soziale Umgebung einen prägenden oder sogar traumatisierenden Einfluss auf das unbewusste Gedächtnis des Kindes ausüben, wie es dieses zweite Beispiel zeigt.

Isabel ist eine Frau von 45 Jahren, die seit ihrer Heirat im Schatten ihres Ehemanns lebt und sich ganz der Erziehung ihrer 15-jährigen Tochter hingibt. Für sie gab es nie eine nutzlose Ausgabe, keine Verrücktheiten, keine unüberlegten Wünsche. Sie lebt den Dienstag, weil er auf den Montag folgt. Sie erklärt, alles zu haben, was sie braucht, aber fühlt sich oft überwältigt von Traurigkeit, ohne die Ursache davon bestimmen oder definieren zu können, was ihr fehlt. Während sie sich sehr darüber freute, endlich Großmutter geworden zu sein und ihre freien Momente zusammen mit ihrem Enkel genießen zu können, bitten ihre alternden Eltern sie, sich um sie zu kümmern, und entscheiden sich, zu ihr zu ziehen. Noch einmal muss sie abwarten und das Recht, das Leben zu genießen, auf morgen verschieben. Als Isabels Mutter mit ihr in den 60er Jahren schwanger wurde, lebte sie in Spanien auf dem Land. Gerade mal drei Monate verheiratet, entdeckt die junge Frau ihre Schwangerschaft und braucht eine Weile, um sich bewusst zu werden, dass sie ein Kind in ihrem Schoß trägt. Ihr Mann – als legitimer Inhaber des Familiennamens – kündigt ihr mit Worten, die keine andere Deutung zulassen, an, dass er von ihr erwartet, ihm einen Sohn zu schenken. Der Fötus – bewusst, dass er weiblichen Geschlechts ist – deutet den fehlenden Kontakt seitens seiner Mutter als Gleichgültigkeit und glaubt, dass er in den Augen des Vaters keinen Wert habe. Zu diesem Minderwertigkeitsgefühl kommt während der Pubertät das Gefühl der Ungerechtigkeit hinzu, nicht das Recht gehabt zu haben zu studieren, da sie die Älteste von acht Kindern und die einzige Tochter war. Ihr ganzes Leben hat Isabel ihre Fähigkeiten unterschätzt und sich zurückgezogen. Sie wird sich darüber klar, dass sie sich schon immer auf die Meinung der anderen stützt, um eine Entscheidung zu fällen. Seit ihrem fötalen Leben wartet „die kleine Isabel“ nämlich darauf, dass ihr Vater oder ihre Mutter ihr sagt: „Wir freuen uns, dich zu haben. Komm und nimm deinen Platz ein, denn wir haben dir das Recht gegeben zu existieren.“ Anders als die Kleine, die von den anderen abhing, hat die Große, die Frau von heute, verstehen können, dass sie sich selbst dieses Recht zu leben geben kann, oder besser: das Recht nehmen kann, das ihr gegeben wurde.

Das mütterliche Erleben ist eine Sache, die Folgerungen, die das Kind aus diesem Erleben zieht, eine andere, und die Diskrepanz – von einer Wahrnehmung zur anderen – ist gigantisch; ein solcher Graben, dass sich viele von uns verirren, wenn sie sich im Ringen mit ihrem Unwohlsein anschicken, eine wahrscheinliche Ursache zu suchen. Wenn die Eltern ihren Kinder versichern, dass sie während der Zeit der Schwangerschaft nichts „Besonderes“ erlebt haben, wenden sich die Kinder dem Unausgesprochenen, den Familiengeheimnissen, den Krypten und ihren Phantomen usw. zu, um eine hypothetische Erklärung aufzustöbern, während der Ursprung ihres Unwohlseins letztlich viel einfacher ist, als sie denken.

Jede Schwangerschaft, jede Geburt ist eine eigenständige, in sich vollständige Geschichte, die mit mehr oder weniger Geschmeidigkeit,

Glück und Zufälligkeiten abläuft. In bestimmten Fällen scheinen alle idealen Bedingungen vorzuliegen und dennoch hakt es, wie es und das folgende Beispiel der Sitzung mit einem kleinen Jungen zeigen wird: Die Mutter arbeitet nicht und genießt ihre Schwangerschaft. Um sie herum wechseln sich die zukünftigen Großmütter, sprudelnd vor Ungeduld, ab, um den Haushalt und die Einkäufe zu erledigen. Der Vater bereitet das Kinderzimmer vor, das er eigenhändig baut. Die Großeltern entwerfen begeistert einen Plan nach dem anderem: Wenn es ein Junge ist, wird er Angeln gehen, wenn es ein Mädchen ist, wird sie das Klavierspiel lernen. Man hat schon einen Sparplan für sein Studium vorgesehen usw. Kurzum, alle miteinander warten fieberhaft auf diesen teuren Schatz. Dem Anschein nach scheinen die Bedingungen zum Empfang des Kindes ideal... aber die Illusion ist trügerisch. Bewusst oder unbewusst konzentrieren sich auf diesem ersten Enkel der Abstammungslinie die unzähligen Wünsche seiner Familie – und gerade da liegt in diesem konkreten Fall das Problem. Sein Kommen ist derart affektiv und emotional beladen, dass diese Last einen für ihn existenziellen Druck aufbaut, der zu schwer zu tragen ist. Diese Programmierung der familiären Erwartungen wird das Sandkorn darstellen, das das Räderwerk der empfindlichen Maschinerie des sich entwickelnden Lebens stören wird. Genau das hat dieser kleine dreijährige Junge mit gebrechlichem, ausdruckslosem und immer zurückgezogenem Ausdruck gespürt, den seine Mutter und seine Großmutter mir zur Behandlung gebracht hatten. Kein Lebensschwung, keine Existenzfreude; eher ein Gefühl der Resignation, im Warten darauf, dass etwas passiert, aber ohne selbst seine Bedürfnisse bestimmen zu können. Ich hatte den Eindruck, einen Gefangenen wahrzunehmen, der zu 70 Jahren Haft verurteilt wurde und seine Strafe mit Resignation absitzt. Von dem Moment an, als er im Ultraschall entdeckt wurde, bis zu seiner Geburt, hatte dieser kleine

Knirps gefühlt, dass er nicht wegen seiner selbst auf die Welt kam, sondern um die Gelüste und jeweiligen Erwartungen seiner ganzen Familie zu befriedigen; um die egozentrischen Bedürfnisse der einen und der anderen zu erfüllen. Durch instinktives Ablösen der unbewussten emotionalen Blockaden, die in utero, aufgebaut wurden, konnte das Kind wieder Kontakt mit sich selbst aufnehmen. Der Umschwung erfolgte ein paar Stunden nach der Sitzung, und die Metamorphose war radikal. Die Eltern haben einen ganz anderen kleinen Jungen entdeckt, neugierig, das Leben zu genießen.

Einige Umstände (Alter, intellektuelles Niveau, mentale Fähigkeit, Grad des Bewusstseins usw.) erlauben dem Kind oder sogar dem Erwachsenen nicht immer, die unbewussten verkrusteten Mechanismen intellektuell zu verstehen. Was aber auch nicht unbedingt erforderlich ist, weil in diesem Fall der Dialog mit seinem Unbewussten in Gang kommt oder, vielleicht genauer, mit seiner Seele. Wenn die Verbindung aufgebaut ist, verlieren die Wörter etwas von ihrer Konsistenz, von ihrer Legitimität, denn Intervenierende(r) und Betroffene(r) befinden sich auf derselben Bewusstseinsebene, die die Tür zu einem non-verbalen und impliziten Dialog öffnet.

Ich möchte die Eltern beruhigen, die beim Lesen dieser Zeilen gestresst sein könnten. Ich höre schon die Reaktionen: „mein Gott, auch ich habe die ersten beiden Monate gezweifelt, ob ich mein Kind behalte“, „am Anfang meiner Schwangerschaft hatte ich viele Konflikte mit meinen Schwiegereltern und ich bin sicher, dass mein Kind sie gespürt hat“, oder auch „mir wurde erst bewusst, dass ich das Leben in mir trage, als mein Kind anfing, sich in meinem Bauch zu bewegen“, „Während meiner zweiten Schwangerschaft habe ich viel mit meinem ersten Sohn gestritten und geschrien.“, und Hunderte anderer Besorgnisse, die während der Sitzungen formuliert wurden - hauptsächlich von den Müttern. Es ist wichtig, sich zu erinnern, dass die Seele des Kindes sich ihre Eltern, ihre Umgebung, ihre Abstammungslinie usw., also die Dreh- und Angelpunkt ihrer Entwicklung selbst „auswählt". All diese Elemente sind ein Reichtum für das sich entwickelnde Wesen, das die Möglichkeit haben wird es zu nutzen oder auch nicht. Wenn wir Eltern ihm nicht die zur Realisierung seines Inkarnationsprogramms erforderlichen Bestandteile hätten bieten können, nun ... dann hätte unser Kind diese sich ganz einfach woanders gesucht.

Selbst im Fall einer Abtreibung ist die Entscheidung, sich bei Erzeugern zu integrieren, die seinem Abenteuer sehr schnell ein Ende setzen werden, Teil des existenziellen Programms der Seele, selbst wenn die Amnesie – ab der Fusion der Gameten – den Entscheider zu einem Opfer umgewandelt hat. Als Mutter oder Vater meinen wir, die Entscheidungsmacht zu besitzen, eine Schwangerschaft fortzusetzen oder zu beenden, während wir in Wirklichkeit je nach unserem Lebensweg, unserer Geschichte, unseren geerbten Belastungen, unseren Emotionen und auch unseren Zweifeln vom Fötus ausgewählt wurden, damit er die programmierte Erfahrung machen kann.

Ob wir uns stromaufwärts oder stromabwärts der genealogischen Linie befinden, im Voraus ist alles bekannt, was die erforderlichen Elemente angeht, die bei allen Protagonisten die Entscheidung zur Integration definieren. Indem die Großmutter das mütterliche Nest wählt, weiß sie bereits, dass sie die schmerzhafte Erfahrung der Machtlosigkeit erleben wird, einem ihrer Söhne, der „anders" geboren sein wird (zum Beispiel aufgrund einer seltenen Erbkrankheit), nicht helfen zu können. Sie steht vor ihren Schuldgefühlen, die Gene für eine Behinderung weitergegeben zu haben und muss lernen, ihre Machtlosigkeit anzunehmen. Später wird auch das Kind dieses anders geborenen Sohnes wissen, dass es, indem es sich inkarniert, diese Großmutter und ihre Erfahrung, die sie ihm als emotionale Erbschaft weitergegeben hat, brauchen wird, um sich selbst zu entwickeln. Nichts geschieht zufällig, denn alle unsere Lebensgeschichten sind miteinander verbunden. Weiter hinten in diesem Buch werden uns die Seelenführer die fehlenden Elemente zum Verständnis dieses Wirrwarrs geben.

WENN DIE GEBURT SPUREN HINTERLÄSST

Der Fötus kann zahlreiche Situationen direkt erleben, in denen er emotionale Blockaden speichert, ohne über den mütterlichen Filter zu gehen. Die Geburt ist ein starker, oft Stress, Beklemmungen und sogar Angst erzeugender Moment, wenn die Entbindung nicht unter den besten Bedingungen abläuft.

Im folgenden Beispiel hat das Kind die Schwingungen der Umgebung wahrgenommen und daraus seine eigenen Schlussfolgerungen gezogen, die seine Entwicklung ernsthaft verlangsamen werden.

Léo ist ein kleiner, sehr furchtsamer und introvertierter 5-jähriger Junge. Seine Mutter hält es nicht mehr aus, ihn ständig an ihren Beinen kleben zu haben, ihn sich über alles und nichts erschrecken zu sehen. Es ist unmöglich, ihn auf eine Rutsche oder ein Fahrrad steigen oder sogar ihn bei den Großeltern schlafen zu lassen. Im Moment seiner Geburt wurde die junge Hebamme, für die es eine der ersten allein betreuten Geburten war, bei den ersten Schwierigkeiten fast panisch. Die Mutter – die schon zwei Kinder zur

Welt gebracht hatte – versuchte zwischen zwei Kontraktionen, sie zu beruhigen, aber die Hebamme verlor ihre Fassung, ließ das Behandlungsmaterial fallen und verließ abrupt weinend den Kreißsaal, um ihre Kollegin zu holen. Anhand des Zusammenkommens all dieser Elemente hatte Léo gefolgert und als eine Wahrheit gespeichert, dass die Gefahr jederzeit und durch jede beliebige Person hervorbrechen kann, aber dass seine Mutter da ist, um ihn zu beschützen. Trotz seines jungen Alters verstand Léo während der Sitzung, dass er kein Baby mehr ist und dass er die Möglichkeit hat, seine Bedürfnisse oder Ängste mitzuteilen.

Ein anderes Beispiel: Der große Philipp, der an jenem Tag zur Konsultation gekommen war, hat leider mehr Zeit gebraucht, um zu verstehen, was ihn schon immer bremste. Am Tag seiner Geburt war er bereit, sich zu zeigen, aber seine Mutter, die durch viele Stunden dauernde Wehen erschöpft war, schaffte es nicht mehr, genug zu pressen, um ihm zu helfen, zur Welt zu kommen. Da die Überwachungsgeräte eine Notsituation beim Kind anzeigten, wurde notfallmäßig ein Kaiserschnitt vorgenommen, und das Baby konnte gerade noch gerettet werden. Von seiner Geburt an hatte Philipp die Glaubensvorstellung behalten, jemanden etwas schuldig zu sein. Er konnte kein Geschenk empfangen, ohne sich verpflichtet zu fühlen, ein Gegengeschenk zu machen. Jede erhaltene Hilfe musste systematisch erwidert werden, um keine Schuldgefühle zu behalten. Er glaubte, ständig die anderen und ihre Ratschläge zu brauchen, denn es fiel ihm schwer, allein zu entscheiden, selbst bei den Kleinigkeiten des täglichen Lebens. Im Verlauf seiner Sitzung verstand Philipp, dass er es geschafft hatte, auf die Welt zu kommen, und dass das medizinische Team ohne seine Mitwirkung gescheitert wäre. Dass er heute am Leben ist, liegt also daran, dass er fähig war, die Prüfung der Geburt zu bestehen. Von nun an konnte er sich selbst vertrauen.

Bereits viel banalere Vorfälle können Spuren hinterlassen und die Zukunft des Babys beeinflussen.

Elise ist eine 27-jährige willensstarke, aktive, aber auch impulsive Frau. Anders als in ihrem stabilen Berufsleben schlittert sie in ihren Liebes- und Gefühlsbeziehungen von Misserfolg zu Misserfolg. Sie verlässt die Männer, mit denen sie zusammen kommt, aus ihren Launen heraus, wegen nichtiger Anlässe, die sie dann bedauert - wenn es zu spät ist. Sie ist sich bewusst, dass sie durch ein derartiges Handeln sich selbst sabotiert, gegen den eigenen Willen. Sie kommt nun zu mir und will den Grund für diesen destruktiven Funktionsmechanismus verstehen, der in ihrer Vergangenheit schon so viel Leid erzeugt hat. Der erste Schrei, den ich entdecke, findet sich bei der Geburt. Die Mutter von Elise bringt ihre Tochter in den ersten Morgenstunden zur Welt. Durch einen eigenartigen „Zufall" jedoch ist es für den Gynäkologen die siebte Geburt der Nacht - und das siebte Mädchen. Als der Po von Elise sichtbar wird und er der Mutter das Geschlecht des Kindes bekannt gibt, ruft er amüsiert und lachend aus: „Noch eine Pinklerin!" Dieser Ausruf ist nicht abwertend gemeint, und alle Umstehenden finden diesen Zufall eher drollig ... außer der eigentlich Betroffenen. Elise interpretiert diese Wörter als Herabwürdigung und Respektlosigkeit, und leider ist es diese Verzerrung, aus der ihre Wut gegen die Männer, ihre Aggressivität und ihr unstillbares Bedürfnis nach Anerkennung kommt. Natürlich war es ihr als Neugeborenes unmöglich, die wörtliche Bedeutung dieser Worte zu übersetzen, aber die allgemeine Stimmung, der Tonfall des Arztes und das Gelächter der Umgebung haben die Seele des schutzlosen kleinen Wesens, das gerade eben ins Leben eintrat, zutiefst verletzt.

DIE ZEUGUNG: EIN WEITERER SCHLÜSSELMOMENT

Einige Pathologien nehmen ihren Ursprung im Moment der Konzeption, ein anderer entscheidender Moment im Aufbau des Menschen.

Marlene ist eine Person, die sich immer traurig und unbedeutend gefunden hat. Fortwährend bedrückt durch den Eindruck, bisher nichts Gutes erlebt zu haben. Ein Lebensruck, ausgelöst durch den 50. Geburtstag, führt sie zur Konsultation; sie erzählt mit überraschend wenig Überzeugung von ihrer Lust, etwas zu verändern, ein anderes Leben zu führen. Am Tag der Behandlung zeigt sie sich unfähig ihre Bedürfnisse zu formulieren, insbesondere diese präzise auszudrücken. In ihrem Vertrauensmangel und einer ausgeprägten Tendenz sich zu unterschätzen, fällt es Marlene schwer zu glauben, dass sie ein Anrecht auf Glück hat und dass sie fähig ist, es zu erreichen. Die Erinnerungen an das fötale Leben, die durch Hellempfinden im Moment der Konzeption zu spüren waren, lassen Gefühle des Unwohlseins, des Ekels, der Selbstabwesenheit hervortreten. Die von mir wahrgenommenen Empfindungen sind sehr deutlich und ich teile sie Marlene mit, die mir ohne Umschweife die Umstände ihrer Zeugung erzählt. Diese sehr persönlichen Informationen wurden ihr von ihrer Mutter selbst mitgeteilt. Vor ihrer Geburt hatten ihre Eltern schon einen vierjährigen Jungen, und das Paar driftete - durch die langjährige Trunksucht ihres Ehemanns zerrüttet - auseinander. Ihre Mutter hatte lange gehofft, dass ihr Mann sich aus Liebe zu ihr ändern würde. Da sie aber sowohl seine Alkoholsucht als auch seine Gewalt nicht länger ertrug, hatte sie sich schließlich entschieden, die Scheidung einzureichen. An dem Abend, als sie ihrem Ehemann dies mitteilte – der wieder ein Mal viel zu betrunken nach Hause gekommen war –, brach dieser in Tränen aus, flehte seine Frau an, ihm noch eine Chance zu geben und, um sie zu überzeugen, wollte er mit ihr schlafen. Trotz des abstoßenden Atems und Körpers ihres Ehemanns hat sie es mit sich machen lassen, um nicht misshandelt zu werden, wobei sie dachte, dass dies das letzte Mal wäre, dass sie sich grob behandeln ließe. Im Moment der Ejakulation rief der Ehemann heldenhaft und grob im lokalen Dialekt aus: „Jetzt, so heschs!" („So, da hast du es!"); überzeugt, seine Frau geschwängert zu haben, und dass sie aus diesem Grund Abstand davon nehmen würde, ihn zu verlassen. Was dann auch so geschah. Marlene hat sich immer als das „Ergebnis einer Ejakulation" gefühlt, daher ihr mangelndes Selbstwertgefühl, ihre mangelnde Lebensfreude usw.

Ein weiteres Beispiel: Hans ist die legitime Entschuldigung gewesen, die seine Mutter gefunden hatte, um den von ihr begehrten Mann zu heiraten. Dieser elegante, schüchterne und gebildete, aber mit 45 Jahren noch alleinstehende Mann aus einer wohlhabenden Familie stellte für sie ein Mittel dar, ihre Situation als Hausangestellte zu verlassen. Sie hatte somit ihre Jugend gegen die langfristige finanzielle Sicherheit eingetauscht. Heute, mit 53 Jahren, hat Hans große Schwierigkeiten seine Bedürfnisse zu definieren. Er fühlt sich alt, mit dem tief empfundenen Gefühl, trotz allem noch nicht gelebt zu haben. Vom Moment seiner Konzeption an hatte er das bittere Gefühl bewahrt, den manipulativen Absichten seiner Mutter gedient zu haben. Obwohl seine Mutter ihm ihr ganzes Leben lang eine grenzenlose Liebe entgegengebrachte, hat er sein ganzes Leben ein tiefes Gefühl eines mangelnden Selbstwerts gespürt. Der kleine Fötus, der er damals war, hatte nicht verstanden, dass er, indem er auf den Wunsch seiner Mutter reagierte, es geschafft hatte, ihr miserables Leben zu beenden und gleichzeitig seinen Vater glücklich zu machen, der sich bis dahin traurig damit abgefunden hatte, ohne Nachkommenschaft zu bleiben. Er spürte sogleich ein immenses Gefühl des Stolzes, so viel Glück um sich herum verbreitet zu haben.

Helene ist immer diskret gewesen, im Hintergrund geblieben, mit einem Gefühl der ständigen Unzufriedenheit. Sie hat ständig Lust auf etwas, aber ohne zu wissen, auf was. Sie hat den Eindruck, in der Familie oder bei den anderen nicht ihren Platz zu haben. Mit vierzehn Jahren teilte ihr eine zu geschwätzige Cousine mit, dass ihre älteste Schwester in Wirklichkeit ihre Mutter sei. Sie hat diese Information äußerlich registriert, und sie in einer vor ihrem Zugriff fernen, sehr fernen Schublade abgelegt. Helene hat es mir am Tag ihrer Behandlung mit einer betroffen machenden Gleichgültigkeit erzählt - so, als ob sie mir die Geschichte von jemand anderem erzählte. Mit dem Hellempfinden fand ich die Erinnerung von Hélène im Moment ihrer Konzeption wieder; diesen präzisen Moment, in dem ihre sehr junge Mutter einen fürchterlichen Schrei ausstieß, erdrückt vom Körper ihres Vaters, der sie unter dem Einfluss des Alkohols missbrauchte. Dies war nicht das erste Mal, aber ein Mal zu viel, wo sie den Eindruck hatte, völlig am Boden zu sein, und – in ihrer Verzweiflung – gebeten hat zu sterben, um nicht mehr zu leiden. Die Seele von Helene ist in diesem Moment vorbei gegangen und hat – statt des geforderten Todes – das Leben in den Bauch ihrer Mutter gebracht. Dieses kleine Leben in ihr ist es, das dieser jungen, in ihrem Körper und in ihrem Kopf gebeutelten Frau ermöglicht hat, ihren Tagen kein vorzeitiges Ende zu setzen. Diese erwiesene Schwangerschaft hat ihrem Leidensweg ein Ende gesetzt. Nach ihrer Geburt ist die kleine Tochter vom sozialen Status der Tochter in den der Schwester ihrer Mutter gewechselt. Hélène hat verstanden, dass sie nicht unnütz gekommen ist; dass sie durch ihre Inkarnation ihre Mutter gerettet hat; dass sie, indem sie sie am Leben erhielt das Ziel schon erreicht hatte und dass sie heute endlich das Recht hat für sich selbst zu leben.

Stephan sagte mir, dass er den Eindruck hat, ständig schlechte Laune zu haben; dass er auch Schwierigkeiten hat, sich zu freuen, wenn ihm etwas Gutes passiert, als ob immer ein kleines, aber dennoch bedeutendes Nichts fehlen würde. Selbst bei seiner Arbeit als Tischler, die ihn begeistert, findet er immer ein kleines Detail, das nicht stimmt, oder etwas, das er hätte besser machen können, was ihm das permanente Gefühl der Unzufriedenheit verschafft. Bei seiner Sitzung erkenne ich den Moment der Konzeption als den ersten Schrei. Seine Eltern, die seine Ankunft geplant hatten, hatten sich für einen sexuellen Kontakt im besten Moment der Temperaturkurve entschieden, um maximale Erfolgschancen zu haben. Am frühen Morgen, nachdem sie ihr Thermometer abgelesen hatte, hatte die Mutter ihrem Mann grünes Licht gegeben, der ihr geantwortet hatte: „Ok, los geht's!", und die beiden hatten sich mechanisch daran gemacht, ihre Aufgabe zum Erfolg zu bringen. Stephan hat mir bestätigen können, dass seine Mutter ihm seine Konzeption insgesamt in derartigen Begriffen erzählt hatte, denn sie war sehr stolz, es beim ersten Anlauf geschafft zu haben, während die Frau ihres Bruders Monate gebraucht hatte, bevor sie schwanger wurde. Der kleine Fötus, der diesem programmierten Akt entstammte, war frustriert geblieben, dass ihm die Gefühle der Liebe vorenthalten wurden, obwohl diese Gefühle seine Eltern vereinten und er sie vor der Inkarnation als solche ausgewählt hatte. Im Verlauf seiner Sitzung hat Stephan verstehen können, dass er vom Wunsch seiner Eltern, alles richtig zu machen, hat profitieren können, denn ein Kind zu haben, war für sie sehr wichtig: Er symbolisierte die Liebe, die sie verband.

DER FALL MEDIZINISCH UNTERSTÜTZTER KONZEPTIONEN

Zur künstlichen Befruchtung gehören alle gynäkologisch-obstetrischen Techniken die durch Eingriff einer externen Hilfe dazu beitragen, eine Schwangerschaft herbeizuführen, wenn alle natürlichen Mittel der Befruchtung und Schwangerschaftsauslösung erfolglos waren. Intrauterine oder intratubäre Insemination, In-vitro-Fertilisation (IVF), Samenspende, Eizellspende oder Embryonenspende zählen zu den gängigsten Techniken der künstlichen Befruchtung. Diese medizinischen Techniken stellen einen unbestreitbaren Fortschritt in der Welt der Gynäkologie und der Geburtshilfe dar. Sie stellen jedoch eine verwirrende Hürde für den Praktizierenden der Resonance dar, insbesondere im Bezug auf die Wahrnehmungen der fötalen Emotionen.

Wie ich aufgrund meiner Erfahrungen zu verstehen schien, erfolgt die Integration der Seele des Kindes im Allgemeinen bei der Fusion der elterlichen Gameten. Im Fall einer künstlichen Befruchtung wie der IVF findet der Vorgang jedoch außerhalb des Körpers der Mutter statt. Ich möchte aus den empirischen Beobachtungen, die ich bei meiner Arbeit mit durch IVF gezeugten Kindern gemacht habe, keine absolute Regel ableiten. Aber die Einsichten aus diesen Erfahrungen haben mich auf sehr logische Weise dazu geführt, mir Fragen zu stellen über die Kryokonservierung der Embryonen und Oozyten, und über die Auswirkung und die Konsequenz der künstlichen Befruchtungsprotokolle auf die spätere Entwicklung der so gezeugten Föten. Die auch als Vitrifizierung (Verglasung) bezeichnete Kryokonservierung betrifft die Embryos, die in flüssigem Stickstoff bei extrem niedrigen Temperaturen gelagert werden, bevor sie für die Verwendung, das heißt die Implantation in die mütterliche Gebärmutter, aufgetaut werden. Es kann sich um Embryonen handeln, die entweder von der biologischen Mutter selbst stammen, die nach einer Hormon-behandlung überzählige Embryonen in Reserve behalten hat, oder von einer anonymen Oozytenspenderin. Die Manipulationen mit biomedizinischen Techniken, die mit dem Ziel entwickelt wurden, den Kinderwunsch von Paaren mit Fortpflanzungsschwierigkeiten zu erfüllen, sind natürlich durch noble und lobenswerte Absichten motiviert. Aber gleichzeitig werfen der Grad der implizierten wissenschaftlichen Perfektionierung und die beteiligte mechanische Dimension neue Fragen auf.

Selbst wenn wir es schaffen, den notwendigen Abstand einzunehmen, indem wir uns daran erinnern, dass jeder der Beteiligten (der Vater, die Mutter, das oder die Kinder, und der beteiligte Arzt, um ihn nicht zu vergessen) die Entscheidung getroffen hat sich zu inkarnieren, um bestimmte Erfahrungen zu leben, wird der Strang ziemlich verwickelt. Das aus einer Eizellspende hervorgegangene Kind speichert nämlich zwei mütterliche Ursprünge: Die Prägung der biologischen Mutter und die Prägung derjenigen, die es in ihrem Bauch wachsen lässt. Aus diesem Grund stellt die Eizellspende radikal die altüberlieferte

Biologie infrage, gemäß der unsere Vorfahren diejenige als unbestrittene Mutter anerkennen, „die das Kind trägt.“ Mit der Gametenspende (die praktisch immer mit dem „Verleihen“ der mütterlichen Gebärmutter einhergeht) wird aus der tragenden die transportierende Frau, während sie gleichzeitig diejenige bleibt, die es austrägt und an ihrer Brust nährt. Natürliche Geste, die widernatürlich geworden ist? Mit der künstlichen Befruchtung wird die natürliche Ordnung der Dinge umgestoßen, gestört, unwiderruflich umgewälzt, was oft existenzielle, metaphysisch extrem dornige und aus einem streng biologischen oder analytischen Standpunkt schwierig zu entscheidende Fragen hervorrufen kann. Wer ist wer? Wer wird als wer anerkannt? In wem wird das Kind sich später wiedererkennen? Wie kann man den Anteil der Erbschaften aus der mütterlichen Abstammungslinie bestimmen, wenn man Schwierigkeiten hat, diese durch die biologische Mutter und durch die Leihmutter weitergegebenen Einflüsse zu differenzieren? Können Sie sich den Stammbaum vorstellen? Man kann sich darüber ernsthaft den Kopf zerbrechen. Stoff, mit dem sich die zukünftigen Generationen viele Abende beschäftigen können!

Für die Eltern, die die Entscheidung treffen, mehrere Embryonen einzufrieren und sie später zu „zerstören“ (ganz oder teilweise), ist das Dilemma nicht geringer: Wer entscheidet was und für wen? Die Frage bleibt genauso sensibel für die Embryo-Reduktion nach künstlicher Befruchtung. Es ist bedauerlich, dass die Fragen der Bioethik heute nur aus moralischer, gesellschaftlicher oder juristischer Sicht gestellt werden. Und die Seele in all dem? Ist der Mensch etwa nur Materie, und das war’s?

Als reinkarniertes Wesen haben wir in uns die Gedächtnisse der Emotionen gespeichert, die bei allen unseren vorangehenden Inkarnationen empfunden wurden, sowie die unserer Ahnen. Jenseits dieser Referenzen, die mit unserer eigenen Geschichte zusammenhängen, haben wir Zugriff auf ein Feld universellen Bewusstseins, eine schier unermessliche Datenbank. Von all diesen Emotionen und Empfindungen haben wir ein „Wörterbuch“ angelegt. Indem wir das Hellempfinden praktizieren, können wir uns auf diese Liste von Emotionen beziehen, um unsere körperlichen und emotionalen Empfindungen zu entschlüsseln.

Die Parameter, die sich aus der Logik der künstlichen Befruchtung ergeben, fügen unserem Wörterbuch gänzlich neue Elemente hinzu. Eine faszinierende und zugleich verwirrende Erfahrung.

Das erste Mal, als ich mich in einer Behandlung befand und ich von der schwindelerregenden Empfindung überwältigt wurde, in einem immensen Glasbrunnen zu versinken, ohne mich an den glatten Wänden festhalten zu können, war ich nicht in der Lage, meine Empfindung zu deuten, denn sie kam in meinem Wörterbuch noch nicht vor. Die Mutter des Kindes brachte mich dann auf die richtige Spur, indem sie mich informierte, dass ihr Sohn mittels IVF gezeugt wurde. Die tiefsitzende Angst des kleinen Jungen, ins Wasser zu springen seine Weigerung zu schwimmen und neue Erfahrungen zu machen, gaben schließlich die Erklärung.

Einige Zeit nach dieser Sitzung habe ich ein elfjähriges Mädchen zur Behandlung empfangen, das schon immer Schwierigkeiten hatte, ihr Elternhaus zu verlassen, um zur Schule zu gehen. Sie litt an chronischen Bauchschmerzen, aber die medizinischen Untersuchungen hatten nichts Anormales gefunden. Ihr Vater verwendete drei Handys (ein Gerät nur für berufliche und private Anrufe sowie je ein Telefon für seine beiden Töchter); was zwar ohne Zweifel einen Vater kennzeichnet, der sich sehr an der Erziehung seiner Kinder beteiligt, sich um ihr Wohl sorgt, aber auch extrem ängstlich ist. Mit dem Hellempfinden habe ich als Ursprung der für die Symptome ihrer Tochter verantwortlichen Ängste den Moment der Konzeption bestimmt, wobei ich bei dem ganz jungen Embryo Angst vor dem Verlassenwerden und dem Unbekannten festgestellt habe. Der Vater flüsterte mir diskret zu, dass seine Tochter durch heterologe künstliche Insemination gezeugt wurde und dass er somit nicht ihr genetischer Vater ist. Da die Verschmelzung der Gameten im Reagenzglas eines Labors stattfand, hatte sich das Kind während seines zellulären Aufbaus von denjenigen getrennt gefühlt, die ihm das Leben gaben. Diese Erinnerung war dermaßen präsent in ihren Gedächtnissen, dass die kleine Tochter bei jedem Weggehen zur Schule oder anderswohin erneut die Trennung von demjenigen durchlebte, der sein Sperma gespendet hatte: ihrem biologischen Vater. Ohne ihr Einzelheiten zu nennen, habe ich dem Töchterchen den Begriff der Verbindung erklärt, indem ich ihr mit sehr einfachen Wörtern – die sie auf ihre Weise deuten konnte – bewusst machte, dass sie, selbst wenn sie von „ihrem Vater“ physisch getrennt ist, sie dennoch untrennbar mit ihm verbunden bleibt.

DIE ZU BEGINN DES LEBENS EINGEPRÄGTEN ERSTEN SCHREIE

Wir haben im Allgemeinen nur sehr wenige Erinnerungen an das, was wir in unseren ersten Lebensjahren erlebt haben.

Diejenigen, die in unserer Erinnerung sichtbar werden, sind oft durch familiäre Erzählungen, Anekdoten oder durch Fotos aus Familienalben wiederbelebt. Nicht selten sind Erinnerungen vor dem 6.-10. Lebensjahr unscharf oder praktisch nicht vorhanden, ohne dass diese Amnesie unbedingt mit traumatisierenden Erlebnissen oder Ereignissen verbunden ist, die wir verbergen wollten. Die Erfahrung zeigt, dass die meisten in unserem Gedächtnis vergrabenen Erinnerungen wieder an die Oberfläche kommen, wenn ein „Echo" sie wieder erweckt.

Das Echo ist eine Spiegelung des ersten Schreies, der in der Vergangenheit erlebt und zu Blockaden geführt hat und der sich im Hier und Jetzt in ähnlicher Form wiederholen kann.

Es ist manchmal beunruhigend festzustellen, wie sehr eins der normalsten oder bedeutungslosesten Ereignisse, das in der frühesten Kindheit erlebt wurde, für das erwachsen gewordene Individuum schwere emotionale Bremsen erschaffen und behindernde Verhaltensweisen erzeugen kann.

Simone hatte es niemals geschafft, den Männern, denen sie auf ihrem Weg begegnet ist, zu vertrauen. Sie hat Schwierigkeiten, sich in einer neuen Liebesgeschichte zu engagieren. Im Hellempfinden nehme ich sie im Alter von 2 Jahren wahr, auf einem hohen Küchenstuhl sitzend, mit ihrem Vater an ihrer Seite. Ich spürte, dass die Mutter unerwartet weggehen musste, wobei sie das Kind vorübergehend der Aufsicht ihres Ehemannes überließ. (Sie ist nämlich in die Klinik gefahren, um den kleinen Bruder zu gebären.) Mit einem Mal, fing das kleine Mädchen an zu weinen, um die Aufmerksamkeit ihres Vaters auf sich zu ziehen. Da sich dieser zuvor noch nie allein um seine Tochter kümmern musste, fühlte er sich komplett überfordert und machtlos. Er ließ sie aus Ungeschicklichkeit und Verlegenheit weinen. Aber in ihrem Bewusstsein folgerte das kleine, unverstandene Mädchen, dass ihr Vater sie ignorierte, dass er sie nicht liebte, und verankerte die Glaubensvorstellung (erster Schrei), dass sie ihm nicht vertrauen könne. Im Verlauf ihres Lebens begegnete sie anderen Männern (Echos), von denen sie glaubte ihnen nicht vertrauen zu können; dadurch konnte sie sich an keinen Partner binden. Indem Simone diese emotionale Blockade (erster Schrei) im Ursprung erkannte, konnte sie ihrer Fähigkeit vertrauen die Menschen zu spüren und ihren eigenen Gefühlen zu folgen.

Lennart ist ein kleiner Junge von 7 Jahren, der nur wenig Interesse für die Schule zeigt. Mehr Mitläufer als Anführer, wirkt er wie durchsichtig neben seinen kleinen Kumpeln, denen er beim Spielen nur schwer folgen kann. Er wird systematisch von den anderen Kindern abgelehnt, die seine unaufhörlichen Flennereien nicht ertragen. Ich verbinde den Ursprung seiner Verstimmung mit dem

Tag, an dem seine Eltern gekommen sind, um ihn bei seiner Großmutter abzuholen, wo er einige Tage verbracht hatte, bis seine Mutter aus der Entbindungsstation entlassen wurde. Er war sehr glücklich, wieder nach Hause zu kommen und mit dem Baby spielen zu können, das seine Eltern mitgebracht hatten. Aber nach den ersten Tagen wurde ihm sein Spielzeug langweilig, und er verstand nicht, warum seine Eltern es behielten, und noch weniger, warum sie sich mehr um das Baby kümmerten als um ihn. Er schloss daraus, dass seine Eltern ein anderes Baby gekauft hätten, weil er selbst nicht gut genug für sie war und er ihnen offensichtlich nicht genügte. Von diesem Moment an verlor er sein Selbstvertrauen und sagte sich, dass jede Mühe, seine Eltern zurückzuerobern, nutzlos wäre. Das Lösen dieser Blockade hat Lennart ermöglicht, sich zu verändern und sich wieder für die Dinge und das Leben zu interessieren.

Als Julia – eine andere Patientin – das Schulalter erreichte, führt ihre Mutter sie am Tag des Schulanfangs zur Gemeindeschule. Bis dahin war das Leben der kleinen Tochter gut geregelt und beruhigend, und nichts hatte sie ahnen lassen, dass es auch anders sein könnte. Mit Entsetzen sah sie, dass ihre Mutter sie Fremden überließ -, trotz ihrer Schreie und ihres Weinens. Die folgenden Tage zwang ihre Mutter sie erneut zur Schule, trotz ihres Flehens. Aus diesem Moment des Leidens hatte Julia die Glaubensvorstellung behalten, dass man den Leuten, die man liebt, nicht vertrauen könne. Sie hatte den Reflex behalten, alles zu kontrollieren, um von den anderen nicht enttäuscht zu werden und nicht zu leiden. Um der Frau zu ermöglichen, sich den Überraschungen des Lebens zu öffnen, musste sie das kleine Mädchen in sich befreien, das dieses Verteidigungssystem aufgebaut hatte, das sie hinderte, vertrauensvolle Beziehungen zu leben.

ZWEITER TEIL - AUF DER ANDEREN SEITE

EIN PARALLELWELT

Sicher ist es kein Zufall, dass das Jenseits auch als „Parallelwelt" bezeichnet wird. Die Ähnlichkeit mit der Welt der Lebenden ist überraschend. Es ist fast eine direkte Kopie von hier unten, abgesehen von dem – nicht gerade kleinen – Unterschied, dass es nicht begrenzt ist, weder in der Materie, die subtil reproduziert werden kann, noch im Denken, noch im Handeln, und noch weniger im Bewusstsein.

Das andere Ufer ist die Welt aller Möglichkeiten, von allem, was wir uns vorstellen können, aber insbesondere von allem, was uns unmöglich erscheint. Schon der Versuch es hier klären zu wollen begrenzt das Verständnis davon, denn die Wörter, die Gedanken, die Bilder sind Barrieren. Um den vollen Umfang davon zu begreifen, müssten wir uns von unserem Mentalen lösen, uns von unserer Seele leiten lassen, über die wir mit dem Ganzen verbunden sind. So können wir das subtile Mysterium des Lebens an einer kleinen Stelle berühren und eine Vorschau von seinen unermesslichen Dimensionen in allen seinen Formen und in allen Welten haben.

Dennoch ist es schwierig, sich das vorzustellen oder darzustellen, von dem wir nicht wissen, dass es existiert. Wie hätten sich die ersten Homo sapiens zu ihrer Zeit eine Internet-Verbindung vorstellen können, wenn wir sie ihnen hätten erklären müssen? Und ist es wirklich notwendig, alles zu wissen, alles zu kennen?Sich der Existenz dieser Ebenen bewusst zu sein, wirft uns nichtsdestotrotz auf unsere menschliche Dimension zurück – ein Mikrokosmos auf unserem Planet Erde –, und auf das, was uns hier unten bewegt, insbesondere im Nutzlosen, Oberflächlichen und Illusorischen. Dies ermöglicht uns, uns besser auf das Wesentliche zu zentrieren: Was ist wichtig, hier unten zu (er-)leben? Was sind wir uns schuldig, uns zu geben? Was für ein Element stellt unsere Geschichte in der kollektiven Maschinerie dar? Welchen Reichtum stellen unsere Erlebnisse dar? Wie weit reicht unser freier Wille, und wie weit ist gleichzeitig unser Einfluss auf uns selbst und auf unseren Lebensweg?

Das Leben hat gewollt, dass ich eines Tages auf ganz natürliche Weise in Kontakt mit den Verstorbenen treten kann, indem ich im Laufe der Zeit meine Wahrnehmungen entwickelte. Jedoch sind die Dinge viel klarer geworden, als meine Tochter Annabel eines Tages von heute auf morgen erkannte, dass sie auf relativ präzise Weise die Seelen sieht; diese erscheinen ihr mit einer mehr oder weniger dichten „Geisthülle“, je nach Stärke ihrer Fähigkeit, eine feinstoffliche Dichte zu erschaffen und auf der irdischen Ebene zu erscheinen. Sie kann in diesem Fall relativ leicht ihre Kleidung, ihre Gestik und ihre Umgebung beschreiben, die sie für diese Gelegenheit zu erschaffen in der Lage sind. Aber über diese „irdischen Details“ hinaus, die während einer Behandlung die von der Erscheinung einer nahestehenden oder bekannten Person betroffene Person beruhigen können, hat sie mir ermöglicht, mein Verständnis für die Welten des

Jenseits zu erweitern. Und dies durch schnellere und präzisere Kommunikation mit den desinkarnierten Seelen, und vor allem – was eine Information von Tragweite war – indem sie mich auf diejenigen hinwies, die sich nicht gemäß meinem eigenen Wahrnehmungsmodus manifestieren: dem Geruchssinn, dem Gehör oder dem Empfinden.

Für Annabel sind die Dinge viel einfacher, allerdings nicht immer! Es ist klar, dass es nicht immer lustig ist für sie, sich in ihrem Wohnzimmer plötzlich direkt vor „jemandem" wiederzufinden, oder zu bemerken, dass nicht alle an ihrem Tisch sitzenden Personen offiziell eingeladen wurden. Die Ferien in ihrer Gesellschaft sind ganz anders als ein Pauschalurlaub mit durchorganisiertem Programm. Sie besitzen für mich einen unschätzbaren Reichtum, denn wir können in aller Ruhe mit den Verschwundenen kommunizieren, die sich auf verschiedenen Entwicklungsebenen befinden und die durch ihre Erfahrungen und ihre Konversationen mit dieser oder der anderen Welt selbst ihr Verständnisniveau wechseln. Sie hat mir auch ermöglicht, meinen Begriff des Seelenführers zu verankern, der für mich während langer Zeit sehr unpräzise blieb, denn ich hatte niemals einen direkten Kontakt gehabt, der mir erlaubt hätte, meine Empfindungen auf eine Grundlage zu stellen.

Vielleicht werden Sie denken, nachdem Sie dieses Buch gelesen haben, dass wir manchmal zu lange in der Sonne geblieben sind; vielleicht werden sich einige von Ihnen, die eigene Erfahrungen gemacht haben, weniger isoliert damit fühlen; aber vielleicht werden auch viele andere in unterschiedlichem Ausmaß Antworten auf die Fragen erhalten, die sie sich stellen.

DAS JENSEITS

All das, was wir während unserer Inkarnationen hier auf der Erde erlebt, entdeckt, ausprobiert, überwunden, verfehlt, oder geplant haben zu leben, all dies bestimmt zum Teil die Zukunft unserer Seele in unserem Leben nach dem Leben. Unser emotionaler Zustand in den unserem Tod vorangehenden Momenten spielt eine wichtige Rolle. Waren wir zum Beispiel im Frieden mit unserer Vergangenheit, mit den Personen unserer näheren Umgebung und mit uns selbst? Hatten wir Angst vor dem Tod? Hatten wir Schwierigkeiten, diejenigen zu verlassen, die einen Platz in unserem Herzen hielten? Blieb in uns noch Groll oder Hass auf andere? Wurde von uns verlangt, noch zu bleiben, nur ein bisschen, für die anderen, um sie nicht zu verlassen? War unser Weggang gewalttätig? Hat sie uns hinterhältig überrascht, auf einem Umweg, in unserem Schlaf oder sogar vor dem Echo einer zerreißenden Explosion? Hatten wir Angst vor körperlichen Leiden, vor unserem letzten Atemzug? Wurden wir vom Schmerz überwältigt, der unseren Körper zerriss? Oder waren wir dermaßen abwesend von uns selbst im Körper und den Gedanken, dass es weder ein vorher noch ein nachher gab? Vielleicht waren wir schon auf dem langen Weg, denjenigen die

Hand zu reichen, die uns am Horizont erwarteten. Wie auch immer diese letzten Momente aussahen, letztendlich – und weit wichtiger als alles andere – bleiben das im irdischen Leben erworbene Bewusstseinsniveau und die spirituelle Erhebung unserer Seele, die ja zu Beginn einem großen Teil unseren Inkarnationsplan festgelegt hat, die wichtigsten Elemente, die bestimmen, was aus ihr werden wird.

Wie wir im ersten Teil des Buches erläutert haben, geben wir Ihnen nun in diesem Teil des Buches das wieder, was wir mit den desinkarnierten Seelen erlebt haben. Im dritten Teil transkribieren wir die Gespräche zwischen Annabel und ihrem Seelenführer, der es mit unendlicher Geduld, Begeisterung und Hoffnung geschafft hat, uns mit seinem Wissen zu erhellen und uns im Lichte seiner Kenntnisse ein ganzes Universum entdecken zu lassen, das wir uns nicht im Entferntesten hätten vorstellen können. Er unterscheidet zwischen dem Jenseits, das der Raum ist, in dem sich die Seelen entwickeln, die mit den Menschen in Verbindung geblieben sind oder die mit der Ebene der Materie und der Unissenz verbunden geblieben sind. Dieses ist ein noch viel ausgedehnteres Universum, in den die desinkarnierten entwickelten Seelen zwischen zwei Inkarnationsprojekten gelangen, sowie all diejenigen, die es schafften, sich von der irdischen Ebene zu lösen. Die Seelenführer arbeiten ebenfalls in diesem Universum. Sie sind in Verbindung mit den höheren Ebenen. Es sind Seelen mit einem erhöhten Bewusstsein, die sich von ihrem irdischen Leben gelöst haben und daran arbeiten, an ihrem eigenen Schicksal der spirituellen Entwicklung teilzunehmen. Parallel dazu haben sie die Möglichkeit, anderen bedürftigen Seelen auf der irdischen Ebene oder auf derselben feinstofflichen Ebene zu helfen, wenn sie von diesen angerufen werden. In ihrem Entwicklungsweg können sie sich jedoch – anders als verbreitete

Glaubensvorstellungen behaupten – aus verschiedenen Gründen reinkarnieren, deren wichtigster ist, ihre Entwicklung zu vervollkommnen und ihre positiven „Balken“, von denen wir weiter unten sprechen werden, zu vervollständigen.

Außerdem gibt es Seelen mit einem noch viel höheren Bewusstsein als die eben beschriebenen Seelenführer. Sie gehören zu einem Niveau, von dem aus sie in Verbindung mit den höheren Ebenen stehen und an einer kollektiven Entwicklungsbewegung teilnehmen, die von den irdischen Schwingungen losgelöst ist. Sie haben genau genommen nicht mehr dieselbe Dichte. Die Seelen, die viele von uns Gelegenheit hatten zu begegnen, ob bewusst oder nicht, sind diejenigen, die noch sehr nah an der irdischen Ebene geblieben sind.

Im Gleichgewicht der feinstofflichen Pole gibt es daneben auch tiefere Ebenen, in denen sich die leidenden Seelen wiederfinden. Sie sind in mehr oder weniger dichten negativen Energien verhaftet, welche die Seelen als Gefangene ihrer gefolterten Emotionen halten und sie vom Licht entfernen. Diese gequälten Wesen irren auf der irdischen Ebene umher und dienen den Plänen von Menschen mit schlechten Absichten und nähren parallel andere Welten, auf denen ihre Energie in einer kollektiven Datenbank gespeichert wird.

WAS GESCHIEHT, WENN WIR DAS LEBEN VERLASSEN?

Das Leben hört mit dem letzten Herzschlag unseres menschlichen Herzens nicht auf. Ganz im Gegenteil, es erneuert sich mit einer unermesslichen Auswahl an Horizonten und Möglichkeiten, in denen die vorherige Zeit sich mit dem Nachher vereint, wobei alles im aktuellen Moment seine Richtung erhält.

Hat sich unsere Seele erst einmal vom physischen Körper befreit, so kann sie ihr Aussehen nach Lust und Laune frei wählen. Zum Beispiel kann ein Mann, der im Alter von 50 Jahren aufgrund einer schmerzlichen Krankheit, die seinen Körper erschöpft hatte, gegangen ist, sich im Körpers des jungen 20-jährigen Mannes entwickeln, der er gewesen war. Oder eine Frau, die in einem sehr fortgeschrittenen Alter verstorben ist, kann sich entscheiden, sich als kleines Mädchen wiederzufinden. Sehr oft erscheinen uns die Verstorbenen dann bekleidet mit den Sachen, die sie zu einer Zeit ihres irdischen Lebens getragen haben: das erste Ballkleid, das Sonntagskostüm, die abgenutzte grüne Jogginghose der Ruhetage, die gerippte Cordhose mit dem alten Ledergürtel usw. Aber sie nehmen dieses Aussehen hauptsächlich an, um sich denjenigen zu erkennen zu geben, die ihnen als Brücke zu den Menschen dienen. Die körperliche Erscheinung hat ansonsten wenig oder oft keine Bedeutung für sie.

Ein Detail jedoch – das dennoch wichtig ist – hat uns zu Beginn unserer Konversationen mit den desinkarnierten Seelen überrascht. Wenn die Seelen seit sehr langer Zeit auf dem anderen Ufer sind, vergessen sie sehr oft den Namen oder den Vornamen, der hier unten ihre Identität definiert hat. Und wenn wir sie mit Bemühen um Präzision fragen, wer sie sind, antworten sie: „ich“. Aufgrund von Skepsis oder Zweifel oder ganz einfach aufgrund eines Bedürfnisses, beruhigt zu werden, bitten mitunter Personen den Verstorbenen, der sich durch uns ausdrückt, konkrete Angaben zu machen, sodass jede Möglichkeit eines Schwindels seitens der Seele oder unserer Seite zerstreut wird. Fragen der folgenden Art: An die verstorbene Mutter: „Welche Farbe hatte das Kleid, das ich bei meinem Eintritt ins College trug?“ An den betrauerten Ehemann: „Wie hieß deine Großmutter?“ An den verehrten Großvater: „In welche Stadt fuhren wir jedes Jahr in den Ferien, als ich klein war?“ An den zu früh gegangenen Bruder: „In welchem Alter bist du gestorben, und auf welche Weise?“. Wenn die in die Unissenz zurückgekehrten Seelen einen gewissen Entwicklungsstand erreicht haben, lösen sich alle diese Details ihrer vorhergehenden Inkarnation im Vergessen auf. Ihre Gedächtnisse enthalten im Wesentlichen die Erinnerungen der Notwendigkeit, der Qualität und der Kraft der Verbindung, die sich zwischen ihnen mit einem Ziel der gemeinsamen Entwicklung aufgebaut hatte. Die Lebensereignisse, Handlungen und irdischen Umstände stellten nur Mittel dar, die zum Erreichen dieses Ziels eingesetzt wurden.

In der Unissenz angekommen, finden die Verstorbenen die Personen wieder, die sie wiedersehen möchten, wenn der Wunsch danach beiderseitig ist. Die Begegnungen werden nicht aufgezwungen: Keine Lust, den obszönen Schwiegervater wiederzusehen, der uns die Heirat aufgezwungen hatte? Keinerlei Bedürfnis, die Mutter wiederzusehen, zu der wir niemals eine Verbindung hatten? Keine Lust mehr, den früher verstorbenen Ehemann wiederzusehen? Unsere Entscheidung wird respektiert. Außerdem könnte es z.B. bei einem Mann oder einer Frau, der bzw. die mehrere Ehepartner hatte, kompliziert werden, denjenigen oder diejenige auszuwählen, mit dem die Ewigkeit verbracht werden sollte! Ich höre in der Therapie oft die Worte: „Ich hoffe, dass mein Vater zu meiner Mutter zurückgekehrt ist", „Ich bin sicher, dass meine Mutter endlich, nach all diesen Jahren der Einsamkeit, meinen Vater wiedergefunden hat". Ich hüte mich davor zu antworten, was die fraglichen Verstorbenen mich verstehen lassen oder mir in diesem Moment sagen und was nicht immer in diese Richtung geht. Man kann sich den Leidensweg einer Frau vorstellen, die – zum Beispiel – während ihres gesamten Lebens ihren trunksüchtigen und gewalttätigen Ehemann erlitten hat und später zu diesem zurückkehren soll. Oder für einen Mann, der von seiner Ehefrau niemals Liebe oder Zärtlichkeit empfangen hat und sich nun darin fügen müsste, diese Frustration mit ihr in der anderen Welt zu erleiden. Das wäre die Mühe nicht wert zu sterben! Das wäre ungerecht. Dies wäre eine Art der Hölle!

Wir sind weit davon entfernt, uns die Begegnungen vorzustellen, die auf der anderen Ebene geschehen und die manchmal Teil des geheimen Innersten unserer teuren Verstorbenen sind. Der in fortgeschrittenem Alter verstorbene Ehemann einer Patientin hat sich in Bildern hinter meinen Augenlidern an der Seite eines Zimmergenossen aus der Zeit seines Militärdienstes projiziert, den er

– am Ende ihrer Zeit unter den Fahnen – aus den Augen verloren hatte. Alle beide hatten das Aussehen der schönen, jungen Männer wiedergefunden, heiter und vertrauensvoll, die sie damals waren. Ein anderer hat seiner Ehefrau während ihrer Sitzung gesagt, dass er bei dem Onkel ist, den er während seiner Kindheit so sehr bewunderte. Er war wieder zu diesem Kind von damals geworden, das zu seinen Lebzeiten – im Schneidersitz vor diesem geliebten Onkel – stundenlang seinem Idol zuhören konnte. Ein ganz kleines, im Alter von 17 Monaten verstorbenes Mädchen – am Ende eines langen Kampfes gegen einen Herzfehler und trotz aller Versuche der Medizin und der zerrissenen und machtlosen Liebe seiner Eltern – hat klar ausgedrückt, dass es sich von denjenigen entfernen wollte, denen es auf dieser Erde begegnet war. Es war nach Irland gegangen, um eine Großtante väterlicherseits wiederzufinden (deren Namen es deutlich genannt hatte, obwohl es sie aufgrund der nicht überlappenden Generationenfolge nicht gekannt hatte). Es war aus Verdruss wieder gegangen, weil es in den Augen seines Vaters so wenig Bedeutung hatte. Verletzt und resigniert hatte es seine Inkarnation abgekürzt. Das erste Mal, als es sich vorstellte – weniger als ein Jahr nach seinem Tod – hatte es das Aussehen eines etwa sechsjährigen Kindes angenommen und war von Tieren des Waldes umgeben. In den folgenden Monaten veränderte es das Aussehen, indem es sich chronologisch älter und gleichzeitig stärker von seiner irdischen Geschichte gelöst zeigte. Nachdem es zu einer Frau geworden war, wünschte sie nicht mehr, mit ihrer Mutter zu kommunizieren, wobei sie ausdrückte, Frieden gefunden zu haben und die von ihr eingenommene irdische Rolle verlassen zu wollen, um sich spirituell zu erheben.

Als eines Tages mein Vater aus Portugal zu mir kam um mit mir zu sprechen, war ich wirklich überrascht, denn dies hatte er seit seinem

Tod vor zehn Jahren noch nie getan. Eine sehr friedliche Diskussion von ein paar Minuten über das Leben und seinen Teil an Erfahrungen, und über die Jahre, die verrinnen, ohne dass man es bemerkt. Ich hatte das Gefühl, dass wir wie zwei Kameraden waren, die sich am Ende des Tages auf der Dorfbank begegneten. Als er wieder ging, gab er seine Hand einer jungen Frau mit langen, schwarzen Haaren, die mir den Rücken zuwandte. Aus Neugier habe ich ihn gefragt, wer diese junge Frau sei, aber er drehte sich nur zu mir um, warf mir ein schelmisches Lächeln zu und sagte: „Ich werde sie dir vorstellen, wenn Du kommen wirst." Ich habe nie erfahren, we er mit so viel Freude wiedergefunden hatte. Aber eines war sicher: Das war nicht meine Mutter!

Bestimmte Seelen treffen friedlich den Verwandten ihrer vorangegangenen ohne Eilfertigkeit, Etappe per Etappe. Manchmal zuerst ein Familien-mitglied, dann einen Freund und schließlich einen Elternteil usw. Viele strahlen einen tiefen Frieden aus und sind von den Sorgen, den Programmierungen oder den Erwartungen ihres vorangegangenen Lebens befreit. Andere finden Mitglieder ihrer vorangegangenen irdischen Lebens wieder, aber pflegen diese Verbindung nicht, denn das, was sie miteinander zu leben hatten, ist vollendet, und jeder folgt dem ihm vorgezeichneten Weg. Manche Begegnungen sind vorgesehen, andere Wiedersehen zeichnen sich ab, um ein Programm der spirituellen Entwicklung zu vollenden oder fortzusetzen. Wenn es den Begriff der Zeit nicht mehr gibt, gibt es keine Dringlichkeit, keine Ungeduld mehr. Auch keine Pflicht mehr, keine Angst vor Mangel an irgendetwas oder an irgendwem, denn das, was geschehen muss, wird geschehen.

Es kann unser Ego verletzen, uns zu sagen, dass der Bruder, für den wir so viel in diesem Leben getan haben, uns vielleicht auf der anderen Seite vergessen hat. Oder, dass der Elternteil, den wir jahrelang in seiner Krankheit begleitet haben, die Begegnung mit einer Freundin aus der Kindheit vorzieht. Aber dies liegt allein daran – einmal mehr –, dass wir uns selbst zugewandt sind und dass wir uns mit unserem Bedürfnis nach Liebe oder Anerkennung aufhalten. Wenn wir es schaffen, die Tatsache zu akzeptieren und zu integrieren, dass wir ganz einfach Teil des Lebenswegs der verschwundenen Person sind, dass wir Elemente seines Puzzles darstellten, dann können wir uns über seine Entwicklung freuen, und darüber, aus der Nähe oder Ferne daran teilgenommen zu haben. Wir sind ein Teil eines fabelhaften und grandiosen Mechanismus. Dieser ganz und gar nicht einengende Begriff führt uns wieder zu der Bedeutung, die wir in diesem kollektiven Räderwerk einnehmen, das ohne das Element, das wir darstellen, nicht funktionieren könnte. Indem wir einen Abstand einnehmen, können wir verstehen, dass selbst wenn bestimmte Seelen nicht mehr mit uns in Kontakt stehen oder in der anderen Welt nicht wiedergefunden werden, sie dennoch eine nicht weniger wichtige Rolle in der gemeinsamen Entwicklung gespielt haben. Ihre Schicksale haben sich vermischt, um jedem zu ermöglichen, auf dem individuellen und kollektiven Lebensweg voranzukommen. Jede Person, der wir in unserer Existenz begegnen, stellt einen Teil unseres existentiellen Puzzles dar. Das Kind, das wir eines Tages an der Schulter auf dem Gehweg zurückgehalten haben, damit es nicht überfahren wird, und das uns mit einem dankbaren Lächeln aus dem tiefsten Grund seiner blauen Augen beschenkt hat, war vielleicht ebenso wichtig wie die Großmutter, die uns alle Weihnachten bekocht hat, aber von der wir eine ausgeprägtere Erinnerung behalten haben.

WENN DER WEGGANG NICHT IMMER SOFORT ERFOLGT

Es ist nicht selten, dass bestimmte Desinkarnierte sich noch einige Zeit in der Umgebung der ihnen Nahestehenden entwickeln. In dem Moment, in dem ihre Seele sich von ihrem physischen Körper löst, drücken sie ihre momentane Absicht aus: „Ich werde noch einige Tage bei euch bleiben" oder „Ich werde noch einige Wochen da sein". Nicht, weil sie Schwierigkeiten mit der Trennung hätten, sondern eher aus Lust, noch ein wenig zu bleiben, „einfach um zu schauen". Entlastet von den menschlichen Emotionen entwickeln sie sich unter den Lebenden und beobachten deren Leben mit Abstand. Auf diese Weise kommt es vor, dass sie ihre eigene Beerdigung verfolgen, am Leichenschmaus oder den Ereignissen des täglichen Lebens teilnehmen.

Eine Frau, die ihrem Leben auf besonders dramatische Weise ein Ende gesetzt hatte, hatte ihren Kindern durch mich mitgeteilt, dass sie am Tag ihrer Beerdigung noch bleibt, denn sie freute sich schon im Voraus darauf, in Begleitung ihrer Familie den Nachtisch zu essen. Ein Wunsch, den ihre Kinder ihr mit viel Freude erfüllten, indem sie ihr zum Leichenschmaus einen Platz bei sich am Tisch bereiteten. Die Situation, die nichts Makabres hatte, hat ihnen ermöglicht, einen tiefen Moment der Liebe mit ihr zu teilen.

Der Vater eines Freundes verstarb friedlich im Alter von 92 Jahren. Als in der Region und in seinem Dorf bekannte Persönlichkeit, mit vier Kindern, einer Schar Enkel, mangelte es bei seiner Beerdigung nicht an Teilnehmern. Zu seinen Lebzeiten hatte er es immer geschätzt, sich bedienen zu lassen, seine Meinung über alles abzugeben und den anderen und seiner Familie seine Ideen aufzuzwingen, genauso wie sein Frauenbild. Zwei Tage lang habe ich ihn manchmal Wache stehen sehen unter der Trauerweide in der Allee seines Gartens, die zum Eingang seines Hauses führt, wo sein Körper vor der Einsargung ruhte. Breitbeinig stehend, seine Hände im Rücken haltend, beobachtete er den Zug der Bekannten, die kamen, um seiner Witwe und seinen Kindern ihr Beileid zu bezeugen. Er fühlte sich geschmeichelt, so viele Besucher zu haben, und als die Bestatter kamen, um den Körper abzuholen, hat er sich dem Trauerzug hinten angeschlossen, immer noch die Hände hinter dem Rücken haltend, und ist der Gruppe zum Friedhof gefolgt. Keine schmerzlichen Emotionen, kein Bedauern, die Seinen verlassen zu haben, einfach die Freude, an seiner Beerdigung teilzunehmen und die ihn betreffenden Bemerkungen zu hören.

In bestimmten Fällen wollen einige von ihnen noch bleiben, um zu versuchen uns etwas mitzuteilen, bevor sie sich weiter entfernen. Wolfgang war im Alter von 34 Jahren während der Feiertage am Jahresende verstorben, nachdem er viele Monate gegen die Leukämie gekämpft hatte, die ihn schließlich besiegte. Eine riesige Lebenslust hatte ihn bis zu seinem letzten Atemzug im Leben gehalten. Aus diesem Grund hatte ich geglaubt, dass es ihm schwer fallen würde, die irdische Ebene zu verlassen, sobald er auf die anderen Seite hinübergetreten war. Doch zwei Tage nach seinem Tod wurde ich von seiner Familie eingeladen, und als wir gerade den Kaffee trinken wollten, hat Wolfgang uns besucht. Ich war überrascht, bei ihm so viel Mitgefühl zu spüren – Mitgefühl für die Seinen. Er saß auf dem Sofa des Wohnzimmers und hörte seine Verwandten ihren Schmerz ausdrücken, aber auch ihre Erinnerungen, in einer Mischung aus Freude und Traurigkeit. Er stand auf und legte die Hand auf die Schulter seiner Schwester (die ihn deutlich gespürt hat) und hatte einige beruhigende Worte für seine Eltern und seinen Bruder. Er ist anschließend wieder gegangen, genauso ruhig wie er gekommen war. In der Folge ist er noch das eine oder andere Mal gekommen, um einem seiner besten Freunde Ratschläge zu geben als dieser bei mir in Behandlung war. Ebenso hat er seiner Mutter den Hinweis gegeben, dass diese ganz besonders auf eine ihrer Töchter achtgeben sollte, die in der Schule gemobbt wurde und sich nicht traute daheim etwas zu sagen.

Andere Seelen haben das Bedürfnis mitzuteilen, was ihnen noch am Herzen liegt. Die Mutter von Odette ist an den Folgen einer Krankheit in einem Alter gestorben, das man als ehrwürdig bezeichnen könnte, selbst wenn es für eine Tochter immer zu früh zu sein scheint, ihre Mutter zu verlieren. Hinsichtlich der Erbschaft war alles geregelt, und dennoch ist sie eine Woche nach ihrer Beerdigung während eines Gespräches zwischen mir und ihrer Tochter erschienen: Sie hatte vergessen, ihr einen Umschlag auszuhändigen; einen Umschlag, den Odette in ihren Papieren gefunden hatte und in dem es um ihren letzten Willen für ihre Grabstätte ging.

Philipp, der wenige Monate vor der Rente an einem Herzinfarkt verstorben war, hat uns während seiner Beerdigung, die in der Normandie stattfand, nachdrücklich “angerufen”. Er wollte, dass wir seiner Familie eine Botschaft überbringen: Er, der sich zu Lebzeiten nicht besonders um seine Spiritualität gekümmert hatte, war direkt in die Unissenz gelangt und wünschte die Glückseligkeit zu teilen, die in ihm aufwallte. Er wünschte, dass seine Kinder und seine Ex-Frau aufhörten, sich wegen des Aufteilens seiner materiellen Güter zu streiten, denn er hatte entdeckt, dass das Glück im Teilen und in der Liebe zu finden ist.

In den ersten Monaten meiner Aktivität hatte eine etwa sechzigjährige Frau einen Termin vereinbart mit der Absicht, sich von einem leichten, unerklärten Unwohlsein zu befreien. Ihre Mutter war einige Wochen zuvor im Alter von 90 Jahren verstorben. Diese Frau sagte mir, dass sie damit im Reinen sei. Sie hatte nicht den Eindruck, besonders durch deren Weggang berührt gewesen zu sein, den sie als eine Logik des Lebenszyklus akzeptiert hatte. Während sie mir ihre Geschichte erzählte, roch ich einen sehr starken Geruch im Raum: ein angenehmer, süßlicher Duft, der mich an Zimt erinnerte. Auf die Gefahr hin, lächerlich zu erscheinen, habe ich diese Frau gefragt, ob „Zimt" sie an irgendetwas Besonderes erinnere, denn ich hatte absolut keine Ahnung, wohin mich das führen sollte. Sie hat sich dann plötzlich aufgerichtet und sagte: „Aber das ist der Name des Hundes meiner Mutter! Auf ihrem Sterbebett hat sie mich versprechen lassen, mich um ihn zu kümmern. Heute morgen hatte ich mich entschieden, ihn beim Tierschutzverein abzugeben, denn ich kann in meiner Wohnung keinen Hund halten."

Arthur hat nicht die Möglichkeit gehabt, die Inkarnation, für die er sich entschieden hatte, sehr lange zu leben. Ab den ersten Monaten seiner Schwangerschaft entschied seine Mutter, ihr ein Ende zu setzen. In den 50er Jahren wurden Schwangerschaftsabbrüche in der Illegalität praktiziert, mit Hilfe einer nachsichtigen Freundin oder durch eine „Engelmacherin". Der Körper des kleinen, aus dem Bauch seiner Mutter herausgezogenen Fötus war zu den zahlreichen anderen gegangen, die vor ihm in den Dorfbrunnen geworfen wurden. Wie bei allen Frauen in Not, die zu der Zeit – und sogar lange davor – auf diese befreienden Praktiken zurückgriffen, gab es keine Ultraschalluntersuchung, um sich des „Erfolgs“ des Eingriffs zu versichern. Die Abtreibung misslang. 55 Jahre später machte sich Arthur bei einer Sitzung mit seiner Schwester bemerkbar und befreite sich so aus dem Zustand seiner Gefangenschaft. Corinne, die Zwillingsschwester von ihm, erinnerte sich daran, dass ihre Mutter ihr oft gesagt hatte: „Du hättest in der Wanne beenden sollen!“. Ein unbewusster Schutz hatte dazu geführt, dass sie niemals begriffen hatte, dass ihre Mutter ihr in Wirklichkeit schon immer emotionslos sagen wollte, dass sie sie loswerden wollte und ihre Abtreibung misslungen war, bzw. nur ihren Zwillingsbruder eliminiert hatte. Corinne hatte damals den mörderischen Angriff mit der Häkelnadel überlebt.

Arthur bezeichnete sich als „gefangen“ in diesem Brunnen, neben anderen Seelen, die das gleiche Schicksal wie er erlitten hatten. Und nun litt er an ihren nicht enden wollenden Klagen. Er nannte uns den Namen des Dorfes im Süd-Elsass, in dem sich der Brunnen befand, der ihn als Gefangenen zurückhielt, und akzeptierte unsere Hilfe mit vollem Vertrauen. Alles geschah sanft, und seine Seele konnte schließlich die ganze Weite des Ausdrucks in freier Luft leben.

ÜBERRASCHUNSBESUCHE

Manche Seelen spazieren noch auf der irdischen Ebene herum, wobei sie sich jedoch bewusst sind, dass sie auf der anderen Seite des Spiegels sind. Dies sind oft Mitglieder unserer Familie, mit denen wir Umgang hatten oder Ahnen, Personen, die wir bei früheren Inkarnationen gekannt hatten, oder auch völlig unbekannte Personen. Diese desinkarnierten Seelen werden nicht durch schlechte Absichten angetrieben. Sie mischen sich unter die Lebenden, um weiterhin das zu tun, was sie in ihrem vergangenen Leben motivierte, oder um das zu entdecken, was sie bei ihrer Passage auf der Erde nicht ausprobieren konnten.

Bei einem Austausch mit einer zur Konsultation gekommenen Frau spüre ich die Präsenz ihres Vaters in meiner Praxis. Ich frage sie, ob letzterer zu seinen Lebezeiten viel als Heimwerker tätig war und ob er es liebte herumzuschnüffeln. Erstaunt, aber amüsiert durch meine Frage, antwortete sie mir dennoch zustimmend. Ich sage ihr dann: „Er ist in diesem Moment direkt über uns auf meinem Dachboden und sucht in meinen Sachen herum.“ „Das sieht meinem Vater wirklich ähnlich! Er hatte immer das Bedürfnis, seine Nase überall hineinzustecken!“ Das war ein humorvoller Moment für uns.

Nicht selten kommen bestimmte Ahnen, um einen Blick auf eine Sitzung zu werfen, riskieren einen Kommentar oder einen Rat, und verschwinden ebenso diskret wieder, wie sie gekommen sind. Ihre unvermuteten Besuche sind häufiger, als wir glauben, und oft drücken sie ihre Enttäuschung aus, dass sie trotz all ihrer Anstrengungen, nicht von ihren Nahestehenden wahrgenommen zu werden. Glücklicherweise sind wir uns der Anwesenheit der uns umgebenden Seelen nicht bewusst, denn sonst würden wir nicht mit derselben Sorglosigkeit leben!

Von einer Freundin meines Sohnes zum Abendessen eingeladen, frage ich sie, ob ihre Großmutter zu Lebzeiten einen Dutt trug und sich regelmäßig an der Stelle, wo heute die Lampe ist, in einem Armsessel ausruhte. Bewegt bestätigte sie mir, dass dies tatsächlich der gewöhnliche Platz ihrer Großmutter war in der Zeit, als sie noch in diesem Haus lebte. Beruhigt durch die unaufgeregte Reaktion ihrer Enkelin, war die Großmutter ermutigt, ihr von der Vergangenheit zu erzählen. Einige Minuten später verschwanden der Sessel und die Großmutter, so wie sie gekommen waren.

Bei anderen Gelegenheiten sind uns diese Besucher völlig unbekannt.

Eines Nachmittags im Februar unterstützte mich meine Tochter bei einer Behandlung. Nichts Besonderes in dieser Sitzung, die im Wesentlichen auf der emotionalen Ebene stattfand und die wir mittels Résonance durchgeführt hatten. Gegen Ende der Behandlung sprechen wir uns ab, um festzustellen, ob alles ok ist oder ob es noch einen zu behandelnden Punkt gibt. Annabel hat die Möglichkeit, die Aura zu visualisieren, um die blockierten Zonen zu erkennen, was für mich einen Zeitgewinn darstellt und eine zusätzliche Kontrolle erlaubt. Sie bestätigte mir, dass die Aura keine Blockadepunkte mehr aufwies, und entfernte sich vom Behandlungstisch, um ein Glas Wasser zu trinken. In dem Moment, wo ich meinerseits aufhören wollte, spürte ich eine Schwere bei der Patientin; was für mich das Signal ist, dass eine zu befreiende Blockade übrig geblieben ist. Ich testete also mit dem Hellempfinden, um sie zu lokalisieren, und zu meiner großen Überraschung entdeckte ich eine ganze Serie: schwere, belastende emotionale Blockaden, die nur mühsam befreit wurden. Meine Tochter kam zu uns zurück und schaute mich amüsiert an, mit einem breiten Lächeln auf den Lippen. Sie führte die Hand über den Körper der Patientin, und plötzlich wurde alles leicht. In dem Moment habe ich nicht versucht zu verstehen. Nachdem die Frau gegangen war, erklärte sie mir, dass sich eine Seele auf die Patientin gelegt hatte, wobei sie sich in die Umrisse ihres physischen Körpers einfügte, und dass sie sie aus der Entfernung nur bemerkt hatte, weil ein Arm nicht am physischen Ort des Arms der Frau war. Als sie sich ihr angenähert hatte, hat sie eine Frau orientalischen Typs gesehen, mit langen, schwarzen, lockigen Haaren und rot geschminkten Lippen. Sie versuchte, unbemerkt zu bleiben, und bewegte nur die Augen, aus Furcht, sich zu verraten. Indem sie die Hand über den Körper der Frau führte, hatte Annabel sie aus ihrem „Versteck“ vertrieben. Ich verstand nun, warum plötzlich alles leicht geworden war. Diese schöne, südländische Frau war jedoch im Raum geblieben und hatte neben uns auf „ihrem“ Stuhl Platz genommen und wartete darauf, ihrerseits behandelt zu werden. Sie sagte, dass sie umherirrte, weil sie seit langem einen Mann suchte (der Teil ihrer Vergangenheit ist) und nicht wusste, wo sie ihn finden könne. Sie war bedrückt durch Schmerz und Traurigkeit. Als wir sie fragten, wie ihr Vorname ist, antwortete sie „ich“, denn sie hatte sogar die Erinnerung an ihren

Namen verloren. Wir riefen ihren Seelenführer, damit er sie zu dem Mann führe, den sie suchte. Bevor sie ihm folgte, nahm sie sich die Zeit, uns beiden zu danken. So etwas kann man „eine kostenlose Sitzung" nennen!

Eines Abends holte ich meine Tochter von zu Hause ab, um sie zu ihrem Fitnesscenter zu bringen. In dem Moment, in dem sie sich ins Auto setzte, bemerkte ich, dass sie nicht allein war, denn eine Präsenz hatte sich durch einen leicht herben Geruch bemerkbar gemacht. Annabel sagte mir, dass ein junges Mädchen von etwa 20 Jahren sich gleichzeitig mit ihr in ihrem Badezimmer zurechtgemacht hatte. Sie hatte sich gekämmt und einen Jogging-Anzug angezogen, denn sie wollte Annabel begleiten. Mit einer offensichtlichen Logik installierte das junge Mädchen sich vergnügt vorn im Fahrzeug zwischen uns beiden (dort, wo der Gangschalthebel ist) und wartete, dass ich den Motor starte. So habe ich als Taxifahrer gedient.

Von Zeit zu Zeit begleiten uns die Unsrigen, ohne dass wir es bemerken. Dennoch ist es nicht selten, dass bestimmte Patienten sorglos Vertraulichkeiten mitteilen, die sie jedoch in ihrer Umgebung oder bei ihrem Arzt nicht ausplaudern würden, aus Furcht, falsch wahrgenommen oder verurteilt zu werden. Wie etwa diese junge Witwe, die mir erzählt hat: „Manchmal spüre ich, am Abend in meinem Bett und wenn ich das Licht ausschalte, die Anwesenheit meines Ehemannes." „Ich weiß, dass Julien sich in meiner Werkstatt, wenn ich meine Flugzeugmodelle baue, an meine Seite setzt", hat mir ein Vater offenbart, glücklich darüber, nicht von seinem Sohn abgeschnitten zu sein, der an Leukämie verstorben ist. Eine andere Frau hat mir gesagt: „Am Abend setze ich mich auf die Bank hinten im Garten und ich spreche zu meiner Mutter, wie wir es taten, als sie noch im Haus war, und ich bin sicher, dass sie sich dann neben mich setzt und dass sie mich hört."

Stimmen zu hören oder Präsenzen zu spüren führt manchmal geradewegs in die Psychiatrie, aber jedoch es kann eine wunderbare Gabe und Bereichung unseres Leben sein wenn wir bewusst sind wie das alles fonktionniert.

WENN DIE SEELEN SCHWIERIGKEITEN HABEN ZU AKZEPTIEREN, DASS SIE TOT SIND

Der Übergang zum anderen Ufer ist nicht für alle leicht. Einige Verstorbene haben Schwierigkeiten, den irreversiblen Weggang zu akzeptieren.

Gerd war nach einem plötzlichen Schlaganfall im Koma versunken und nicht wieder aufgewacht. Zwei Tage lang hat er uns sein Bedauern „mitgeteilt", auf diese unvorhergesehene und brutale Weise gegangen zu sein und nicht die Zeit gehabt zu haben, seiner Frau und seinen Kindern Adieu zu sagen. Mein Freund in Deutschland blieb im Krankenhaus an seiner Seite, bis er verstorben war, und wir dachten alle beide, dass er in Frieden gegangen sei. Aber zu unserer großen Überraschung hat er sich am nächsten Tag meiner Tochter und mir gezeigt. Wir waren zu jenem Zeitpunkt gerade in Portugal. Gerd war überwältigt von der Wut, sterben zu müssen und wollte wieder in einen anderen Körper. Bitter enttäuscht kehrte er anschließend in die Nähe seiner sterblichen Überreste zurück, und während vieler Stunden versuchte er völlig verbissen und gegen jeden Rat, in seinen Körper zurückzukehren - doch umsonst. Die Diskussion zwischen ihm und meinem Freund, der in seiner Nähe blieb, war lang und mühsam, bevor Gerd akzeptierte, sich von seinem Seelenführer begleiten zu lassen.

Einige Desinkarnierte beharren wie Simon darauf zurückzukehren. In dieser Absicht gehen sie so weit, dass sie andere Menschen dazu aufrufen, sich umzubringen, um dessen körperliche Hülle einzunehmen. Was natürlich absolut unmöglich ist. Selbst wenn die Person zur Tat schreiten sollte und sich tötet, befänden sie sich erneut in einem leblosen Körper, den sie nicht beleben könnten. Des würde dazu führen, dass sie sich wieder einen Sterblichen zu suchen, dann wieder einen anderen, bis sie schließlich begreifen, dass es unmöglich ist, ihren Plan zu realisieren. Manchmal schafft es eine Seele derselben feinstofflichen Ebene oder sogar ein Mensch, der sie wahrnehmen kann, sie vorher aus ihrer Lähmung zu befreien und sie zur Beruhigung zu führen.

Robert konnte sich nur mit Schwierigkeiten und mit Hilfestellung durch seine Lebensgefährtin auf die Behandlungsliege legen. Er bewegte sich wie ein 90-jähriger Mann, obwohl er kaum 60 Jahre alt war. Alle seine Gelenke verursachten ihm schreckliche Schmerzen. Er war bleich und sah aus, als ob er im Sterben liege. Er sagte, dass er seit fast einem Jahr 17 kg Gewicht verloren hatte und Schwierigkeiten hatte, die Nahrung aufzunehmen. Keine medizinische Untersuchung schaffte es, irgendeine Pathologie festzustellen, die seinen Symptomen wenigstens einen Namen gegeben hätte. Seine Nächte waren qualvoll und sein Schlaf häufig unterbrochen. Ich habe mit der Kontrolle seiner Aura begonnen, die zu meinem großen Erstaunen, in Bezug auf seinen Körper, komplett verschoben war. Ein reduzierter Kontakt bestand noch in Höhe des Kopfes, was mir den Eindruck gab, siamesische Zwillinge zu palpieren, die am Kopf verbunden sind. An seinem ganzen Körper klebte jedoch eine sehr dichte und irritierende Energie. Ich begriff, dass es sich um eine Seele handelt, die seinen Körper besetzte. Ich fragte also diese Seele, die ich als einen alten Mann identifizierte, welches der Grund für seine Anwesenheit war. Er antwortete mir, dass er der Vater von Robert ist und dass ihm, sofort nach seinem Tod, bewusst geworden war, dass er nichts gelebt hatte. Während seiner ganzen Kindheit wurde er durch einen ständig unzufriedenen Vater schikaniert. Der Algerienkrieg hatte ihm seine Jugend genommen, und seine Ehe, gefolgt von der Ankunft der Kinder, hatte ihm den Rest seiner jungen Jahre gestohlen. Niemals Zeit für sich, niemals Lachen oder Sorglosigkeit. Da er sich seinem Sohn sehr nah fühlte, hatte er entschieden, durch ihn all das zu leben, was ihm wegen der anderen in seinem irdischen Leben gefehlt hatte. Trotz seines Grolls die Ungerechtigkeit des Lebens akzeptierte er meinen Rat und verließ das Energiefeld seines Sohns, um seinem jungen Bruder zu folgen, der vor ihm im Krieg gestorben war. Dieser war gekommen, um ihn abzuholen und auf die andere Seite zu führen. Robert hörte wie sein Vater über sein Leid klagte und erkannte seine eigene Geschichte darin wieder. Er sah den Zusammenhang zwischen dem Todesdatum seines Vaters und dem Beginn seiner Gesundheitsprobleme. Am Ende der Sitzung erhob er sich und zog seine Schuhe wieder an. Er bemerkte nicht gleich, dass er sich problemlos bewegen konnte, und gestikulierend beschrieb er mir Episoden seines Lebens. Erst als er sein Scheckheft wieder einsteckte, stellte er fest, dass er keinerlei Schmerzen mehr spürte und dass er sich sogar begeistert und fröhlich fühlte. Ich hatte die Gelegenheit ihn einen Monat später wiederzusehen, um eine kleine Schlafstörung bei ihm zu behandeln. Er war weiterhin fit und erzählte mir beiläufig, dass er während seiner ersten Sitzung vergessen hatte zu erwähnen, dass er schon seit einiger Zeit an Diabetes und

Hypertonie litt und dass bei der letzten ärztlichen Untersuchung diese nicht mehr nachweisbar waren!

WENN DIE SEELE NICHT WISSEN, DASS SIE TOT SIND

Wir könnten glauben, unsere Verstorbenen befänden sich weit entfernt vom Trubel der Welt der Lebenden, friedlich vereint im Jenseits. Und selbst wenn wir uns vorstellen, dass sie uns noch aus der Nähe oder der Ferne wahrnehmen, so sind wir doch oft weit davon entfernt anzunehmen, dass sie sich noch dafür interessieren könnten, was auf der Erde geschieht. Das Gegenteil ist der Fall: Die Ereignisse unseres Alltags sind für die im Jenseits gebliebenen Seelen oft Gelegenheit, sich untereinander auszutauschen oder sich für die irdischen Ereignisse zu interessieren… besonders, wenn sie sich nicht bewußt sind, diese Welt verlassen zu haben.

Erzählung von Annabel:

Am 6. Mai 2012, am Abend der Präsidentschaftswahlen, kam ich in mein Wohnzimmer, um das Abstimmungsergebnis zu erfahren, das bald im Fernsehen bekannt gegeben werden sollte. Ich hatte jedoch Schwierigkeiten, Platz auf meinem Sofa zu finden, denn es war von einer Bande Desinkarnierter in Beschlag genommen, die noch mehr als ich am Wahlergebnis der beiden Kandidaten interessiert zu sein schienen. Sie hatten einen Kühlschrank in Reichweite (in meinem Wohnzimmer!) und hielten jeder eine Bierdose in der Hand, während sie lebhaft über die wahrscheinlichen Ergebnisse diskutierten. Als diese bekannt gegeben wurden, wurden einige von ihnen sauer und einer von ihnen warf sogar aus Wut seine Fernbedienung (zum Glück nur eine virtuelle) gegen die Wand. Während sie weiterhin lautstark polemisierten, verließen sie einer nach dem anderen mein Wohnzimmer, indem sie durch die Tür gingen, und verschwanden, ohne mich auch nur anzuschauen. Nicolas Sarkozy hatte mehr Unterstützung, als er sich vorstellte!!

Im Laufe seiner Geschichte war das Elsass ein Gebiet zahlreicher Schlachten und Bluttaten, und nicht selten findet man die Spuren Verstorbener, die noch die Orte oder die Wohngebäude besetzen und aus diesem Grund zu unbeabsichtigten Unannehmlichkeiten für die neuen Bewohner führen. Manchmal handelt es sich um Einfamilienhäuser oder um alte, renovierte Häuser, aber auch um Neubauten, die auf den Plätzen errichtet wurden, an denen sich Dramen abspielten.

Ein Patient, der mich gebeten hatte, in seinem Haus zu intervenieren, sagte, dass er sich jedes Mal, wenn er in sein Wohnzimmer geht nicht gut fühle. Ich selbst fand es nicht angenehm, in diesem Zimmer zu sein, dessen Atmosphäre drückend und kalt war. Im Bereich des Schornsteins hörte ich Stimmen um Hilfe rufen. Im Stockwerk darunter befanden sich die Seelen von Dorfbewohnern, die während des letzten Krieges im Keller Zuflucht gesucht hatten, um den Bombardierungen zu entkommen, aber von den Trümmern begraben wurden. Als ihnen mit meiner Hilfe bewusst wurde, dass sie tot waren und dass sie den physischen Körper verlassen konnten, den sie bis dahin noch zu bewohnen glaubten, sind sie einer nach dem anderen aus dem Kellergeschoss herausgekommen und haben sich verflüchtigt.

Ähnliche Situationen kommen auch im täglichen Leben vor, und das oft, wenn wir nicht damit rechnen.

Eines Sommers hatten ein Freund und ich nach einem Abendessen in einem Restaurant Lust auf einen kleinen Spaziergang, um den lauen Abend zu genießen und unsere Diskussion fortzusetzen. Wir waren auf einer Straße, die aus dem Dorf herausführt, und gingen dann auf einem Weg in einem Weinberg weiter. In Höhe der letzten Gebäude des Dorfes war – aus dem Nichts – ein junger schwarzer Kater erschienen und entschied sich, uns zu begleiten. Er marschierte mit uns wie ein Kind mit seinen Eltern bei einem Sonntagsspaziergang; amüsierte sich, indem er uns vorausging, rollte sich auf dem trockenen Boden, ließ sich von uns überholen, um uns erneut vorauszulaufen, um anschließend zwischen unsere Beine zu kommen, um sich streicheln zu lassen. Aber da meine hochhackigen Schuhe mir keinen langen Marsch auf diesem Weg erlaubten, entschieden wir uns zur Rückkehr in Richtung Dorf. In diesem Moment zeigte die Katze ein seltsames Verhalten: sie blieb stehen und sah uns erstarrt an, und ich spürte, dass sie sehr verdrossen war. Manchmal hielt sie wie entsetzt an, drehte den Kopf in die entgegengesetzte Richtung, wobei sie immer dieselbe Stelle anstarrte. Ich dachte, dass sie vor einem Hund auf der Hut sei, an dem wir zu Beginn unseres Spaziergangs vorbeigegangen waren, der aber in eine ganz andere Richtung davongelaufen war. Da sie regelmäßig aufschreckte, habe ich sie gefragt, was sie erschreckte. Ich versuchte zu verstehen, was sie sah und uns zeigen wollte. In diesem Moment habe ich, hinter meinen Augenlidern, ein sehr junges, etwa 12-jähriges Mädchen mit blassem Teint und langen Haaren gesehen, bekleidet mit einem langen, weißen, langärmeligen

Nachthemd, das barfuß im Graben stand. Intuitiv hatte ich den Eindruck, dass sie im 13. Jahrhundert lebte. Sie stand barfüßig weiter unten auf dem Weg. Als sie mich sah, sagte sie mir, dass man sie vergessen hatte und sie darauf warte, dass man sie abholt. Sie war sehr krank gewesen und blieb – mangels Heilmitteln – in ihrem Bett, wobei sie die Krankheit über ihr Schicksal entscheiden ließ. Ein Ereignis führte dazu, dass alle Dorfbewohner das Dorf überstürzt verlassen mussten, denn eine Gefahr bedrohte sie. Sie zeigte mir Leute, die den Kopf verloren und andere die schrien, während sie ihre Sachen einsammelten (Ich habe keine Informationen über den Grund dieses Dramas erhalten, denn sie hatte sie wahrscheinlich selbst nie gehabt). Ihre Eltern hatten sie zurückgelassen, weil sie sie nicht transportieren konnten und da sie dachten, dass sie bald sterben würde. Sie war damals sanft entschlafen, ohne zu leiden (denn ich spürte keinen körperlichen Schmerz), wobei sie bis zu ihrem Ende dachte, dass ihre Angehörigen zurückkommen würden. Sie wartete seit dieser Epoche darauf, dass ihre Familie ins Dorf zurückkehren würde. Wir haben miteinander gesprochen, und sie hat verstanden, dass sie jetzt zu ihnen gehen könne. In dem Moment, als sie verschwand, lief der schwarze Kater freudig an uns vorbei und verließ uns bei den ersten Häusern der Siedlung, um einer jungen, rotbraunen Katze zu folgen. Warum die Lust auf einen Verdauungsspaziergang an gerade diesem Abend? Warum die Begegnung mit dieser jungen Katze? Warum dieser Weg statt eines anderen? Warum wir? Vielleicht ganz einfach, weil es keinen Zufall gibt!

Einige Menschen können sogar leidende Seelen wahrnehmen, ohne an den Orten zu sein, an denen sie blockiert sind.

Bei meinen Reisen nach Österreich erzählt mir eine Kursteilnehmerin von ihrem Sohn Jaron, um den sie sich große Sorgen machte. Jaron hatte immer Schwierigkeiten gehabt, sich zu den anderen zu gesellen, sich mit ihnen zu amüsieren und Interesse für Dinge zu entwickeln. Während die Mutter mir ihre Sorgen erzählte, sah ich einen Soldaten unter einem Baum liegen. Er war am Hals und am Kopf verletzt und hatte nicht mehr die Kraft, sich zu erheben. Ich fragte die Mutter von Jaron, ob ihre Mutter einen Bruder im Krieg verloren hatte. Sie bestätigte mir, dass ihre Mutter tatsächlich vier Brüder auf den Schlachtfeldern verloren hatte, aber dass der Familie nur drei Leichname zurückgegeben wurden. Sie erklärte mir dann, dass ihr Sohn ihr seit Monaten sagte, dass „Opa" unter einem Baum liegt und dass er Hilfe braucht. Dass er wüsste, wo sich dieser Baum befindet, und dass er sie dort hinführen kann. Dieser Großvater ist in Wirklichkeit der Großonkel von Jaron, aber dieser sieht ihn wie einen Großvater. Ich nahm Kontakt zu diesem Mann auf, der verstand, was ihm geschehen war und dass er sich jetzt ohne Probleme erheben könne. Nachdem er auf die Füße gekommen war, trug er keinen Tarnanzug mehr, sondern eine schwarze Hose und einen roten Pullover. Als ob nichts gewesen wäre, ging er ganz einfach weg. Ich spürte, dass der Baum, unter dem er Zuflucht gesucht hatte, heute nicht mehr existierte. Als sie nach Hause kam, fragte die Mutter von Jaron ihn – ohne ihm den Inhalt unseres Gesprächs zu offenbaren – ob er wüsste, wie es Opa geht. Er antwortete spontan, dass er jetzt im Himmel sei und dass ein kleiner Teil von ihm, so groß wie ein Fingernagel, noch da sei, aber dass er morgen ganz verschwunden sein werde. Er fügte hinzu, dass der Baum, unter dem sich der Opa befand, nicht mehr da sei. In den folgenden Tagen ist der kleine Junge ein Kind wie die anderen seines Alters geworden; voller Leben und Spontanität.

Eines Nachmittags im Mai, als ich noch im Schwimmbecken des Hotels in Torremolinos bleiben wollte, entschied sich Annabel, nach oben ins Hotelzimmer zu gehen, um als erste das Badezimmer zu nutzen. Als sie die Eingangstür zu unserem Zimmer öffnete, stand sie von Angesicht zu Angesicht vor der Seele eines Mannes, die ihr unvermittelt ihren rechten Arm zeigte, bei dem der Unterarm fehlte. Er bat sie, ihm unverzüglich zu helfen. Nach dem Überraschungsmoment forderte sie ihn auf, sich zu beruhigen und sie in das Zimmer zu lassen. Er ignorierte ihre Aufforderung und hatte Schwierigkeiten seine Beherrschung zu behalten. Er sagte ihr in einem Wortschwall, „jemand“ (eine andere Seele) in der Hotelhalle hätte ihm gesagt, dass sie ihm helfen könne. In seiner Aufregung hinterließ er überall auf der Bettdecke virtuelles Blut. Er erklärte, dass er auf der Baustelle des Hotels gearbeitet hatte (dieses wurde 2004 gebaut) und dass er sich mit einer Maschine verletzte hatte, aber niemanden gefunden hatte, der ihm helfen konnte. Da Annabel keine Lust hatte, ihre und seine Zeit zu verschwenden, um das „warum und wie“ seiner Situation zu erfahren, bat sie die Seelen der Unissenz, ihn abzuholen und ihm zu helfen, das Licht zu finden, das ihn aus seinem Zustand des Eingesperrtseins befreien würde. In diesem Moment erschien im Zimmereingang ein großes, ovales, weißes Licht, als sei es dort aufgehängt. Der verletzte Mann sah es sofort und ging zu ihm, und als er in das Feld weißen Lichts trat, verschwand er. Als ich eine Stunde später ins Zimmer kam, schaute Annabel mich mit einem bizarren Lächeln an und fragte mich, ob ich auf meiner Bettdecke etwas spüren könne. Ich testete dies mit der Hand und nannte ihr die Stellen, die ich als energetisch aufgeladen empfand. Sie erzählte mir dann die Geschichte, die sie gerade erlebt hatte, und was ich auf dem Bett gefunden hatte, waren ganz einfach die Blutflecke, die nach dem Verschwinden des Arbeiters auf der Bettdecke geblieben waren. Ich fuhr erneut mit meiner Hand über die virtuellen Blutflecke, um sie zu reinigen, und sie verschwanden sofort. Es gibt wirklich Erlebnisse, die ich selbst erleben muss, um sie zu glauben, und selbst da bin ich mir immer noch nicht sicher, ob ich alles richtig begreife.

Die desinkarnierten Wesen, die in diesem Zustand der Konfusion geblieben sind und sich zeigen, sind zahlreich, und Annabel muss oft mit ihnen schimpfen, damit sie ihre Ruhezeiten respektieren; andernfalls würde sie nonstop arbeiten. Ich glaube nicht, dass man sich Sorgen um die Seelen zu machen braucht, die in einer Übergangswelt stecken geblieben sind. Eines Tages wird es ihnen gegeben, befreit zu werden, denn nichts ist starr. Die Begegnungen, die geschehen müssen, geschehen. Nichts ist dem Zufall überlassen, und auf der anderen Seite des Lebens ist der Begriff der Zeit nicht derselbe wie für uns.

DIE ORTE

Oft waren bestimmte, uns bedeutungslos erscheinende oder touristische Stellen vor Urzeiten Orte von Kämpfen, Opfern oder öffentlichen Hinrichtungen, und diese Orte haben – wie die Menschen – Erinnerungen an Leid oder Horror behalten. Wenn ich auf dem Platz vor der Kathedrale von Strasbourg spazieren gehe, kommt es vor, dass ich Schreie oder Klagen höre - die übrigens nicht nur ich wahrnehme. Heute sehen wir nur das herrliche Bauwerk, aber wir haben vergessen, dass es Hunderte von Menschen das Leben gekostet hat, die durch die Jahrhunderte für es gekämpft haben.

Annabel und ich nahmen häufiger an einem Kurs am Rande von Paris teil, und wir hatten sogleich eine belastende Energie gespürt, als wir in den Kursraum kamen. Der – für die energetische Welt sehr offene – Ausbilder hat Annabel gefragt, was sie in diesen Räumen sehe. Sie antwortete: Am Eingang befand sich ein großer Holztisch, wie man ihn in den Bauernhöfen von früher fand, und mehrere Personen saßen beiderseits des Tisches auf Bänken. Der Verwalter saß am Tischende; Personal, Frauen, Männer und Kinder in der damaligen Kleidung (16.-17. Jh.) schienen seinen Befehlen unterworfen zu sein. Als Annabel sie fragte, was sie alle dort taten, antwortete derjenige, der der Verantwortliche zu sein schien, dass der Herr seit langem gegangen war und sie auf seine Rückkehr warteten. Wir schlugen ihnen dann vor, in den Karren zu steigen, der (tatsächlich) auf der Straße auf sie wartete und sagten ihnen, dass sie nun frei seien und weg gehen können, denn der Herr der Stätte würde nicht zurückkommen. Dies haben sie alle freudig getan, wobei sie die Bündel mitnahmen, die sie offensichtlich vorbereitet hatten, um eines Tages fortzugehen. In ihrer Eile haben sie ein kleines Mädchen auf der Türschwelle vergessen, die anfing zu weinen. Kurze Zeit später kam eine ganz verwirrte Frau, um sie zu holen. Sie stiegen dann alle fröhlich in den Karren gestiegen und verschwanden innerhalb eines Augenblicks.

Bestimmte Personen können nach ihrem Tod noch ihren Lebensort stören, denn sie haben nicht verstanden, dass sie nicht mehr der Welt der Lebenden angehören. Sie gehen weiterhin ihren Beschäftigungen nach, ohne die Anwesenheit der Menschen zu bemerken.

Seit dem Einzug in ihr neues Haus war Sandrine depressiv geworden. Während sie auf die Rückkehr ihres Ehegatten von der Arbeit wartete, blieb sie stundenlang auf ihrem Küchenstuhl sitzen, auf dem sie nach vorn und hinten kippelte. Sie erzählte mir dann, dass sie nachts „jemanden“ an die Wände ihres Schlafzimmers klopfen hörte, und dass es manchmal – im Morgengrauen – sogar an der Eingangstür klingelte, ohne dass jemand vor der Tür stand. Ich fragte sie, ob ein früherer Mieter in diesem Haus verstorben war. Sandrine antwortete mir, dass die frühere Besitzerin entschieden hatte, das Einfamilienhaus zu verkaufen, weil sie es nicht mehr aushielt in den Mauern zu wohnen seitdem ihr Ehemann an einem

Arbeitsunfall verstorben war – der übrigens unerklärt blieb. Ich hatte ihr diese Frage gestellt, weil ich einen Mann spürte, der immer noch glaubte, in seinem Haus zu wohnen, und Renovierungsarbeiten vornahm. Sandrine sagte, dass sie Zwischenwände eingerissen hatten, um das Haus nach ihrem Geschmack herzurichten. Der frühere Besitzer, der oft in der Nachtschicht gearbeitet hatte, kam morgens zurück nach Hause, klingelte, damit seine junge Ehefrau ihm die Tür öffne, und fing sogleich an, die Wände zu reparieren. Ich bin aus der Ferne mit der Seele des Verstorbenen in Kontakt getreten, dem dann auch bewusst werden konnte, dass er nicht mehr von dieser Welt war und dass er die Seinen auf einer anderen Ebene wiederfinden würde. Sandrine hat ihre Ruhe wiedergefunden. Sie entschied sich zusammen mit ihrem Ehemann dennoch, das Haus wieder zu verkaufen und in ein anderes Departement umzuziehen.

Wenn die desinkarnierten Seelen an Orten blockiert geblieben sind, haben sie das bewahrt, aus dem ihre Umgebung zu ihrer Zeit bestand: die Gebäude, Häuser, Möbel, Gegenstände usw., die sich dann der gegenwärtigen Umgebung überlagern, ohne sich unbedingt an die Formen anzupassen. Deswegen können Sie beispielsweise in einem Pferdestall schlafen, an der Stelle eines Galgens essen oder auf einer Matratze ein Bad nehmen usw., ohne es zu bemerken. Diese desinkarnierten Geister leben ihr „Leben“ weiter, ohne die Anwesenheit der Lebenden überhaupt zu bemerken.

Was ist dann auf den Friedhöfen los? Das ist tatsächlich ein Ort, wo man in Wirklichkeit sehr selten die Seelen der Personen findet, die dort begraben worden sind, weil es ganz einfach nicht der Ort ist, an dem sie verstorben sind. Jedoch kann man dort – überraschenderweise – merkwürdige Begegnungen machen. Wie die folgende Geschichte zeigt:

Erzählung von Annabel:

Bei einer beruflichen Reise nach Paris im November 2011 hatte ich Lust, den Friedhof Père Lachaise zu besuchen, den berühmtesten und größten Friedhof der Hauptstadt, auf dem auch geführte Rundgänge angeboten werden. Dort findet man die Gräber berühmter Männer und Frauen, unter anderem von Frédéric Chopin, Honoré de Balzac, Guillaume Apollinaire, Jean-François Champollion, Alfred de Musset, aber auch jüngere von Simone Signoret, Jim Morrison, Edith Piaf, Camille Pissarro, Oscar Wilde, Alan Kardec und vielen anderen.

Da ich seine Werke schätzte, wollte ich das Grab von Molière sehen. Nachdem ich einem Labyrinth begrünter Alleen gefolgt war, fand ich schließlich sein Grab neben dem von Jean de la Fontaine; alle beide am selben, von einem Metallgitter umgebenen Platz. Aber ich war offensichtlich nicht die einzige, die diese Idee hatte! Um die beiden Grabstätten standen mehrere Seelen junger Frauen in leichter Bekleidung, gehüllt in einen rosa Schleier, der ihren Körper sittsam verbarg. Sie hatten lange, braune oder blonde Haare, die auf ihre Schultern fielen, in einer gleichzeitig verführerischen, aber auch schützenden Haltung. Einige lagen auf einem Grab am Rand, die anderen saßen auf Stühlen, die sie um das Gitter herum hatten erscheinen lassen. Sie schienen sich gestört zu fühlen vom Vorbeigehen all dieser Leute, die vor den Grabstätten, die die Frauen zu beschützen schienen, anhielten. In keiner Weise überrascht durch meine Präsenz, fragten sie mich nach dem Grund für die Besuche all dieser Unbekannten. Ich erklärte ihnen dann, dass Molière und Jean de La Fontaine sehr berühmte Leute geworden waren und dass man noch heute ihre Fabeln und Romane in der Schule lernte; dass sie für unsere Epoche Vorbilder der Literatur sind. Diejenigen, die abseits geblieben waren, nahmen sich dann auch einen Stuhl und näherten sich mir. So diskutierten sie eine ganze Weile und vertrauten mir an, dass sie nicht überrascht seien, dass man noch heute von ihnen spricht, denn sie waren gute Männer, für die sie viel Respekt hatten. Es handelte sich um einige der Frauen, die sie zu ihren Lebzeiten geliebt hatten. Sie sagten auch, dass Molière und Jean de La Fontaine manchmal „herabkämen", um sie zu sehen, um Zeit mit ihnen zu verbringen, aber niemals sehr lange blieben. Sie waren schon lange dort und sie hatten sich entschieden zu bleiben, um ihre Grabmale für unbestimmte Dauer zu schützen. Sie sagten, dass sie glücklich darüber waren und es ihnen nicht langweilig war. Als ich mich von ihnen verabschieden wollte, grüßten sie mich und dankten mir, ihnen das Kommen all dieser Gaffer erklärt zu haben, die sie für potentielle Aggressoren gehalten hatten. Sie sagten mir, dass sie von nun an noch stolzer darauf seien, die Wächterinnen ihrer Gräber zu sein.

Abb. 1: Grab von La Fontaine und Victor Hugo im Père Lachaise Friedhof in Paris
Foto: Pierre-Emmanuel Malissin und Frédéric Valdes

Wie diese Frauen begeben sich bestimmte desinkarnierte Geister weiterhin auf die Grabmäler von vor ihnen verstorbenen Personen, ohne zu bemerken, dass sie selbst nicht mehr auf dieser Welt sind, oder – wenn sie es wissen – sie setzen ein Ritual oder eine Gewohnheit fort, weil ihnen nicht bewusst geworden ist, dass sie die Möglichkeit haben, den verschwundenen Wesen auf derselben Ebene wie ihrer eigenen oder in der Unissenz zu begegnen.

Andere Orte beherbergen nicht dieselbe Art von „Bewohnern" und trotzdem geben nicht immer positive Energien frei und leider bemerken wir es selten. Recht häufig machen sich die Touristen, bewaffnet mit ihren Fotoapparaten, an Orten breit, die von den antiken Zivilisationen genutzt wurden, wobei die geweihte Dimension verborgen ist, die jedem Ort in zurückliegenden Zeiten zugedacht wurde. Die fehlende Kenntnis der Kultur, der Religionen oder der örtlichen Riten lassen die Touristen unwissentlich Fauxpas oder sogar Sakrilege begehen. Im Namen des Rechts auf Information – oft bestätigt durch ein Eintrittsticket – betreten sie mit profanen Schritten mehrere Jahrtausende alte Räume und abdunkeln die tiefe spirituelle Dimension. Selbst aus – sicherlich lobenswerten – wissenschaftlichen Gründen sind Ausgrabungen von Kultobjekten, Eindringen in Katakomben, Aufbrechen der Türen der Tempel oder Pyramiden keine harmlosen Gesten. Indem sie so handeln, stürzen Menschen errichtete Ordnungen um, übertreten Gesetze, verstoßen gegen Rituale oder verletzen geweihte Räume. Dies ist noch schlimmer, wenn sie Mumien exhumieren, Skelette untersuchen, Proben nehmen oder Körper zerschneiden, ohne jegliches Ansehen für den Menschen, dessen Identität und Glaubensvorstellungen – die in ihren greifbaren und feinstofflichen menschlichen Überresten gespeichert sind – verhöhnt werden. Selbst wenn viele Forscher, Historiker oder Archäologen die Symbolik bestimmter Orte und ihrer bildhauerischen oder bildnerischen Darstellungen relativ gut ermitteln konnten, kennen die meisten von ihnen noch nicht die esoterische Dimension oder leugnen diese.

Zahlreiche verschwundene – meist der Vielgötterei anhängende – Zivilisationen haben in ihren Kultorten „Tempelwächter" – menschliche, tierische oder symbolische Darstellungen – hinterlassen, die beauftragt wurden, sie ad vitam aeternam zu schützen... Unser kartesisches Geist hat oft Schwierigkeiten zu akzeptieren oder zu verstehen, wie dieses Phänomen existieren kann. Vielleicht weil wir vergessen haben, dass die Spiritualität, die Religionen, die Schamanen lange vor der modernen Wissenschaft existiert haben. Eine Wissenschaft, die fälschlicherweise davon überzeugt ist, die einzige Wahrheit, über die Existenz der Dinge im Materiellen und im Unsichtbaren zu besitzen.

Catherine klagt seit vielen Monaten über wiederholte Müdigkeit und Schwierigkeiten beim Atmen. Sie fühlt sich unfähig, ihre Lebensziele zu definieren, als ob sie ständig im gegenwärtigen Moment erstarrt sei und aufgehängt in einer Fragerei ohne Ausweg. Annabel erkennt auf Anhieb in ihrer Aura eine fremde Form und fragt Catherine mit größter Vorsicht, ob sie sich in den letzten Jahren ins Ausland begeben und ob sie einen Tempel oder eine alte Kultstätte besucht hat, an der man in Stein gehauene Tiere sehen könne. Catherine erzählt uns, dass sie tatsächlich mit ihrem Ehemann in Indien war – vor fast zwei Jahren – und dass sie Gelegenheit hatten, einen alten Hindu-Tempel zu besichtigen, der mehr oder weniger verlassen war. Man hatte ihnen erklärt, dass die örtlichen Pilger mehrere Tage lang meditierten, bevor sie in diese Kultstätte hineingingen. Catherine trug in ihrer Aura eine symbolische große, dunkle Schlange, die an ihr parasitierte, denn sie hatte, ohne es zu wissen, eine Gebetsstätte entweiht.

Wir können Abscheu empfinden bei der Vorstellung, von einem dieser ätherischen Reptilien parasitiert zu werden, denn unser archaischer Instinkt lässt uns die Schlange als ein abstoßendes und gefährliches Tier sehen, das man töten muss. Dennoch hatte der Schlangenkult in einer lange zurückliegenden Epoche eine große Bedeutung. Er wird oft auf antiken ägyptischen Ikonen dargestellt. In zahlreichen Dörfern Südindiens sind Kobras die Schutzgottheiten der Dörfer. Andere Reptilien erfüllen die Funktion heiliger Tiere, die die Tempel hüten. Eins von ihnen hat seine Rolle erfüllt, indem es seine symbolische Macht, die ihm ein Mensch in einer bestimmte Epoche gegeben hatte, freisetzte, als Catherine den Hindutempel besucht und entweiht hat. Dieses Symbol des Schutzes hat sich erst aufgelöst, nachdem ihr die unbeabsichtigte Respektlosigkeit, die sie begangen hatte indem sie in die Ruine dieses Tempels eingedrungen war ohne die spirituelle Dimension des Ortes zu berücksichtigen, bewusst wurde.

Dieses Beispiel zeigt, dass Objekte oder Orte mit programmierten Schwingungen belastet sein können und dass ihre Wirkungen auf unbegrenzte Zeit andauern können.

WIR SIND NICHT IMMER IN VERBINDUNG MIT DEN SEELEN, DIE UNS STÖREN

Françoise klagte seit mehreren Wochen über Schwindel. HNO-Untersuchungen sowie eine Blutprobe ergaben nichts Anormales. Eine sehr dichte feinstoffliche Form über ihrem Kopf signalisierte sich als die Schwingungen des Sohns ihrer besten Freundin, der ein paar Wochen vorher bei einem Unfall mit dem Motorroller verstorben war. Er bat sie, seiner Mutter eine Nachricht zu übermitteln, weil er mehrmals versucht hatte, sie zu kontaktieren, und sie seine Anwesenheit niemals bemerkt hatte. Seine Rede war leicht und vertrauensvoll, und er sprach zu ihr von denjenigen, die er in der Unissenz wiedergefunden hatte, damit seine Mutter beruhigt sein könne.

Dorothea, eine junge Frau von 28 Jahren, vertraute mir an, dass sie seit der Geburt ihres 3-jährigen Sohnes ihre Libido aufgegeben habe. Für sie war es undenkbar, dass sich ihr Ehemann ihr näherte, denn jede Vorstellung von Sexualität stieß sie ab. Dies hing nicht mit dem Ehemann zusammen – der in ihren Augen ein sanfter und respektvoller Mann ist – denn sie empfand dasselbe für andere

Männer. Ich erkannte bei Dorothea eine Form in Höhe des Brustkorbs. Ich empfing Bilder von einer Gewaltszene: Zwei Männer halten eine schwarz gekleidete und am Kopf mit einem schwarzen Schleier verhüllte Frau am Boden fest, während ein dritter über sie gebeugt ist. Dann sah ich dieselbe Frau in einem Kreißsaal schreien, in dem Moment wo das Kind herauskommt – eine Totgeburt. Ich habe nur wenige Informationen über die Ursachen für den Tod des Babys. Die Blase auf dem Brustkorb meiner Patientin steht in Beziehung zur Seele des tot geborenen Kindes, das sich an die Mutter geklammert hat. Dorothea hatte im gleichen Kreißsaal entbunden und die kleine Seele klammerte sich an sie, damit sie es schützt. Dorothea lebte nun in der Angst dieser kleinen Seele, die in Gewalt gezeugt wurde und die, ohne dass es ihr bewusst war, sie vor den Männern und ihren Instinkten schützte. Die „kleine Blase" trat mit uns in Dialog und verstand, dass sie jetzt nicht mehr in Gefahr war, und dass sie auf derselben feinstofflichen Ebene, wo sie sich gerade befindet, liebende Mütter finden könnte. Ich habe Dorothea in der folgenden Woche wiedergesehen, als sie mir ihren Sohn zur Konsultation mitbrachte, und etwas scheu hat sie mir erzählt, dass sie zwei Tage nach der Sitzung mit angenehmem Kribbeln im Bauch aufgewacht sei, was ihr seit sehr langer Zeit nicht mehr passiert war.

Ab und zu geschieht es, dass wir Krankenhauspersonal zur Konsultation empfangen, das aus der Klinik oder aus einem Behandlungszentrum, einen „blinden Passagier" mitgebracht hat. Diese leidenden Seelen sind in den Einrichtungen blockiert geblieben, wo ihre physischen Körper erloschen sind, und wo sie sich an diejenigen festklammern, von denen sie denken, dass sie sie aus ihrem verirrten Zustand befreien können. Das Problem ist, dass ihre Auswahl nicht immer treffend ist, und sie werden ihre Gastgeber psychisch und manchmal sogar physisch stören: Müdigkeit, Schwindel, Übelkeit, Depressionszustände, Verhaltensveränderungen, Aphasie sind entsprechende Zeichen, die mit der Zeit erscheinen können. Viele Mitarbeiter im psychiatrischen Milieu oder bei der Palliativpflege haben wiederkehrende Durchfälle ohne erwiesene physiologische Ursache. Oft sind es nur eine oder mehrere kleine „Blasen“, die aus ihrem Energiefeld herauszuholen sind, und in den meisten Fällen sind die Dinge schnell wieder in Ordnung - bis zum nächsten Mal. Hier wäre es ideal, wenn sich die Pfleger und Ärzte des Phänomens bewusst wären, um sich regelmäßig selbst reinigen zu können.

BEDÜRFNIS NACH REHABILITIERUNG

Beim Durchgang durch das große Tor haben viele Verstorbene eine Verbitterung behalten, oft aufgrund einer Ungerechtigkeit, die sie während ihres Lebens gefühlt haben. Etwas nicht Hinuntergeschlucktes oder nicht Verdautes, was sie hindert, mit größerer Heiterkeit voranzukommen. Dies hält sie im Jenseits zurück, in dieser Schleuse zwischen den zwei Welten, und es treibt sie oft dazu, sich den Lebenden zuzuwenden, um ihre Rechnungen zu begleichen. Sie stören dann bestimmte Personen, um gehört zu werden. Nicht selten zeigen sich bestimmte Seelen Generationen später, indem sie sich durch ein bestimmtes Mitglied der Geschlechterfolge bemerkbar machen, mit dem sie sich auf der gleichen „emotionalen Frequenz" befinden.

Ein Ahne hat mir gezeigt, wo sich die Dokumente befanden, die beweisen konnten, dass nicht er verantwortlich war für die Insolvenz seines Unternehmens nach seinem Tod. Er hat dann darum gebeten, dass sein zur Konsultation gekommener Enkel die Beweise für seine Unschuld in einem Schrank sucht, der sich in einem ungenutzten Zimmer des Einfamilienhauses befindet, und diese seiner Tochter zu übergeben. Der Patient hat mich einige Wochen später angerufen, um mir mitzuteilen, dass die Dokumente sich tatsächlich am genannten Ort befanden.

Ein während des zweiten Weltkrieges auf dem Schlachtfeld verstorbener Großvater wollte seinen Enkel wissen lassen, dass er nicht desertiert war, wie es die üblen Nachreden haben glauben lassen, die nach dem Krieg in dem Dorf umgingen. Er hat ihm den Ort gezeigt, an dem er vom Tod überrascht wurde: ein Dorf unter dem Schnee, ein brennendes Haus und ein Balken, der über ihm zusammengebrochen ist. Unglücklicherweise war er lange unter diesem Balken, der ihm den Rücken gebrochen hatte, eingeklemmt und er litt stundenlang an den Schmerzen der Verbrennungen bis ihn erst Stunden später die eisige Kälte schließlich für immer einschlafen ließ. Der Patient bestätigte mir, dass sein Großvater an die Front nach Russland geschickt wurde. Da die Armee seine Spur verlor, wurde er als Deserteur verschrien.

Constance litt seit einigen Monaten ohne bekannten physiologischen Grund an Halswirbelschmerzen. Der Zufall wollte, dass ihr Auto an diesem Tag eine Panne hatte und ihre Mutter ihr als Chauffeur diente. In Höhe ihres Kopfes befanden sich die Schwingungen einer Seele, die ihren Zorn darüber ausdrückte, im Körper und im Gedächtnis der Mutter, die sie getragen hatte, ausgelöscht worden zu sein, und die empört war, dass diese alle Kontakte ablehnte, die sie seitdem immer erfolglos versucht hatte, mit ihr aufzunehmen. Constance sagte, dass sie Einzelkind sei, und um es mir zu bestätigen, bat sie ihre Mutter, zu ihr ins Zimmer zu kommen. Ihre Mutter informierte sie, dass sie im Alter von 18 Jahren eine Abtreibung hat vornehmen lassen, denn sie war schwanger von einem jungen Mann, den sie erst seit kurzem kannte (und der einige Jahre später ihr Ehemann geworden war), und sie gab zur damaligen Zeit ihrem Jurastudium Vorrang. Ich hatte einen intensiven Schmerz im Nacken und den fürchterlichen Eindruck, dass man mir den Kopf abriss. Diese Schmerzen entsprachen denjenigen des Fötus, der seit dem Moment der Abtreibung, die mittels Absaugung vorgenommen wurde, in diesem Zustand geblieben war. Es folgte ein Gespräch, während der die Mutter der Seele ihres Kindes die Gründe erklärte und sich dafür entschuldigte, ihm weder in ihrer Erinnerung noch in ihrer Familie mehr Raum gegeben zu haben, indem sie seine Existenz verbarg. Constance hatte kurz vorher ihren 18. Geburtstag gefeiert; das Alter ihrer Mutter zum Zeitpunkt der Ereignisse!

Alle diese Seelen kommen nicht nur zurück, um befreit zu werden. Häufig kommen sie, um uns in einem Moment unseres Lebens zu helfen, in welchem wir aufgrund von Erschöpfung feststecken und nicht in der Lage sind, ein bestimmtes Problem zu lösen. Die Urgroßmutter, die unter männlicher Unterdrückung gelitten hatte, kann ihre Urenkelin in ihrer Schwierigkeit unterstützen, in ihrer Paarbeziehung ihren Platz einzunehmen. Der Onkel, der unter einer Körperbehinderung gelitten hatte, kann einem Mitglied der Nachkommenschaft helfen wollen, seine Andersartigkeit unbeschwert zu leben, wie zum Beispiel homosexuell zu sein, ein unverstandener Künstler zu sein, oder ganz einfach nicht den sozialen Normen zu entsprechen.

Ein Urgroßonkel hatte sein ganzes Leben unter den Hänseleien und dem Spott seiner Familie gelitten, die ihn für zu sensibel hielten, und er hatte seine Leidenschaft für das Klavierspiel aufgeben müssen, um den familiären Bauernhof zu übernehmen. Mehrere Generationen später hat er ein junges Mädchen aus seiner Nachkommenschaft „vereinnahmt", die dieselben Hänseleien wie er erleiden musste: Ihr Vater hatte für sie den zum Ingenieurberuf vorgesehen, obwohl sie eine Leidenschaft für die Archäologie hatte. Indem die Seele des Urgroßonkels sich an sie haftete und sie in ihrem Verhalten störte, schaffte er es schließlich „wie zufällig", sich bemerkbar zu machen und sich Gehör zu verschaffen. Dies hat ihm während einer Sitzung ermöglicht, sich helfen zu lassen und sich von seinem Groll zu befreien, der ihn in seiner Entwicklung in die andere Welt blockierte.

IHREN PLATZ IN DER GESCHLECHTERFOLGE WIEDERERLANGEN

Alex ist ein kleiner, 4-jähriger Junge, der nicht zur Toilette gehen kann, wenn er im Kindergarten ist. Wenn er es nicht mehr schafft, den Drang zurückzuhalten, macht er sein großes Geschäft lieber in die Hosen, als allein zur Toilette zu gehen. Das Urinieren hingegen stellt für ihn keinerlei Problem dar, und er kann wie ein Großer vor dem WC-Becken stehen. Ein starker Geruch geht von ihm aus, und dies liegt nicht nur daran, dass er sich gerade an diesem Morgen wieder in die Hose gemacht hatte (zu meiner großen Verzweiflung), sondern auch an der Präsenz einer leidenden Seele, die sich an ihn geheftet hat. Ich teile der Mutter von Alex meine Empfindungen hinsichtlich der Präsenz der Seele eines Kindes mit, welches zu früh gegangen ist und ihres gewesen zu sein scheint. Sie gibt mir gegenüber zu – fast erleichtert, dies endlich tun zu können –, dass sie kurz nach der Geburt von Alex erneut schwanger geworden war, während ihr Ehemann, ein Soldat, gerade zu einer Mission ins Ausland geschickt wurde, und ohne ihn darüber zu informieren, hatte sie entschieden, sich vom Kind zu trennen. Sie hatte dies bisher geheim gehalten. Ich spürte während der Behandlung, dass der

Fötus in einem grauenhaftem Moment erstarrt geblieben ist: ins Nichts fallend und – abgesaugt – durch ein großes Rohr fließend (Der Schwangerschaftsabbruch wurde mittels Absaugung durchgeführt.) Sein Herzrhythmus rast, sein vor Angst erstarrter Körper ist nichts als Leid. Ich kommuniziere mit der kleinen Seele, damit sie aus diesem Albtraum herauskommt, aber sie zeigt Widerstand. Sie war erst in der Lage, sich zu entfernen, nachdem der Mutter die grauenhafte Tat, die dieser Schwangerschaftsabbruch darstellte, bewusst wurde und sie der kleinen Seele ganz bewusst und mit viel Zuneigung einen Vornamen gegeben hatte. Die Frau sagte, dass sie diese Tat ausgeblendet hatte, um sich zu schützen. Nicht Alex war es, der Angst vor dem „großen Rohr" hatte, sondern die Seele des Bruders oder der Schwester, die sich an ihn geheftet hatte. Indem sie ihn in seinem Verhalten störte, hatte sie es – nach all diesen Jahren – geschafft, sich helfen zu lassen.

Man könnte sich fragen, warum diese Seelen keine Hilfe in der anderen Welt gefunden haben. Dies liegt ganz einfach daran, dass sie sich, in ihrem physischen oder seelischen Leid, der anderen Ebenen nicht bewusst sind. Und wie lange hätten sie derart leiden können? So lange, wie es notwendig war, auf die rettende Begegnung zu warten.

Diese Beispiele sollen nicht stillschweigend implizieren, dass alle Seelen von Föten, deren Leben auf diese Weise verkürzt wurde, in diesem Zustand geblieben sind. Wenn die Mutter oder die Eltern entscheiden, eine Schwangerschaft vorzeitig zu beenden, und sich dabei bewusst sind, dass sie einem Leben ein Ende setzen – und sich nicht nur einer leeren Materie entledigen, eines Schwangerschaftssacks – so gilt der Deal stillschweigend als vereinbart, und meistens wird die kleine Seele ganz einfach ihr Leben woanders leben!

Yvonne hat ihre Mutter befragt, um zu erfahren, ob diese einen Bruder hatte, der kurz nach der Geburt gestorben war. Die Seele von demjenigen, der ihr Onkel mütterlicherseits hätte sein sollen, hat ihr im Verlauf der Sitzung sein Leid ausgedrückt, aus der Familiengeschichte ausgelöscht worden zu sein. Er fühlte sich immer noch dadurch verletzt, dass sein vorzeitiger Tod ein beschämendes Ereignis dargestellt hatte, das man verschwiegen hatte. Ihm lag daran, dass Yvonne ihre Mutter informiert, dass sie diesen so sehr gewünschten großen Bruder gehabt hatte und dass er kein Kind der Schande gewesen war. Selbst wenn er außerhalb der Ehe empfangen wurde, war er ein Geschenk der Liebe, die während dieser durch den Krieg verworrenen Zeit ihre Großmutter und ihren Liebhaber vereint hatte. Schon immer war er Zeuge der Nostalgie seiner Schwester und fühlte sich gemartert durch ihr Gefühl eines Fehlens, während er sehnlichst nur auf eins wartete: die Verbindung aufleben zu lassen, die ihn mit ihr verband.

Im Rahmen des Möglichen kann es eine gute Sache sein, von den Abwesenden zu sprechen. Aber dazu muss man über ihre Existenz informiert sein. Vor nicht allzu langer Zeit, als das Gesetz oder die Religion die Frau zur ehelichen Pflicht mahnten und ihr mit der Hölle oder dem Gefängnis drohten, wenn sie versuchen würde, eine Schwangerschaft abzukürzen, stellte der Verlust eines Kindes teilweise einen Befreiungsschlag dar – bis zur nächsten Schwangerschaft. Und oft war es die Natur, die die Dinge entschied. Eines Tages war ich sehr berührt vom Leid einer etwa 60 Jahre alten Frau, die mir sagte: „Meine Mutter hatte 15 Kinder, aber glücklicherweise sind 8 bei der Geburt oder im frühen Kindesalter gestorben“. Man stellte sich auch nicht allzu viele Fragen über die Euthanasie eines behinderten Kindes, wenn es das 11. der Familie war, und sicherlich nicht das letzte, das zur Welt kommen würde. Die

Eltern hatten nicht immer die finanziellen Mittel, um die Honorare des Arztes zu bezahlen, wenn die Familie gerade genug hatte, um sich zu ernähren.

Diese beschwerten Seelen, die die Lebenden stören, sind manchmal Familienmitglieder, die absichtlich oder ungewollt aus dem Familienkreis ausgeschlossen wurden: ein behindertes Kind, eine unfruchtbare Frau, eine Person, die mit der Justiz zu tun hatte, ein Deserteur usw. Es handelt sich sehr oft um natürliche, d.h. uneheliche Kinder, die verleugnet oder verlassen wurden, aber manchmal nur, weil der Vater keine Kenntnis von ihrer Existenz hatte. Es fallen einem alle diese Kinder ein, die während Kriegszeiten gezeugt wurden, oder in flüchtigen Liebesbeziehungen oder sogar durch geheim gehaltenen Inzest. Weder Name, noch Anschrift, noch irgendeine Möglichkeit für sie, die Spuren ihrer Erzeuger wiederzufinden. Diese Kinder nehmen – am Ende ihres Lebens – das Bedürfnis nach Anerkennung mit sich und suchen „von der anderen Seite her" einen Weg, sich durch ein nicht zufällig ausgesuchtes Mitglied der Abstammungslinie zu rehabilitieren.

Es gibt so viele Abwesende und Vergessene, die ihren Platz im Stammbaum nicht erhalten haben. Das Leid, in die Vergessenheit geworfen worden zu sein, hält sie in einer Zwischenwelt; blockiert durch dieses legitime Bedürfnis, eine Identität oder Anerkennung zu erhalten.

VERSTORBENE, DIE ZURÜCKGEHALTEN WERDEN

Es ist nicht immer leicht, diejenigen gehen zu lassen, die für uns sehr bedeutsam waren. Die Trauerphase ist notwendig, um der Zeit zu erlauben, den Verlust, das Leid und die Tränen zu lindern. Man vergisst die Person nicht, die uns fehlt, aber im Lauf der Zeit denkt man weniger an sie, die Erinnerungen werden immer weniger präzise und das Leben gewinnt wieder die Oberhand, wodurch die Verletzung verborgen wird, ohne sie jedoch zu heilen.

Dennoch fällt es manchen Personen sehr schwer, den Tod desjenigen oder derjenigen zu akzeptieren, der bzw. die nicht mehr ist. Sie erleben ihn als eine Ungerechtigkeit und werfen den Verschwundenen vor, sie verlassen zu haben, sie allein gelassen zu haben in ihrem Schmerz und ihren Sorgen. Mit ihrem Leid im Mittelpunkt schicken sie den Verstorbenen ständig Gedanken, Mitteilungen oder Vorwürfe.

Eine meiner Patientinnen sagte mir, dass sie mit dem T-Shirt ihres drei Monate vorher verstorbenen Vaters schläft, versteckt unter ihrem Kopfkissen. Damit ihr Ehemann nichts merkt – denn dieser hatte schon seit Monaten zu kämpfen, dass sie alle seine Fotos in ihrem Schlafzimmer abhängt – holte sie es vor dem Einschlafen im Dunkeln diskret unter dem Kopfkissen hervor, um an dem Gewebestück zu riechen, das vom Geruch ihres Vaters durchdrungen war. Ihr Vater drückte bei einer Sitzung aus, dass er es nicht mehr aushalte, von diesen drei Frauen (seiner Frau, seiner Tochter und seiner Enkelin) auf der irdischen Ebene zurückgehalten zu werden und ihnen ständig Hilfe bringen zu müssen. Er sagte, dass er meinte, sein ganzes Leben genug gearbeitet zu haben, und dass er sich nur eines wünsche: frei reisen zu können. Er zeigte mir eine Landschaft im Süden Siziliens, die ihn besonders bewegt hatte und zu der er Lust hatte zurückzukehren. Seine Enkelin, die Fähigkeiten als Medium hatte, rief ihn ständig wegen belangloser Dinge an, wie etwa, um ihr die Antworten für ihre Hausaufgaben zu geben, ihr weiterzusagen, was ihre Kameradinnen von ihr dachten, zu wissen, ob er sie schön fände, usw. Die Pubertierende hatte viele Schwierigkeiten, zu hören und zu akzeptieren, dass ihr Großvater sie bat, ihn frei zu lassen. Zunächst war sie ausdrücklich dagegen, aber schließlich akzeptierte sie widerwillig seine Bitte.

Andere Personen gehen in diesen Dingen viel weiter und widmen ihren Toten einen echten Kult; sie stellen Fotos und Kerzen in alle Zimmer, gehen in Gedanken immer wieder die Vergangenheit durch, lassen serienweise Messen lesen, bringen praktisch täglich frische Blumen zu den Gräbern, behalten die Urne mit der Asche auf der Anrichte des Wohnzimmers usw. Für die betroffenen Geister ist dies eine echte Tortur, denn sie haben kaum Zeit zum Durchatmen, weil sie ständig alle die an sie gerichteten Gedanken wahrnehmen.

Von den Zeremonien, in denen tragischer Unfälle, Holocausts, Flugzeugabstürzen, Schiffsunfällen usw. gedacht wird – sofern sie seitens der Organisatoren von einer lobenswerten Absicht ausgehen – ist daher abzuraten, denn im Allgemeinen kaschieren sie die spirituelle Dimension. Indem sie an den Orten des Geschehens weinen, wieder ihr Leid wecken, rufen die von der Trauer berührten Personen die Seelen der Verstorbenen auf eine irdische Ebene zurück. Wenn einige dieser Seelen nicht die Möglichkeit hatten, entweder die Orte der Tragödie oder ihren physischen Zustand zu verlassen oder sich sogar nicht von der menschlichen Ebene trennen konnten, so erleben sie erneut das Leid ihres Dramas. Zu diesem Leid kommt zudem der Schmerz hinzu, nicht mit denjenigen kommunizieren zu können, die sie zurückrufen, und die Schuldgefühle, ihre Angehörigen im Schmerz zurückgelassen zu haben.

Nach dem Tsunami vom 26. Dezember 2004 im Indischen Ozean haben sich zahlreiche buddhistische Mönche zu den von der mörderischen Welle zerstörten Orten begeben, um für die Befreiung der Seelen zu beten. Viele von uns haben diese Szenen – von unseren bequemen Sesseln im Westen aus – ohne viel Aufmerksamkeit beobachtet, andere haben sich darüber lustig gemacht. Doch wenn es eines gab, was all die Fernsehzuschauer hätten tun können, die das Gefühl der Verzweiflung erlebten, das uns beim Anblick der Bilder durch das Fernsehen weitervermittelt wurde,– so wäre es das Gebet für den Aufstieg der Seelen der Verstorbenen gewesen.

Eine junge Frau, die an einem meiner Kurse in Deutschland teilnahm, hatte einen sehr engen Freund in dieser Katastrophe verloren. Dieser präsentierte sich ihr, um ihr eine Botschaft zu übermitteln. Er saß auf dem Bug eines Fischerboots am Ort der Katastrophe, die nackten Beine schaukelten in der Luft über dem wieder ruhig und klar gewordenen Wasser. Er schien sehr ruhig. Er erklärte ihr sein Bedürfnis, dass man aufhörte ihn zu beweinen, damit er den Ort zu verlassen und in eine andere Dimension wechseln könne.

Bei einer anderen Gelegenheit drückte ein Verstorbener, der sich uns bei einer unserer Sitzungen mit seiner Nichte bemerkbar gemacht hatte, sein Leid aus, sich nicht erheben zu können. Die Personen seiner Familie, die ihn zurückhielten (seine Ehefrau, seine beiden Söhne und seine Schwester) materialisierten an ihm wie gefräßige Blasen, von denen er es nicht schaffte, sich zu befreien. Das einzige Mittel im Kampf gegen diese ihn „auffressenden Krebsgeschwüre" war für ihn Zorn und Wut. Aber diese Wut setzte seine Schwingungen herab und zog ihn zu den astralen Tiefen. Aus Panik parasitierte er eine Person seiner Familie – in diesem Fall seine Nichte – bei der er eine schwere Depression verursachte. Der „Zufall" hat gewollt, dass er bei dieser Konsultation von Annabel wahrgenommen wurde und schließlich befreit werden konnte. Es war nicht einfach, ihn von diesen dunklen Formen zu lösen, die an ihm nagten, aber nach und nach konnte er sich davon befreien und wurde immer leichter, bis er sich komplett verflüchtigte.

Unsere Verstorbenen zu beweinen, bindet sie sehr oft gegen ihren Willen an die irdische Ebene. Um dann befreit zu werden, sind sie gezwungen, sich zu manifestieren ... und manchmal leider auf unsere Kosten.

Marie verstarb im Alter von 92 Jahren und am Ende ihres Lebens hatte die Alzheimer-Krankheit ihren Körper und ihren Geist erschöpft. Sie hatte ihr Leben seit kaum zwei Stunden ausgehaucht, als wir in ihr Krankenhauszimmer eintraten. Ihre fünf Kinder waren in einer großen Andacht, um ihr Bett versammelt. Alle hätten gewollt, dass sie noch bei ihnen bleibt, und ließen zurückhaltend ihre Tränen fließen. Der Geist von Marie stand neben ihrem schon fast kalten Körper und fühlte sich schuldig, ihren Kindern so viel Leid zuzufügen. Sie war völlig niedergeschlagen und wiederholte immer wieder entsetzt: „Mein Gott, was habe ich getan, was habe ich getan.“ Fast drei Wochen lang irrte sie, eingesperrt in diesem obsessiven Gedanken, in der Nähe des Hauses ihres Sohnes herum. Erst dann akzeptierte sie schließlich, dass sie nicht mehr zurückkehren konnte, um ihre Angehörigen zu trösten, und ging weiter zu dem Frieden, der sie erwartete.

Andere Seelen lösen manchmal sehr epische Situationen aus. Im Oktober 2011, am Vorabend unserer Rückkehr nach Frankreich, wollten wir unser Auto mit herrlichem portugiesischem Gebäck beladen und gingen einige Minuten vor Ladenschluss in eine Konditorei, wobei wir das Auto direkt vor der Ladentür parkten. Als sie wieder losfahren wollte, sagte meine Tochter zu mir: „Na sowas, du hast einen Toten auf der Windschutzscheibe.“ Meine erste Idee war, die Scheibenwischer zu betätigen, aber da ich schnell die Dummheit meiner Reaktion begriff, fragte ich sie: „Na und, was will er?“ Es hatte sich nämlich ein Mann mit nacktem Rumpf und blutüberströmtem Körper auf die Scheibe gelegt und stellte sich tot (kein Wortspiel!). Er hatte wahrscheinlich die Fähigkeiten von Annabel erkannt wollte nun Unterstützung zu erhalten. Annabel hat sich schon immer die Freiheit erhalten zu entscheiden, ob sie einer Seele hilft oder nicht - um sich nicht von all den Seelen manipulieren zu lassen, denen sie begegnet. An diesem Abend hatte jener Mann kein Glück, es war nicht sein Tag. Also rief ich den Seelenführer des Verstorbenen, der kam, um sich um ihn zu kümmern. Aber bevor er diesen Armseligen begleitete, nahm er sich die Zeit, mir zu erklären, dass dieser Mann vor einigen Jahren Opfer eines Autounfalls in der Straße war. Wenn meine Tochter nicht bei mir gewesen wäre, hätte ich nichts bemerkt, und unser blinder Passagier hätte mit Sicherheit ein anderes Fahrzeug gewählt.

Die Halloween-Feier und der Vorabend von Allerheiligen stören mehr Seelen, als wir es uns vorstellen können. Ob wir die Verstorbenen durch ein heidnisches Ritual, durch eine religiöse Praktik oder einfach als ein Spiel rufen – unser Tun ist nicht immer folgenlos! Dies hat Annabel am Abend des 31. Oktober 2011 festgestellt. Während sie sich darauf vorbereitete, bei dieser Gelegenheit verkleidet auszugehen, fand sie sich in Begleitung von fünfzehn Verstorbenen wieder, die ihr Wohnzimmer besetzten; die einen saßen auf ihrem Sofa, die anderen auf improvisierten Stühlen, und noch andere standen um sie herum. Jeder hatte eine Botschaft an eine nahestehende Person oder seine Familie zu übermitteln, die ihn durch ihre Gedanken oder ihre Gebete „gerufen" hatte, und drängte Annabel, sie zu kontaktieren. Da sie nicht in der Lage war, ihren Bitten zu entsprechen, forderte sie sie auf, ihre Wohnung zu verlassen, was sie widerwillig taten. Eine Seele blieb trotzdem bei ihr; sie sagte ihr, dass sie in einem Verkehrsunfall ums Leben gekommen war, und bestand darauf, dass meine Tochter Kontakt mit ihrer Schwester aufnehme, die in der Umgebung von Strasbourg wohnte, wobei sie ihr deutlich ihren Namen und Vornamen nannte. Annabel erklärte ihr, dass es ihr unmöglich sei, sie anzurufen und ihr zu sagen, dass sie eine Botschaft von ihrer Schwester habe, die neben ihr in der Küche stehe, und schlug ihr ein anderes Mittel vor, um direkt Kontakt mit ihr aufzunehmen; dies akzeptierte sie mit immenser Freude.

DER SELBSTMORD

Ob er das Ergebnis einer reif überlegten Entscheidung oder eines Impulses, eine Verzweiflungstat oder die Sühnereaktion auf eine gewissenlose Lebensführung darstellt, im populären Denken bleibt Selbstmord ein Tabuthema. Zum Schuldgefühl, der Scham und dem Schmerz, die wir empfinden können, wenn wir mit dem Selbstmord einer nahestehenden Person konfrontiert werden, kommt sehr oft eine hinterhältige, unbewusste Angst hinzu. Diese Vorgehensweise, das Leben zu beenden, kann einen grässlichen Schatten auf die Familie werfen, auf die gemeinsame Geschichte und auf die Person, die zur Tat geschritten ist. Wir empfinden ein Unbehagen, eine Art mehrdeutiges Gefühl, das uns dazu bringt, herausfinden zu wollen, was aus der Seele der Person geworden ist. Gleichzeitig scheuen wir uns allerdings auch davor zu entdecken, was sich wohl in dieser unbekannten Welt abspielt, die den Verzweifelten zukünftig beherbergt – und wir versuchen den Vorhang der Verdrängung und des Vergessens über alles zu ziehen.

Einige Personen löschen aus Verzweiflung, körperlichem oder moralischem Leid oder unter dem Einfluss von Substanzen, die ihren

Verstand benebeln, ihr Leben aus. Andere treffen hingegen scheinbar emotionslos die Entscheidung, ihre Tage zu beenden - so, wie man sich entschließt, nach einem angefüllten Tag zu Bett zu gehen: Man schließt das Buch, das man gerade gelesen hat, man macht das Licht aus … und man legt sich unter die Bettdecke. Weil es einfach Zeit war, zu etwas anderem überzugehen: der folgenden Etappe, die uns instinktiv ruft.

Es wurde schon viel gesagt über Personen, die sich selbst umgebracht haben, und über das, was aus ihrer Seele wird. Die Religionen haben hier stark unsere Glaubensvorstellungen und vor allem unsere Ängste genährt. Nach einigen Theorien sind diese Seelen gezwungen, sich erneut zu inkarnieren, um die verkürzte Lebensperiode zu vollenden; als eine Art zeitlicher Ausgleich. Nach anderen seien sie zur Hölle verdammt; aber was ist die Hölle? Für noch andere ist das ewige Herumirren als Strafe reserviert für diejenigen, die es gewagt haben, sich das Leben zu nehmen. In den Erfahrungen, die wir durch das Hellempfinden und die Medialität machen konnten, haben sich die Dinge in einigen Fällen auf ganz andere Weise dargestellt. Selbst wenn die verwendeten Mittel beängstigend oder grauenhaft sind, kommt es vor, dass die Seele sich in völligem Frieden wiederfindet und direkten Zugang zur Unissenz hat.

Mehrere Parameter werden die Entwicklung der Seele des Selbstmörders beeinflussen. Sie wird von seinem emotionalen Zustand (Wut, Hass, Rachlust, Panik, Bedauern, Melancholie usw.) im Moment der Tat abhängen, von der Brutalität der eingesetzten Methode usw. Das existenzielle Programm, welches sich die Seele vor dem Beginn ihres irdischen Lebens mit ihrem Inkarnationsplan zugedacht hat, bleibt ein Hauptelement. Die feinstoffliche Welt, die die verzweifelte Person hätte beeinflussen können, wird ebenfalls berücksichtigt. In vielen Fällen ist der Tod durch Suizid Teil der Pläne der Seele im Moment der Integration. Nicht aufgrund der Vorgehensweise, sondern als letzter Teil eines Lebenswegs, der an seinem Ende angekommen ist. Der Tod hätte sehr gut durch Krankheit oder Unfall ausgelöst werden können, denn der Moment, wieder zu gehen, war gekommen, und deshalb hatte die Seele entschieden, ihrer Inkarnation ein Ende zu setzen. Ich halte hier keine Lobrede auf den Selbstmord – ganz im Gegenteil – denn die Prüfung oder das Leid, das zur Vernichtung seiner selbst führt, hätte stattdessen auch die Seele des Verzweifelten zur Entwicklung bringen können. Er hat jedoch offenbar nicht die Kraft oder die Mittel, diese Prüfung zu überwinden.

Es kommt vor, dass Unglückliche, die zur Tat geschritten sind, einen Bewusstseinsfunken – manchmal nur eine Viertelsekunde – im Moment der tödlichen Geste hatten. Der Zweifel, das Bedauern oder die Angst (vor dem physischen Leid, dem Sterben usw.) haben in diesem kurzen Moment eine Lust zu leben und umzukehren ausgelöst, aber es war zu spät; der Schritt ins Nichts war getan, der Stuhl war gefallen, der Finger hatte den Abzug gedrückt. Dieses Umschwenken lässt sie in jenem Moment erstarren; hat sie in der Zeit aufgehängt, in der Position einer Trauermiene. Aus diesem Grund bewohnen bestimmte Desinkarnierte noch einen feinstofflichen Körper in der Position ihres menschlichen Todes. Ihre „feinstoffliche Spur" kann jenseits der Zeit bestehen bleiben; dies erklärt, warum man sich vor einem Selbstmörder mit Feuerwaffe im Keller oder vor einem Erhängten am Eingang zum Badezimmer wiederfinden kann, obwohl das Haus kürzlich wiederaufgebaut wurde. Wenn eine Seele sich aufgrund eines mit Suizid oder einem brutalen Mord zusammenhängenden Problems außerhalb der Zeit blockiert wiederfindet, ruft sie manchmal die Welt der Menschen, um befreit zu werden. Entweder durch Störung einer oder mehrerer Personen, oder durch Störung des Ortes, an dem das Drama geschah, und dies selbst Jahrzehnte oder sogar Jahrhunderte später. In diesem Fall ist es nicht mehr die familiäre Verbindung, die die Wahl der „ausgewählten“ Person bestimmt, sondern die emotionale oder feinstoffliche Frequenz, die die Verbindung ermöglicht, oder ihre Fähigkeit, mit der anderen Ebene in Verbindung zu treten.

Bei anderen Gelegenheiten möchten Seelen von Selbstmördern nur eine Botschaft übermitteln und verstanden werden, was die Gründe ihrer Tat angeht. Andere sind so weit nach „oben“ verschwunden, dass sie nicht einmal mehr Zugang zur irdischen Ebene haben.

Emilie eine 18-jährige Frau beendete ihr Leben an einem Sonntag-nachmittag, nachdem sie ihre Freunde besucht hatte, wie sie es jede Woche tat. Diesmal hatte sie ihnen einen Abschiedsbrief hinterlassen: Ruhige, bedachte, bestimmte und einfache Sätze. Ein Wort für jedes Mitglied ihrer Familie, ohne Traurigkeit oder Vorwürfe. Als ihre Eltern zu einer Konsultation zu mir kamen, sah ich Emilie oben auf einem Hügel, von dem aus sie gerade einen jungen Mann beobachtete, der auf einem anderen, sehr nahen Hügel einer immensen Menschenmenge, ihm respektvoll zu zuhörte, das Wort predigte. Obwohl sie in einer gewissen Entfernung von ihm stand, konnte sie ihn sehr deutlich sehen und absorbierte seine Worte mit jeder Faser ihres Wesens. Als ich Emilie fragte, wer er war, sagte sie mir: „Das ist mein Bruder, und ich habe ihn endlich wiedergefunden.“ Ich wusste, dass die Eltern zwei Töchter hatten, und ich fragte sie, ob sie ein Kind verloren hatten. Die Mutter antwortete mir sofort ablehnend. Emilie wiederholte jedoch: „Das ist mein Bruder, und jetzt habe ich alles, was ich immer gesucht hatte.“ Ihre Freude war so groß, dass ich ihre Worte nicht anzweifeln konnte. Aufgrund meines

Drängens gab die Mutter von Emilie schließlich zu, wobei sie ihren Ehemann furchtsam und mit einer gewissen Scham anblickte, dass es vor der Geburt der Töchter eine erste Schwangerschaft gab. Da das Paar allerdings damals noch nicht verheiratetet gewesen war, hatten sie entschieden, diesem Kind im Geheimen „Adieu" zu sagen. Sie sagte mir – überrascht, woher ich diese Information habe – dass weder ihre Töchter noch irgendein Mitglied der Familie von dieser Sache wussten. Dann erinnerte sie sich plötzlich daran, dass Emilie ihr einige Male gesagt hatte, dass sie immer einen großen Bruder haben wollte. Während der Behandlung wollte das junge Mädchen nicht mit ihren Eltern sprechen, denn sie war vom irdischen Leben gelöst, aber ich habe den Eltern den Zustand erklären können, in dem sie sich gegenwärtig befand: Eine Glückseligkeit, die sie mit Sicherheit niemals auf der Erde hätte erreichen können.

So kommt es vor, dass Personen das Licht auslöschen, um sich einem früher gegangenen nahen Verwandten anzuschließen, oder einer Schwesternseele, die in der Unissenz geblieben ist. In diesem Fall stellt der Tod für sie nur ein Mittel dar, die andere Welt zu erreichen. Wenn der Suizid hingegen als Mittel der Rache gegen die Bleibenden verwendet wird – egal, ob das Motiv persönlich, religiös oder politisch ist – dann kann die Seele sich umherirrend wiederfinden.

Herbert entschied sich seinen Tagen als Gegenwehr gegen die für ihn unerträgliche väterliche Autorität ein Ende zu setzen. Deutschland hatte sich gerade im bewaffneten Konflikt engagiert, und in seinem patriotischen Elan zwang ihn sein Vater, an der Verteidigung seines Landes teilzunehmen. Aufgrund seiner pazifistischen Natur war es undenkbar für Herbert, an diesem Krieg teilzunehmen, den er als absurd empfand, und insbesondere, die junge Frau zu verlassen, in die er leidenschaftlich verliebt war. Zu einer Zeit, in der es sehr schwierig war, sich gegen die väterliche Autorität aufzulehnen, hat Herbert keinen anderen Ausweg gefunden, als sich das Leben zu nehmen. Da sie sich nicht vorstellen konnten, ohne einander auszukommen, haben seine Verlobte und er sich mit einem Seil aneinander gebunden und in den See geworfen. Während vieler Jahre hat die Seele von Herbert versucht, Hilfe zu finden, indem sie sich an seine Nichte heftete, die 41 Jahre später geboren wurde. Aber seine Energie der Verzweiflung hat das Kind verwirrt und seiner Gesundheit geschadet, indem sie seit der Geburt an wiederholten Durchfällen litt. Über 40 Jahre voller Leid und Entbehrungen aufgrund der Notwendigkeit, ihre Ernährung zu reduzieren und zu überwachen, um ein ausreichendes Vitalgewicht zu behalten - ohne dass irgendeine medizinische Behandlung eine Lösung gebracht hatte. Sobald Herbert verstanden hat, dass ich ihn erreichen und spüren konnte, hat beeilte er sich, Hilfe zu erbitten für seine Allerliebste, die wie in Atemnot geblieben war, erstarrt im Moment des Dahinscheidens. Zermürbt durch die Gewissensbisse des Schuldgefühls, seine Verlobte in dieses morbide Abenteuer mitgerissen zu haben, hatte er Schwierigkeiten, Hilfe für sich selbst anzunehmen, da er sich ihrer nicht für würdig hielt. Er war sich nicht einmal bewusst geworden, dass er selbst zwischen zwei Welten blockiert geblieben war. Liebende Mitglieder seiner Familie sind gekommen, um ihn zu empfangen und zu beruhigen.

Wenn der Hass das auslösende Element des suizidalen Gedankens gewesen ist, kann er die Seele des Verstorbenen in tiefere Schwingungsebenen ziehen, wo sie den destruktiven Gefühlen, die sie zur Tat geführt haben, ausgeliefert ist. Dadurch, dass sie ihrem Hass und ihrer Wut verfallen ist, füllt sie eine Datenbank negativer Gedanken, oder sie wird in Tiefen versinken, von denen aus sie keinen Zugang mehr hat zu den Hilfeversuchen von außen, noch zum Rat ihres Seelenführers. Dies ist oft der Fall bei den Schizophrenen, die sich auslöschen.

EINFLÜSSE UND SÜCHTE

Sehr oft tun die Kinder, die in Gesten und Sprache ein Baby-Verhalten annehmen, dies, um den kleinen Bruder oder die kleine Schwester oder sogar ein Neugeborenes in der Umgebung nachzuahmen, welcher bzw. welche die Aufmerksamkeit der Erwachsen und insbesondere der Mutter in Beschlag nimmt. Durch diese Verhaltensregression glauben sie, den Aufmerksamkeitsstrahl umlenken zu können, der auf diesen Neuankömmling, den sie im Allgemeinen als einen Eindringling ansehen, projiziert wird. Für einige Kleinkinder ist es eine Ausflucht, wenn sie nicht wachsen wollen, so lange wie möglich an der Brust bleiben wollen, sich tragen oder hätscheln lassen wollen, um nicht groß zu werden und nicht mit den Scherereien des Lebens konfrontiert zu werden. Damit stehen mehrere Erinnerungen in Resonanz, die sich schon im fötalen Leben eingeprägt haben können: emotionale Probleme der Mutter während der Schwangerschaft, problematische oder risikoreiche Schwangerschaft, oder ganz einfach irrtümliche Übersetzung der mütterlichen Erlebnisse und Gedanken.

Zu diesen fötalen Erinnerungen kommt die Interaktion der feinstofflichen Ebene hinzu, die in zahlreichen Fällen eine Antwort auf das regressive Verhalten des Kindes bringt, oder auf bestimmte Pathologien, die nur das Ausdrucksmittel des Körpers sind, der in seinem Energiefeld mit einer Energie belastet ist, die ihm schadet. Diese Störungen werden oft durch die Anwesenheit der Seele eines fremden Embryos ausgelöst, deren Anwesenheit das Kind spürt. Indem es ein Baby-Verhalten übernimmt, bringt es sich auf die Höhe des Entwicklungsstadiums des Fötus, um mit ihm zu kommunizieren.

Justin hat im Alter von 10 Jahren aufgehört zu wachsen. Heute ist er 15 Jahre alt, entwickelt sich aber in einem um zwei Größen kleineren Körper, der ihm nicht zu entsprechen scheint. Sein fahler Teint beunruhigt, wenn man ihn das erste Mal sieht. Dunkle Augenringe unterstreichen seine großen, für die Welt geöffneten Augen, und eine intensive Traurigkeit ist wahrnehmbar - trotz eines breiten Lächelns, das er zeigt, wenn er sich an die anderen richtet. Was uns während unseres Konversation mit ihm beeindruckt, ist seine erstaunliche Offenheit, seine Intelligenz, seine Überlegungen über sein Dasein und die Fragen, die er sich schon über sich und das Leben gestellt hat. Überraschende Worte aus dem Mund dieses Pubertierenden, der unter anderem sagt – mit einer vom Grund der Seele her wahrnehmbaren Demut – zu glauben, „die Grenze seiner intellektuellen Reife erreicht zu haben“ (wie er es selber gesagt hat). Bauchentzündungen lassen ihn seit Jahren leiden und führen alle Spezialisten auf Irrwege, zu deren Konsultation seine Mutter ihn seit Monaten mitgenommen hat. Es konnte keine wirkliche Diagnose gestellt werden. Die Symptome ließen an Morbus Crohn denken, aber die verschiedenen medizinischen Analysen haben dies ausgeschlossen, ebenso viele andere Pathologien. Kaum sitzt Justin in seinem Sessel, da zeigt sich schon bald eine „kleine Blase“ auf seinem Rumpf. Sie identifiziert sich als sein „großer Bruder". Die bei der Unterredung anwesende Mutter bestätigt, zwei Monate vor der Geburt von Justin spontan einen Fötus im 3. Schwangerschaftsmonat verloren zu haben, aus Gründen, die ihr unbekannt geblieben sind. Ganz in der Freude, das Glück gehabt zu haben, einem anderen Kind das Leben gegeben zu haben, hatte sie das schmerzliche Ereignis verborgen. Indem die Seele dieses Bruders die Entwicklung des Körpers ihres kleinen Bruders bremste und dessen Eingeweiden chronisch zusetzte, hat sie schließlich die Botschaften liefern können, die ihr am Herzen lagen. Mittels Ereignissen und Zufällen (die keine sind!), hat er es geschafft, die Begegnung mit der Person hervorzurufen, die fähig ist, ihn zu hören und seine Worte zu übermitteln. Er teilte seinem Bruder dann seine Freude mit, dass er an seiner Seite diese fünfzehn Jahre hat verbringen und durch ihn die menschlichen Freuden der Spiele und Kindheitsvergnügungen hat kennen lernen können. Er sagte, er sei sehr stolz, der Bruder einer so guten und spirituell entwickelten Person wie ihm zu sein. Dann drückte er seiner Mutter sein Glück und sein Vergnügen darüber aus, während seines kurzen irdischen Wegs in ihrem Bauch geliebt worden zu sein. Er beruhigte sie hinsichtlich ihrer Zukunft, indem er sie ermutigte, die Entscheidungen zu treffen, die er bisher durch ihre Ängste gebremst spürte, und indem er sie der positiven Ergebnisse der kommenden Ereignisse vergewisserte. Justin war, indem er sich unbewusst am Wachstum hinderte, auf dem Niveau seines „kleinen großen Bruders" geblieben, an den ihn ein Gefühl der Nostalgie band. Er verstand nun, woher diese unerklärliche Grundtraurigkeit kam, obwohl er schon immer von Leuten umgeben war, die ihn liebten und dies ihm gegenüber auch ausdrückten. Als seine Mutter, die einen aktiven Teil in der Sitzung einnehmen wollte, die Arme öffnete, um die Seele des großen Bruders, die das Erscheinungsbild eines etwa vierjährigen

Jungen angenommen hatte, wieder gehen zu lassen, spürte Justin Traurigkeit, aber gleichzeitig Freude, dass er seinem Bruder helfen konnte. Er gab ihm sogar einen Vornamen, um im Universum besser mit ihm in Verbindung zu bleiben. Wir erfuhren Wochen später durch eine andere Person, dass sein Gesundheitszustand sich stark verbessert hatte und dass er die von ihm so gefürchteten invasiven Untersuchungen nicht zu erleiden brauchte.

Leider haben nicht alle diese Geschichten ein so glückliches Ende. Viele Taten werden unter dem Einfluss negativer Seelen oder Wesen begangen. Auch Zwangsstörungen und Tics können einen zusätzlichen Ursprung auf feinstofflicher Ebene haben. Die meisten Süchte, selbst wenn sie – meistens – Synonyme für emotionale Kompensationen sind, werden durch leidende, im Jenseits blockierte Seelen verstärkt, die durch irdische Bedürfnisse gequält geblieben sind. Trinken, Essen, Spielen, Rauchen, Praktizieren der Sexualität usw. werden ihnen durch die Menschen zugänglich, die ihnen, aufgrund emotionaler Anfälligkeit, die Tür ihres Unbewussten geöffnet haben, ohne es zu wissen.

Eine meiner Freundinnen ist seit ein paar Jahren in einer Paarbeziehung mit einem bald sechzigjährigen Mann, der selbstsicher ist, angenehm in Gesellschaft, der seinen Humor einsetzt, um Aufmerksamkeit auf sich zu ziehen, und sich des Charmes gewiss ist, den er auf die Frauen ausübt. Nichts an sich sehr Störendes, aber wenn er an unseren Abenden teilnimmt, ist mir seine Anwesenheit schrecklich unbehaglich. Obwohl er seiner Lebensgefährtin ständig die Wünsche von ihren Augen abliest, kann er sich nicht daran hindern, alle anderen Frauen anzusehen, und insbesondere diejenigen, die mit einem großen Busen oder einem beachtlichen Hintern ausgestattet sind, und dies unabhängig von ihrem Alter oder ihrer körperlichen Erscheinung. Wenn er eine solche

Frau entdeckt, ist er wie hypnotisiert; er schaltet sich auf Standbild und seine Augen leuchten auf wie bei einem kleinen Jungen, der die Geschenke am Weihnachtsbaum hängen sieht und der sich im Voraus freut, seines bald öffnen zu können. Das Problem ist, dass ich jedes Mal als Echo seine körperlichen Empfindungen und seine lasterhaften und obszönen Gedanken auffange, die ich mir gerne ersparen würde. Ich habe eine Weile gebraucht, um zu begreifen, dass ich in Wirklichkeit die perverse Wesenheit auffing, die ihn manipulierte und seinen physischen Körper ausnutzte, um ihre sexuellen Bedürfnisse zu befriedigen. Ich habe besser verstanden, warum meine Freundin mir sagte, dass er trotz seines Alters eine „gute Gesundheit" habe, wenn sie miteinander schliefen, und dass sie sich bei ihrem Liebesspiel niemals langweilte. Logisch, zu zweit ist man stärker!

Erinnerung von Annabel:

An jenem Nachmittag ging ich in den Tabakladen, um eine Zeitschrift zu kaufen. Kaum war ich durch die Tür, bemerkte ich eine Gruppe desinkarnierter Geister in einer Traube zusammenstehend bei den Geld- und Glücksspielen. Diese Seelen waren auf der Suche nach lebendigen Spielern, um durch sie ihre Glücksspielleidenschaft befriedigen zu können. Diejenigen, die es geschafft haben, einen Spieler zu fangen, raunten sie ihm sehr schnell und immer wieder Zahlenkombinationen zu, unermüdlich. Jedes Mal, wenn ein neuer Kunde hereinkam, um sein Glück zu versuchen, klebte sich eine süchtige Seele an seinen Rücken, um ihm Zahlen ins Ohr zu flüstern. Diese Seelen hatten mich nicht einmal bemerkt und hatten nicht die geringste Lust, sich helfen zu lassen; sie wollten nur immer und immer wieder spielen.

Amüsiert durch diese Geschichte wollten wir wissen, wie sich dies in den Casinos abspielt, und bei unserem Aufenthalt in Spanien fanden wir eine Gelegenheit, diese Erfahrung zu machen. Da das Casino von Malaga nicht sehr groß ist, findet man dort im gleichen Raum die Spielautomaten und die Tische für Poker und Black-Jack. Eine gediegene Atmosphäre, ganz anders als das, was wir dort zu finden glaubten. Mehrere Spielautomaten waren besetzt ... aber nicht nur von Lebenden. Bei einigen fanden sich desinkarnierte Seelen, die auf ihrem Hocker saßen und virtuelle Geldstücke in ebenso virtuelle, aber wie echte funktionierende Spielautomaten einwarfen. Einige schimpften, wenn ein echter Spieler auf den Hocker kletterte, den sie monopolisiert hatten, und knurrend gingen sie dann, um für sich einen anderen zu finden oder zu erschaffen. Andere Geister klebten sich hinter bestimmte Spieler und beeinflussten sie in ihrem Spiel.

DIE REINKARNATION

Selbst wenn der Begriff der Reinkarnation für mich bereits früher im Rahmen des (sehr gut) Möglichen lag, musste ich meine eigenen Erfahrungen machen, bevor ich den ganzen Umfang begriff. Was gehört zum Delirium und was zur Realität? Wenn man keine praktischen Erfahrungen hat, kann es bei Nutzung des Hellempfindens möglich sein, frühere Leben und altüberlieferte Gedächtnisse zu verwechseln. Unsere Ahnen haben die ersten Glieder der Kette nicht vor fünf oder sieben Generationen gebildet, sondern weit früher. Warum also sollten wir nicht die Gedächtnisse eines Vorfahren eingelagert haben, der während des ersten Weltkriegs gelebt hat oder Ritter der Kreuzzüge oder sogar Fischhändlerin im 6. Jh. nach Christi gewesen war? In dem Maße, wie sich mein Hellempfinden entwickelt hat, und indem ich meine Austausche mit Annabel multiplizierte, die leichter als ich mit den Seelen und den Seelenführern kommuniziert, war es mir möglich zu bestätigen, dass die bei sehr zahlreichen Sitzungen empfangenen Informationen nicht meiner eigenen Phantasie entsprangen, oder einer begrenzten oder irrtümlichen Übersetzung. Wenn man mit einem Ratsuchenden über seine Vergangenheit spricht, hat er sehr oft die Möglichkeit für Nachforschungen, um die empfangenen Informationen zu untermauern oder zu widerlegen; wenn man allerdings seine früheren Leben anspricht, gibt es kein Mittel zur Überprüfung.

Die desinkarnierten Seelen haben mir wertvolle Informationen geliefert, um bestimmte Quantenverzahnungen zu entwirren. Die zahlreichen Föten, die ihren Inkarnationsverlauf beendet hatten, oder diejenigen, die noch in der Wärme des mütterlichen Bauchs waren, waren mir eine große Hilfe. Die Letzteren haben sich oft nicht damit begnügt, ihre Gefühle oder ihre Gedanken auszudrücken, sie haben auch den Grund erklärt, der zur Auswahl ihrer Erzeuger geführt hatte, und das, was sie über ihre aufeinander folgenden Inkarnationen mit ihnen oder mit ihren Ahnen verband. Dies war manchmal verwirrend zu hören, denn man muss zwischen der Vergangenheit und der Gegenwart hin und her wechseln.

Sich der vergangenen Leben bewusst zu werden und ihre Auswirkung auf die Gegenwart zu erfassen, ermöglicht manchmal, besser zu verstehen, was zwischen zwei oder mehreren Personen gespielt wird, während es aus rationaler Sicht weiter ein Rätsel bleibt. Der Seelenführer von Annabel hat uns eine Menge Informationen gegeben, die uns beiden ermöglicht haben, die Finesse und die Subtilität unserer Rollen auf der Erde und der Bedeutung unserer Begegnungen tiefer zu verstehen. Im dritten Teil des Buches (§: Der Zyklus der Inkarnationen) erklärt der Seelenführer detailliert die Funktionsweise der Inkarnationen. Ich spreche das Thema dennoch hier an und möchte konkrete Beispiele geben, die Ihnen erlauben werden, sich ein Bild von verschiedenen Situationen zu machen, die wir erleben, und die uns oft unbemerkt dazu gedrängt haben, uns Fragen über den Ursprung bestimmter

Situationen oder die Seltsamkeit bestimmter Begegnungen zu stellen.

Warum fühlen wir uns manchmal von einer bestimmten Person unwiderstehlich angezogen? Warum widmen wir uns jemandem ohne objektiven Grund? Warum haben wir so viele Schwierigkeiten, eine Beziehung abzubrechen? Warum haben wir mehr Affinität zu einem unserer Kinder, selbst wenn wir meinen, die anderen ebenso zu lieben? Wir können uns Dutzende Fragen dieser Art stellen, die ohne völlig zufriedenstellende Antwort bleiben werden. Ein Lebensprogramm zu beenden, die Schuld eines Vorfahren zu regeln, eine Liebesgeschichte fortzusetzen, ein Puzzleteil für den Nächsten zu werden, zurückzukommen, um Gutes zu tun usw. sind, neben vielen anderen, Motive, die dazu drängen, sich in einer bestimmten Umgebung und Epoche zu reinkarnieren.

Das Motiv einer Vergewaltigung kann möglicherweise in den Reminiszenzen eines früheren Lebens wiedergefunden werden. Da der Vater und die Tochter in einem früheren Leben ein Paar waren, kann der Mann, der seine kleine Tochter in den Armen hält, in der er „zwischen den Zeilen" die Frau sieht, die er in einer vorangehenden Inkarnation geliebt hatte, sich durch das Wiederhervorquellen der Liebe aus seinem früheren Leben befehligen lassen und zum Geschlechtsakt übergehen, ohne sich wirklich über die Schändlichkeit seiner Handlung klar zu werden. Der Fall kann in der umgekehrten Situation gefunden werden: die Mutter, die in ihren Sohn verliebt ist. In einem neuen Leben zur Mutter oder zum Vater eines Kinds zu werden, das in einer anderen Inkarnation der gewalttätige Großvater war, kann auf unerklärliche Weise dazu führen, ein Kind zu misshandeln und es als Prügelknabe zu benutzen. Die Verbindungen, die die Wiederbegegnung in einer folgenden Inkarnation motivieren, sind nicht immer familiärer Art, und wir integrieren uns nicht unbedingt in einen Körper desselben Geschlechts. Wenn die Reminiszenzen der vorangehenden Inkarnation noch im Gedächtnis der Seele eingeprägt sind, können sie bestimmte Fälle von Homosexualität oder Transsexualität erklären: die Seele hat sich nicht an das Geschlecht ihres neuen Körpers angepasst oder lässt sich von den Gefühlen überwältigen, die sie noch mit der Person verbinden, die sie „wiedergefunden" hat. Die Leidenschaft für eine gemeinsame Sache oder die Schwärmerei für ein identisches Ziel können der gemeinsame Faktor sein, der zwei oder mehr Personen verbindet. Nicht selten findet man reinkarnierte Seelen wieder, mit denen wir in den vorangehenden Inkarnationen ein Stück Weg gegangen sind - und begegnet ihnen in völlig anderen Rollen oder Identitäten, wie es die folgenden Beispiele zeigen:

Heike ist schwanger und sorgt sich – wenige Stunden vor der Geburt –, dass ihr Baby sich in ihrem Bauch noch nicht gedreht hat. Da sie einen Kaiserschnitt fürchtet, möchte sie die Initiative ergreifen und verstehen, was ihr Kind hindert, die richtige Position einzunehmen. Beim ersten Kontakt, den ich an diesem Tag mit ihm aufnehme, erklärt ihr das Baby den Grund für sein Kommen in ihre Paarbeziehung und was seine Entscheidung motiviert hat, sie als Eltern zu nehmen. Es teilt ihnen mit, dass es sie braucht, um diese letzte Inkarnation zu durchqueren. In einem vorangehenden Leben kannten sie drei sich bereits - seine aktuelle Mutter, sein aktueller Vater und es. Sie waren alle drei Männer, philosophische Forscher, die sich während vieler Jahre gemeinsam entwickelt hatten, indem sie den Hauptteil ihres Lebens ihrer Ideologie gewidmet hatten. Der Tod hat ihren gemeinsamen Forschungen ein Ende gesetzt, und seine Seele hat abgewartet, dass seine beiden früheren Freunde sich in diesem Leben wiederfinden, als Paar, um seinerseits dazu zustoßen. Es sagt, von ihnen zu erwarten, dass sie seinen Weg vorzeichnen, um ihm seine Entwicklung zu erleichtern und ihm die Details der Versorgung des menschlichen Lebens zu ersparen. Es präzisiert, dass es sie nicht als seine Diener ansieht, in dem Sinne, dass es sie um diese Dienste bittet, sondern als Gesellschafter des Lebens, um sein Inkarnationsziel erfolgreich abzuschließen. Es hat sich – als Fötus – geweigert, sich umzudrehen, da es wusste, dass dies seine Mutter alarmieren und dazu bringen würde, eine Person zu konsultieren, die mit den beiden Welten in Kontakt ist. Heike war zuerst überrascht über diese unerwarteten Informationen, hat aber mit Freude und heftiger Begeisterung den „affektiven Deal" ihres Babys akzeptiert.

In ihrer letzten Inkarnation war Suzanne eine emeritierte Astrologin im antiken Griechenland gewesen. Sie hatte ihr Leben damit verbracht, den Himmel zu beobachten, die Bewegung der Milchstraße zu entziffern; so lebte sie in der Nacht und ruhte am Tag. Ein junger Schreiber notierte treu ihre Beobachtungen im Licht einer Öllampe und widmete ihr so seine Jugendjahre, bis ein rauer Winter die Oberhand über die Gesundheit seiner Herrin gewann und ihrem Leben ein Ende setzte. Suzanne war heute mit ihrem „jungen Schreiber" schwanger, der sich als ihr Baby reinkarniert hatte, um sich um sie zu kümmern. Das Baby, das sie trug, sagte ihr nun: „Du kannst dich erholen, denn diesmal bin ich es, der die Lösungen für dich finden wird."

Laurence ist eine großartige junge Frau, die alles hat, was sie braucht: Schönheit, Intelligenz und – seit kurzem – den finanziellen Wohlstand, den ihr der Beruf als Anwältin verschafft. Doch dann ist sie plötzlich schwanger von einem ihrer vorübergehenden Liebhaber, und es fällt ihr schwer zu verstehen, was mit ihr geschieht. Seit sie sich ihrer Macht über die Männer bewusst geworden war, hatte sie entschieden, über das zu verfügen, was sie ihr bringen können: Jugendlichkeit, Schönheit, Frische. Selbst wenn sie mit ihnen Momente der Sinnlichkeit und der Zuneigung teilte, beendete sie schnell ihre Beziehung, um sich nicht zu binden, manchmal um den Preis, ihre Gefühle unterdrücken zu müssen. In ihrem vorherigen Leben war Laurence eine Prostituierte gewesen, die von den Männern ohne Liebe oder Aufmerksamkeit benutzt wurde. In ihrem Inkarnationsziel, über ihre eigene Person und ihren eigenen Körper verfügen zu wollen, hat sie sich entschieden, die Rollen zu tauschen. Eine auf dem Gipfel ihrer Herrlichkeit und ihrer Macht über die Männer auftretende Schwangerschaft stellte alles infrage, was ihre Sicht auf das Leben und den Wert angeht, den sie den Menschenwesen und insbesondere den Männern zumaß, indem sie unbeabsichtigt zur Trägerin des Kinds von einem dieser Männer wurde. Die unerwartete Ankunft dieses Kinds hat sie auf ihre eigene Geschichte zurückgeworfen und gezwungen, in dieser Inkarnation zu verstehen, dass der Wert, den man den anderen zumisst, in direkter Verbindung zum Wert steht, den man sich selbst zumisst.

Elsa ist ein kleines, vierjähriges Mädchen, das von seiner Mutter an jenem Tag mit einer überbordenden Liebe auf den Behandlungstisch gelegt wurde. Als mehrfach Behinderte ließ sie dies mit einem offensichtlichen Vergnügen mit sich machen. Im Verlauf der Sitzung drückte die Mutter von Elsa das Bedürfnis aus, den Grund für die Behinderung ihrer Tochter zu verstehen. Annabel fragte also den Seelenführer von Elsa, ob er uns antworten könne. Es war ein Mann eines gewissen Alters und von schönem Auftreten, der uns sogleich antwortete. Wir spürten alle beide auf Anhieb, dass es sich um einen Mann handelte, der zu seinen Lebzeiten respektiert und auf den gehört wurde. Mit ruhigem, aber deutlichem Temperament erklärte er, dass Elsa in ihrer letzten Inkarnation die jüngste einer großen

Geschwister und ihr ganzes Leben die „Letzte“ gewesen war, diejenige, der man keine Aufmerksamkeit schenkte, weil sie eine mehr, eine zu viel war. Sie hatte unter diesem Fehlen von Aufmerksamkeit, dem Mangel an Liebe seitens der anderen und insbesondere ihrer Mutter gelitten, die durch ihre Arbeit zu überlastet gewesen war, um sich um ihre Kinder zu kümmern. Über den Umweg ihrer Behinderung konnte Elsa es endlich genießen, verwöhnt zu werden und ein ganzes Pflegepersonal zur Verfügung zu haben, das allein deswegen ins Haus kam, um sich um sie zu kümmern.

In ihrer vorangehenden Inkarnation war Catherine ein junger, ehrgeiziger Mann, der in den Genuss des liebevollen Schutzes und der Lehre eines alchemistischen Meisters kam, der ihm die Geheimnisse seiner Wissenschaft vermittelt hatte. Aber dieser Mann hatte eine sehr schöne und treue Frau, die der junge Schüler begehrte. Um ihr Herz gewinnen zu können, ermordete er seinen Meister, weil er wusste, dass seine Frau ihn niemals zu seinen Lebzeiten betrügen würde. Die Dinge nahmen jedoch eine schlechte Wendung. Während er versuchte, sich zu verteidigen, warf der Alchemist eine Öllampe um, die Werkstatt fing Feuer und nahm in den Flammen sowohl den jungen Mann als auch seinen Meister mit. Catherine war in ihrer neuen Inkarnation die Patentante dieses behinderten Kindes geworden, das damals ihr Meister war, und sie verstand heute nicht, warum es ihr so sehr am Herzen lag, dass dieses Kind sich entwickelt, während sie selbst Kinder hatte, die sie vernachlässigte, ohne den Grund dafür zu verstehen.

Je nach ihrem Entwicklungsniveau haben bestimmte Seelenführer – Neulinge in ihrer Funktion als Begleiter – Schwierigkeiten, von der Geschichte ihres Schützlings Abstand zu nehmen, und zwar insbesondere dann, wenn eine leidenschaftliche Geschichte sie in einer vorangehenden Inkarnation vereint hatte. Auf der anderen Seite des Vorhangs zu bleiben und vom eigenen Schützling, der sich reinkarniert, getrennt bleiben zu müssen, kann ihnen schmerzlich erscheinen und sie hindern, sich auf ihre Rolle als Seelenführer zu beschränken. Die folgende Geschichte gibt uns ein Beispiel für das, was eine Bremse im Lebensprogramm einer reinkarnierten Seele erzeugen kann, die unbewusst gegen Windmühlen kämpft.

Die etwa vierzigjährige Myriam schilderte uns ihr Leid, gegen eine langjährige Depression anzukämpfen, die sie hinderte, eine Bedeutung für ihr Leben zu finden. Während ihrer Erzählung machte Annabel mich auf eine hellblaue Blase über dem Kopf von Myriam aufmerksam, die störend auf sie einzuwirken schien. Diese blaue Blase war völlig ungewöhnlich. Im Inneren sah Annabel – wie auf einer runden Leinwand –Szenen aus einem anderen Jahrhundert vorbeiziehen: einen Ballsaal mit kristallenen Kronleuchtern, vergoldeten Holztäfelungen, Reifröcke tragende Frauen und Männer mit gepuderten Gesichtern. Da ich meinerseits nicht sah, was die feinstoffliche Form darstellte, die ich zwischen den Händen hielt, versuchte ich mehrmals, diese Blase zur Transformation zu geben, aber sobald ich mich vom Bereich Myriams entfernte, bewegte die Blase sich im Zimmer und kam in ihr Energiefeld zurück. Also rief ich den Seelenführer Myriams, damit er uns behilflich ist. Dieser hat sich Annabel vorgestellt und drückte seine Irritation aus, eingefangen und in Anspruch genommen worden zu sein. Da ich ihn nicht sah, aber seinen Missmut wahrnahm, glaubte ich zunächst, dass es nicht der richtige Seelenführer war, der auf meine Bitte reagiert hatte. Während ich einen anderen rief, erklärte Annabel seine Vorbehalte, uns zu helfen. Er war ihr Seelenführer geworden, weil sie sich in ihrer letzten Inkarnation gekannt hatten und ihre Verbindung sehr stark geblieben war. Er hatte Schwierigkeiten zu akzeptieren, dass die Frau seines Herzens ihn vergessen konnte, und aus diesem Grund projizierte er ihr regelmäßig Erinnerungen aus ihrem vergangenen Leben und ihren glücklichen Momenten, die sie miteinander erlebt hatten. Die Erinnerung an diese früheren Erlebnisse hinderten Myriam jedoch, die Gegenwart zu leben und sich einem anderen Mann zu nähern oder Liebe für ihn zu spüren, wenn sie schließlich einen fand. Da ihr Herz „woanders“ gefangen war, empfand sie all die Schwierigkeiten, einen Sinn für ihr Leben zu finden und eine Liebesbeziehung aufzubauen, trotz ihrer zahlreichen bisher fruchtlosen Versuche. Der Seelenführer verstand, dass die Verbindung zwischen den Wesen durch die Zeit nicht ausgelöscht werden konnte und akzeptierte, die Verbindung zu seiner früheren Geliebten zu trennen, während er darauf wartete, sie eines Tages wiederzufinden, um im gegenwärtigen Leben nur die Verbindung als Seelenführer zu behalten.

DRITTER TEIL - DIE SEELENFÜHRER

WER SIND DIE SEELENFÜHRER

Die Vorstellung, die wir uns von den Seelenführern machen, ist im Allgemeinen durch unsere ausbildungsbedingten oder religiösen Glaubensvorstellungen konditioniert. Einige stellen sie sich ähnlich vor wie geschlechtslose Engel, die in einer Aura der Heiligkeit und des göttlichen Glücks baden; andere wie einen unnachgiebigen und gleichmütigen Vater, bekleidet mit einem langen, dunklen Umhang, der Respekt gebietet; wieder andere wie einen beschützenden Großvater, der die Wahrheit und die Macht innehat. Was sie sind, ist ganz anders, und wir sind selbst überrascht gewesen von der Diversität ihrer Identitäten, ihrer Verhaltensweisen und ihres Handlungsfelds.

In unserer Sprache sind wir es gewohnt, dem Wort „Führer" einen männlichen Artikel zu geben, obwohl es nicht selten ist, dass wir von einer Frau begleitet werden. Wir schlagen Ihnen jedoch vor, hier den männlichen Artikel zu verwenden, mit dem alleinigen Ziel, die Darstellung zu erleichtern. Das Alter der Führer variiert ebenso wie ihre spirituelle Reife, denn recht oft ist die Führung Teil des Entwicklungsweges dieser begleitenden Seelen, sie sich selbst schulen, während sie lehren. Die Führer haben die Möglichkeit, auf unserer irdischen Ebene in einer menschlichen Form zu erscheinen – denjenigen, die die Fähigkeit dazu haben –, indem sie ihr Bild, ähnlich wie die deinkarnierten Seelen, einer ätherischen Materie einprägen; mit dem Unterschied, dass ihre Aura von einem sehr hellen, weißen Licht umgeben ist. Wenn ihr Entwicklungsniveau jedoch sehr hoch ist, wird es schmerzlich und unangenehm für sie, sich zu materialisieren, und hat für sie so selbst keinen Sinn. In diesem Fall kondensieren sie sich zu einer Lichtkugel oder kommunizieren von der Ebene der Unissenz her, von wo die Schwingungen den ihren entsprechen.

Sie behalten ihren Charakter, ihre Besonderheiten und ihre Sensibilität. Sie haben alle einen Vornamen, der übrigens nicht immer leicht wahrzunehmen ist, weil sie nichts gemein haben mit den Vornamen unserer Kalender und unserer unterschiedlichen Kulturen. Wenn man sich unter Nennung ihres Namens an sie wendet, wird die Verbindung verstärkt. Bestimmte Führer haben Humor und schätzen die Wortgefechte; andere geben sich ernster oder zeigen sich sogar reizbar, wenn wir nicht höflich genug mit ihnen sprechen. Sie sind nicht alle vom selben Eifer getrieben, ihren Schützling zu führen, noch vom gleichen Grad an Geduld und Empathie für ihn. Ihre Eingriffe sind bei den Sitzungen, die wir gegeben haben, zahlreich gewesen. Manchmal aufgrund ihres spontanen Bedürfnisses, zugunsten ihres Schützlings einzugreifen, andere Male als Reaktion auf die Bitte, die wir an sie gerichtet haben; wobei ihre Handlungsmöglichkeit immer von einer äußeren Bitte abhängig ist.

Diejenigen, die sich der Existenz ihrer Führer bewusst sind, zögern nicht, sie anzurufen, wenn sie das Bedürfnis danach haben: angesichts einer materiellen Schwierigkeit des Lebens, oder in einem besonders schwierigen Moment. Sie rufen sie, wie man einen Freund rufen würde … an den man nur denkt, wenn man Probleme hat. Doch es gibt so viele andere Gelegenheiten, uns im Alltag mit ihnen zu verbinden: ein zwischen Freunden ausgetauschter Moment der Freude, eine Musik, die uns bewegt, ein Windhauch, der uns lebendig macht, die Freude über eine fertig gestellte Arbeit … Wenn wir sie einladen, unsere Lebensmomente zu teilen, ermöglicht ihnen dies, stärker auf unserer irdischen Ebene präsent zu sein, deren Funktionsmodus sie – die meisten von ihnen – seit langer Zeit vergessen haben, und die Verbindung zu stärken. In dem Maße, wie es uns möglich ist, ihn zu hören oder zu spüren, können wir uns mit unserem Führer über das Leben und die Dinge austauschen und seine Seelenzustände kennen, denn natürlich erlebt er auch seinerseits neue Erfahrungen und lernt weiter hinzu.

Und es gibt so viele Fragen, die man ihm stellen kann, die unfehlbar eine Antwort finden werden, denn er hat Zugriff auf Daten des Universums, die uns unbekannt oder unzugänglich sind.

Annabel hat die Chance, direkt und auf einfache Weise mit ihrem Führergeist kommunizieren zu können, genutzt, um ihm Fragen zu stellen, die weit über die existenziellen Fragen hinausgehen, die wir uns die meiste Zeit stellen und die sich im Allgemeinen um unsere eigene kleine Person drehen. Um ihre Beziehung und ihre persönliche Verbindung zu schützen, werde ich ihn hier „Mephisis“ nennen.

DIE ERSTEN DIALOGE

Ich war derart genervt von der Auseinandersetzung, die ich gerade mit einem Freund in Paris hatte, dass ich – auf Platz 56 in diesem TGV sitzend, der mich nach Strasbourg zurückbrachte – unablässig über meinen Tag nachgrübelte. Da ich es trotz der zahlreichen Anrufe bei meinen Freundinnen nicht schaffte, mich zu beruhigen, rief ich schließlich meine Mutter an. Sie nahm sich die Zeit, mir zuzuhören, und, nachdem sie die Stärke meiner wie elektrisch aufgeladenen Wut ermessen hatte, sagte sie mir: „Warte, ich schicke Dir jemanden, um Dir zu helfen!". Ich legte wieder auf und sagte mir dabei, dass ich tatsächlich genug nachgegrübelt hatte und dass es Zeit ist, zu etwas anderem überzugehen; aber wie sollte ich das machen? Kaum einige Sekunden, nachdem ich mein Telefon hingelegt hatte, erschien plötzlich eine männliche Seele an meiner Seite. Der in eine graue Hose und ein grünes Polohemd gekleidete Mann sah mich lächelnd an. Ich fühlte mich sofort wie schwerelos; meine Probleme waren nicht mehr da, weggeflogen, ich hatte keinen Zugang mehr zu ihnen.

- Danke, sagte ich dankbar zu ihm.

- Gern geschehen, aber beunruhige dich nicht, ruhe dich aus, konzentriere dich für einige Zeit auf dieses Gefühl der Leere, des Getrenntseins, das ist angenehm.

- Meine Mutter hat dich gerufen, um mich zu beruhigen, und ich danke dir, dass du gekommen bist, um mir zu helfen. Aber kannst du auch noch andere Dinge machen, zum Beispiel mich motivieren, wenn ich es brauche, mir helfen, mich zu konzentrieren, wenn es notwendig ist, mich zu entspannen, wenn man leicht sein muss?

- Natürlich, antwortete er mir, wobei er mich nacheinander Kraft, Ruhe und dann Lachen spüren ließ.

- Wirst du es sein, der das nächste Mal kommt, wenn ich Hilfe brauche?

- Nicht unbedingt. Ich bin nicht da, um jemanden sein ganzes Leben lang zu folgen, wie es dein Führer tut. Ich bin einer der Assistenten, der vorübergehenden Führer, die dir im Verlauf einer kurzfristigen Situation helfen. Du kannst jedoch regelmäßig unsere Hilfe rufen, sobald du das Bedürfnis danach verspürst. Wir unterstützen dich dann während der erforderlichen Zeit, dann gehen wir wieder woanders hin, wo jemand anderes nach unserer Hilfe ruft.

- Dann bedanke ich mich bei dir, dass du deine Ruhe heute mit mir geteilt hast, und vielleicht bis bald.

- Bis bald.

Er lächelte mir zu, ging von mir weg und verließ den Zug bei der nächsten Station mit den anderen Passagieren, die ihrerseits ganz irdisch waren.

Angestoßen durch das, was mir mein Führer von der anderen Seite gerade mitgeteilt hatte, stellte ich mir einige Fragen: Warum kam mein Führer nicht automatisch, um mir zu helfen, wenn ich es brauchte; warum musste ich ihn ausdrücklich bitten? Warum nahm er nicht von selbst die Wesenheiten weg, die mich manchmal parasitieren? Sofort erhielt ich seine Antwort.

- Weil ich den freien Willen von jedem zulassen muss. Du hast entschieden, indem du dich inkarnierst, einem bestimmten Weg zu folgen. Ich bin da, um darüber zu wachen, dass du diesem Weg folgst, aber es obliegt deiner Seele zu wählen, auf diese oder jene Weise wieder in Gang zu kommen, je nachdem, was sie gerade durchmacht. Ich kann dich nicht beeinflussen, noch an deiner Stelle entscheiden, was gut für dich wäre. Ich kann dir jedoch ab dem Moment, wo du mich darum bittest, unbeschränkt geben. Ich kann dir offensichtlich keine materiellen Dinge bringen, wie etwa ein neues Sofa, ein schönes Auto, den Ring deiner Träume; aber ich kann dir helfen, fundamentalere Dinge zu erhalten.

- Das heißt?

- Auf der Erde habt ihr die Tendenz, euch mehr auf die Mittel als auf das zu erreichende Ergebnis zu konzentrieren. Statt zum Beispiel von ihrem Führer die Mittel zu erbitten, sich erfüllt und lebensfroh zu fühlen, wird eine Frau ihn darum bitten, dass ihr Ehegatte abends früher nach Hause kommt, um sich mehr um sie zu kümmern. Ihr Führer kann nicht auf ihren Mann einwirken, denn er darf ihn auf seinem eigenen Lebensweg nicht manipulieren, noch den Platz des Führers einnehmen, der ihn begleitet. Er kann dieser Frau jedoch neue Elemente bringen, die ihr ermöglichen werden, ihre Sichtweise auf das zu verändern, was sie schon besitzt, um sie zu diesem Gefühl des Wohlbefindens zu führen. Anschließend gibt es spezialisierte Führer für das, was irdisch, greifbar ist. „Hilfsführer", vorübergehende Führer, die besser in der Lage sind, präzisen Bitten zu entsprechen, die zum Alltag gehören und die weniger fundamental sind.

- Ich verstehe, und ich danke dir für deine Erklärungen. Und aus praktischer Sicht, wenn ich dich bitte, mir zu helfen, was machst du konkret von der anderen Seite aus, damit sich das realisiert? Welche Mittel setzt du in Bewegung?

- Ich plane und erzeuge eine Gelegenheit, damit du es schaffst, das zu erreichen, was du suchst. Wenn du zum Beispiel eine Arbeit suchst, werde ich dich beeinflussen, damit du – auf die eine oder andere Weise – ein Angebot erkennst, das dir entsprechen könnte, oder ich rege dich an, eine bestimmte Vorgehensweise zu unternehmen.

- Und danach? Stellen wir uns vor, dass ich meinen Lebenslauf einsende und zu einem Einstellungsgespräch eingeladen werde. Wie werden die Ereignisse anschließend ablaufen? Sprichst du mit dem Seelenführer des Arbeitgebers? Und was die anderen Kandidaten betrifft, die nach derselben Stelle trachten; wie läuft das dann für sie?

- Ja, stellen wir uns weiter vor, dass du zu diesem Vorstellungsgespräch gehst. Wenn wir, die Seelenführer, uns zusammenfinden, analysieren wir die Situation und bestimmen, ob die beiden Beteiligten – das heißt, einer der Bewerber und der Arbeitgeber – einen Nutzen aus der Begegnung ziehen können, um sich zu entwickeln. Dieser Nutzen kann über die Übereinkunft, das gemeinsame Ziel, den Austausch erfolgen, aber auch umgekehrt über den Konflikt, die Opposition usw. Keine Begegnung erfolgt aus Zufall. Wenn bestimmt ist, dass die Begegnung konstruktiv und für die Entwicklung aller erforderlich ist, dann beeinflusst der Seelenführer des Arbeitgebers diesen, damit er dich einstellt.

- Aber gibt es nicht andere Seelenführer auf der Liste, die ebenfalls ihre Schützlinge zu dieser Einstellungsmöglichkeit geleitet haben?

- Doch. Aber dies ist Teil ihres Weges, nicht genommen zu werden und daraus die passende Lehre zu ziehen.

- Entscheidest du auf eine gewisse Weise mit dem anderen Seelenführer vor dem Einstellungsgespräch, ob sein „Schüler" mich einstellen wird oder nicht?

- Nur teilweise. Ich kann jedoch nicht deinen freien Willen vorhersehen. Stellen wir uns vor, du hast mehrere Türen vor dir. Ich lasse eine davon auf der linken Seite glitzern, um dir zu zeigen, dass sie dir nützlich sein kann. Du kannst dich sehr wohl entscheiden, die rechte zu öffnen. Der Weg wird sicher gewundener sein, aber er wird zur selben Überlegung führen. Statt den normalen Weg zu wählen, wirst du bloß einen Umweg voller Fallstricke nehmen. Es liegt an dir, die Tür deiner Wahl zu öffnen. Ich kann dir meinerseits nur das Terrain vorbereiten.

- Und wenn ich nicht dem folge, was du geplant hast, änderst du die Parameter meines Weges und der notwendigen Begegnungen in Abhängigkeit von meinen Entscheidungen oder meinem Zögern?

- Wir sind nicht die ganze Zeit hinter euch, um zu planen, was ihr tun werdet. Ihr habt euch vor allem auf der Erde inkarniert, um eure eigenen Erfahrungen zu machen. Wir haben nicht die Aufgabe, eure Schritte auf dem Weg zu führen, den ihr im Voraus gezeichnet habt, bevor ihr euch inkarniert habt. Der Weg, dem ihr im Verlauf eures menschlichen Lebens folgen müsst, ist vorgezeichnet. Ihr könnt ihn euch in gewisser Weise als eine lange Autofahrt mit allen möglichen Optionen vorstellen: geradeaus fahren, eine Ausfahrt nehmen statt einer anderen, oder einen Abschnitt nehmen, der euch in eine andere Richtung führen wird, oder in eine Sackgasse, die euch zum Umkehren zwingen wird.

- Ist es möglich, die Richtungen, die wir einschlagen werden, über die Hellsichtigkeit oder die Astrologie oder andere Wahrsagemethoden zu kenne?

- Ja.

- Aber in welchem Maß, da wir unseren Weg zu jedem Zeitpunkt wechseln können?

- Bevor du dich inkarnierst, entscheidest du über einen mehr oder weniger präzisen, zu folgenden Lebensweg, der die Ereignisse enthält, die dein Leben abstecken, den du aber dennoch sehr schnell vergessen wirst, während du dich inkarnierst. Trotz allem, unabhängig von der Ausfahrt, die du auf der Autobahn wählen wirst, wirst du dich über festgelegte Gebiete leiten, wo vorgesehen ist, dass du die prägenden Ereignisse erlebst, die auf das Jahr genau festgelegt sind. Ich werde dir später erklären, wie eure Entwicklungsphasen in eurem Inkarnationsweg programmiert werden. Also, um meine Metapher der Autobahn zu entwickeln: In dem Moment, wo du die Ausfahrt nimmst, kann die

Person, die dir deine Zukunft vorhersagt, alles wahrnehmen, was sich auf diesem Weg befindet, bis zum nächsten Rastplatz. Sie kann die großen Achsen deines Wegs visualisieren. Sie hat Zugriff auf das, was du freiwillig entschieden hast, sowie auf das, was sich auf deinem aktuellen Weg befindet. Dennoch kann sie nicht vorhersehen, welchen Weg du nach der nächsten Kreuzung einschlagen wirst, denn er bleibt noch festzulegen, je nach deinem freien Willen im geeigneten Moment.

AN WEN SICH WENDEN

Es war ein Mittwoch. Eine Frau, die eigentlich wegen ihres Sohnes zu einer Sitzung kam, sagte uns, dass sie Schwierigkeiten hätte, nach einer mehrjährigen Elternzeit ihr berufliches Leben fortzusetzen. Die Sitzung schien in Richtung ihrer Problematik zu laufen, als sich mir plötzlich ihre vor einigen Jahren verstorbene Mutter mitteilte, wobei sie sich sehr drängend zeigte. Konzentriert auf den Werdegang der Patientin hörte ich ihr nicht sofort zu. Die Großmutter begann dann, in der Praxis unruhig zu werden, um mir zu verstehen zu geben, dass sie sich wirklich mitzuteilen wünschte. Sie ging in der Praxis auf und ab und wiederholte dabei, dass sie unbedingt mit mir sprechen wollte. Da ich spürte, dass ihre Tochter nicht für die jenseitige Welt offen ist, versuchte ich, ihr zu erklären, dass ich mir nur schwer vorstellen konnte, dieses Thema mit ihr anzusprechen und dass ich ihr nicht unvermittelt sagen könne, dass ihre Mutter „bei uns" sei. Verzweifelt fiel die alte Frau vor mir auf die Knie und sagte mir flehend, indem sie mir ein Bündel virtueller Banknoten hinhielt: „Wenn ich Dir dies hier gäbe, würdest Du dann für mich sprechen?" Ich war berührt von dieser immensen Not und fühlte mich unwohl damit, diese alte Dame so verzweifelt zu sehen, dass sie sogar vor mir auf die Knie fiel und mir im Austausch für meine Medialität Geldanbot. Also entschied ich mich, ihrer Tochter im Verlauf der Sitzung ihre Botschaft zu übermitteln, ohne jedoch wirklich zu wissen, wie ich dabei vorgehen würde.

- Was sollen Sie ihr Heute sagen?

- Sie muss wissen, dass es ihrem Sohn sehr schlecht geht, sagte sie mir, wobei sie mir ein Bild ihres Enkels zeigte, wie er zur allerletzten Handlung übergeht, die diejenigen wählen, die nicht mehr die Kraft haben, ihr Leben fortzusetzen.

Ich wartete also auf den geeigneten Moment und nutzte das Feedback, das wir oft am Ende der Sitzung geben, um mich an die Patientin zu wenden. Ich betonte die Tatsache, dass ich ihren Erstgeborenen in einem sehr tiefen Unwohlsein fühlte, das nicht auf die leichte Schulter zu nehmen war. Sie bestätigte mir, dass ihr Sohn ihr bei jedem Streit drohte zu gehen; eine Drohung, die sie nicht sehr ernst genommen hatte, da sie nicht verstanden hatte, dass er einen endgültigen Weggang wählen könnte. Also sprach ich eindringlich über die Realität von Selbstmorden bei Jugendlichen und über die Notwendigkeit, ihren Sohn durch einen Psychiater oder einen Psychologen betreuen zu lassen, aber sie ließ dies nicht an sich heran und beklagte sich über die Unannehmlichkeiten, die ihr Sohn bei der Familie bewirkte. Sie stellte sich als Opfer dar, und jedes Mal, wenn wir zum Thema zurück kamen, lenkte sie vom Thema ab, indem sie sich in nutzlosen Details verirrte. Die Großmutter an meiner Seite war immer noch im gleichen ängstlichen Zustand. Als die Patientin die Praxis verließ, wandte ich mich an die bitter enttäuschte Großmutter, die noch geblieben war.

- Es tut mir Leid, wir haben noch mehrmals versucht, ihr die Botschaft zu vermitteln, aber sie hat wirklich Schwierigkeiten, sie zu hören.

- Ich weiß, ich habe es gesehen, antwortete sie. Das Wichtige ist, dass sie gewarnt wurde. Ich verlasse Sie jetzt, ich werde ihr folgen, um zu versuchen, sie zu beeinflussen, damit sie darüber nachdenkt, was Sie ihr gerade gesagt haben.

Dann verließ die alte Dame die Praxis durch die Tür, als ob sie noch von dieser Welt wäre, und wie ich sie immer noch ängstlich gehen sah, machte ich mir Schuldgefühle, dass ich ihre Botschaft an ihre Tochter nicht besser habe übermitteln können.

Also rief ich meinen Seelenführer, um seine Meinung einzuholen.

- Mephisis?

- Ja

- Hat diese Frau mir die Zukunft vorhergesagt, als sie mir vom Selbstmord ihres Enkels erzählte?

- Nein, sie hatte nur seine Gedanken des Moments aufgefangen.

- Und hat jeder beliebige Seelenführer Zugang zu den Gedanken einer lebenden Person?

- Nein.

- Wovon hängt das ab?

- Hauptsächlich von seinem Entwicklungsniveau und der Liebe.

- Der Liebe?

- Ja, vom Mitgefühl, der Empathie, die er haben kann für das, was die Person durchlebt. Ob die Handlungen seines Schützlings gut sind oder nicht, ein Geist darf niemals richten. Solange er bei einer einfachen Feststellung bleibt, hat er das Recht, die Gedanken eines Lebenden aufzufangen, wenn sein Niveau ihm dies ermöglicht. Selbst wenn er die Richtung des Weges der Person auf der Erde missbilligt, muss er sie akzeptieren.

- Aber trotzdem begegnen mir bei meinen Sitzungen als Medium oft Seelen, die wütend oder total gegen das Treiben ihrer Nachkommenschaft oder eines auf der Erde gebliebenen Mitglieds ihrer Familie sind.

- Das stimmt, aber diese Seelen sind nicht deren Seelenführer. Oft können diese Seelen, die ihre Missbilligung ausdrücken, zu dir sprechen, aber sie haben dennoch keinen direkten Zugang zu den Gedanken ihrer Angehörigen. Sie nehmen nur die Worte wahr, die, entweder mental oder ausgesprochen, direkt an sie gerichtet sind.

- Einverstanden. Und warum bist dann du, wenn du meine Gedanken auffängst, so pedantisch, was die Formulierung meiner Fragen angeht? Warum sträubst du dich, mir zu antworten, wenn ich dich zum Beispiel frage, ob mein Vater sein ganzes Leben in seiner Firma arbeiten wird?

- Es ist nicht für mich persönlich nötig, dass du deine Frage präzise formulierst, da ich deine Gedanken auffange, noch bevor ich dich sprechen höre. Ich lasse dich umformulieren, damit die Frage für dich selbst klar und unzweideutig ist. Wenn Du mich fragst: „Wird er sein ganzes Leben in dieser Firma arbeiten?“ Was verstehst Du unter „sein ganzes Leben“? Bis zu seiner Rente? Und wenn er in drei Wochen stirbt? Und wenn die

Gesellschaft einen neuen Chef erhält oder ihren Unternehmensstatus ändert?

- Ja, ich verstehe, was du sagen willst. Und wenn ich eine Frage stelle, ohne mich an jemanden bestimmtes zu richten, kann mir dann jede beliebige Seele antworten und mir eine schlechte Antwort geben?

- Nicht jede beliebige, aber eine Seele, die gerade in der Nähe ist in dem Moment, wo du sie stellst, kann dir tatsächlich eine falsche Antwort geben. Entweder weil sie die Antwort nicht kennt, dir aber trotzdem antworten will, oder weil sie einen Spaß mit dir treiben möchte, sozusagen um „die Zeit totzuschlagen", oder auch, weil sie dich aus verschiedenen Gründen, die mit ihrer persönlichen Geschichte zu tun haben und die auch vom Charakter abhängen, den sie im Jenseits behalten hat, irreführen möchte.

- Und an wen muss ich mich also wenden, um sicher zu sein, die guten Antworten auf meine Fragen zu erhalten?

- An die Kraft, die Einheit, diejenige, mit der wir alle verbunden sind. An den Universellen Gerechten.

- Wie kann ich wissen, ob ich mich an dich oder an die Kraft wenden soll?

- Es erfordert für uns beide weniger Energie, wenn du diese Kraft befragst. Sie kann dir antworten, aber du kannst keine Diskussion mit ihr führen wie mit mir, weil es keine individualisierte Seele ist, sondern ein Ganzes. Es ist wie eine gigantische Datenbank, in der sich die Information befindet, die du brauchst. Sie wird dich nicht beraten, weil dies nicht ihre

Funktion ist, selbst wenn ihre Energie immer positiv ist. Du kannst mir jedoch die Fragen stellen, die dir am Herzen liegen; dadurch kann unsere Verbindung gestärkt werden. Ich bin selbst mit dieser Kraft verbunden, und ich stelle deshalb die legitime Verbindung zwischen ihr und dir dar. Sagen wir – allgemein gesprochen –, für das, was im Bereich des Herzens liegt, für das, was dich bewegt, oder für die spezifischen, dich betreffenden Fragen, kannst du dich an mich wenden, und für alles, was allgemeiner ist, kannst du die Kraft befragen; aber es gibt an sich keine Regel.

- Kannst du alle meine Fragen beantworten, oder bist du begrenzt?

- Nicht wirklich.

- Das heißt?

- Ich bin nicht begrenzt in meinen Kenntnissen. Zum Beispiel kenne ich die Funktionsweise der Unissenz und ich kann dir Erklärungen über ihr Prinzip, ihre Gesetze, ihre Ebenen usw. liefern, aber ich habe nicht unbedingt Zugang zu den Gedanken, dem Lebensweg aller Seelen des Jenseits und der Unissenz. Selbst wenn ich die Fähigkeit dazu hätte, ist es gar nicht notwendig, dass ich Zugang zu diesen unbegrenzten Daten habe, denn ich konzentriere mich nur auf das Programm und den Lebensverlauf der Seelen, denen zu begegnen du geführt wirst, oder derjenigen, denen du schon begegnet bist.

- Kann eine Seele sich für dich verschließen, damit du sie nicht kennen kannst?

- Nicht diejenigen, die sich auf niedrigeren Ebenen als der meinen befinden, aber die anderen Seelenführer auf einem meinem gleichen Niveau können es.

- Sind die Seelenführer alle auf demselben Entwicklungsniveau?

- Sie sind auf derselben Schwingung und werden von derselben Absicht bewegt, aber sie haben nicht alle dieselbe Kraft und dieselben Fähigkeiten, die von ihrem Entwicklungsgrad abhängen.

- Wechseln wir im Verlauf unseres Lebens den Seelenführer?

- Ihr könnt einen Seelenführer nicht verlieren, aber ihr könnt mehrere haben, die einander im Gesamtverlauf eurer Entwicklung ablösen.

- Und aus welchem Grund lösen sie sich ab?

- Das hängt von verschiedenen Zielen ab, die ihr erreicht habt, und vom Verlauf der Erhebung eurer Seele. Definitionsgemäß muss ein Seelenführer höher entwickelt sein als ihr, um euch führen zu können. Wenn eure Seele sich jedoch im Verlauf der Reinkarnationen erhebt, braucht ihr auf jeden Fall einen höher entwickelten Seelenführer.

- Welches sind die notwendigen Bedingungen für das Wachstum unserer Seele? Wovon hängt sie ab?

- Von eurer Verbindung mit der Spiritualität, eurer Fähigkeit zu geben, den anderen und nicht euch selbst und euren Leiden zugewandt zu sein. Aber auch von eurer Kraft und den Schwingungen, die euch anziehen und bewegen. Der einzige auf der Erde anzuhäufende Reichtum ist nicht der der materiellen

Güter in allen ihren Formen – wie viele von euch glauben –, sondern der der Kultur des Geistes, der Seele. In der Unissenz basiert der Reichtum auf der Anzahl Seelen, denen ihr begegnet sein werdet: diejenigen, mit denen ihr eine echte, authentische, im unbegrenzten Teilen gelebte Beziehung gehabt haben werdet. Das, was gelernt ist, bleibt erworben und kann nicht verloren gehen. Selbst wenn einige unter euch sich vor einem Drama wiederfinden und sich vom Schmerz und den dunklen Gedanken absorbieren lassen, behalten sie in sich die während ihrer vorangehenden Passagen erworbenen Fähigkeiten. Am Tag, wo sie von ihrem Dämmerschlaf erwachen und sich wieder mit dem verbinden, was sie wirklich sind, gehen sie wieder weiter, gestärkt durch das Vertrauen, das überwunden zu haben, was sie für unüberwindbar hielten.

- In der Therapie stelle ich fest, dass bestimmte Seelenführer davon erschöpft sind, ihre Menschen zu begleiten. Viele fühlen sich nutzlos, weil sie seit dermaßen langer Zeit darauf warten, dass ihre Schützlinge – die sich ihrer Anwesenheit nicht bewusst sind – sie anrufen. Andere, weil sie eine unglaubliche Energie aufwenden, um zu versuchen, sie auf gerechte Weise zu führen, um ihnen die Irrtümer zu ersparen, die sie später wieder würden aufholen müssen aufgrund der Tatsache, dass sie ausschließlich auf sich selbst zentriert geblieben sind. Es gibt Seelenführer, die sich mit der Kleingeistigkeit und dem Mangel an Spiritualität der von ihnen begleiteten Personen konfrontiert finden und die Hoffnung verlieren, sie eines Tages zu sensibilisieren. Wenn ich sie während der Sitzungen anrufe, um die Bewusstwerdung bestimmter Beratener zu erleichtern, stöhnen sie manchmal aus Resignation, Überdruss und Müdigkeit. Es ist wirklich rührend, bei den Sitzungen diese Seelenführer zu spüren und mit ihnen zu kommunizieren; zu spüren, wie sehr sie helfen möchten, und dass alle ihre Bemühungen oder ihre Ratschläge fruchtlos bleiben. Während der von uns gegebenen Sitzungen sind wir ein Mittel, ihre Anwesenheit zu legitimieren, indem wir zu ihren Sprechern werden. Nicht selten teilen sie uns am Ende unseres Austauschs aus Sympathie eine persönliche Botschaft mit. Einige haben uns sogar gefragt, ob sie etwas für uns tun könnten; etwa bei jemandem zu intervenieren oder uns eine Ressource zu bringen. Da ich schon häufiger diese Seelenführer bemerkte, die fast die Hoffnung aufgegeben hatten, eines Tages gehört zu werden, habe ich mich schon gefragt, ob ein Seelenführer die Nase voll davon haben könnte, eine Person zu begleiten, und entscheiden könnte, dessen Begleitung zu beenden.

- Ja, im Prinzip kann er das, aber die Definition als Seelenführer steht dem Aufgeben der Begleitung im Wege.

- Kann man, bevor man zur anderen Seite weggeht, ein Wesen, das uns teuer ist, bitten, unser Seelenführer zu werden?

- Man kann es bitten, aber es wird nicht unbedingt akzeptiert, das hängt davon ab.

- Von was ?

- Nicht von der Verbindung zwischen den beiden Personen, denn das Gesetz der Liebe ist in der Unissenz unbestritten, sondern von der Fähigkeit einer Seele, ihre Rolle als Seelenführer mit allen dadurch verbundenen Verantwortlichkeiten zu tragen. Es darf nicht passieren, dass die noch nicht inkarnierte Seele sich von ihrem ursprünglichen Lebensweg abwendet, und aus diesem Grund muss der Seelenführer die zu befolgenden Protokolle, Programme und Regeln kennen, um seine Führungsaufgabe korrekt durchführen zu können. Jede Inkarnation ist wichtig; die Seele hat keine Zeit zu verlieren.

- Gibt es so etwas wie „Kontrolleure“ der Seelenführer, um sicher zu gehen, dass sie ihre Arbeit gut ausführen?

- Nein. Die Fähigkeiten der Seelenführer werden bewertet, bevor sie ihre Aufgabe beginnen.

- Und wenn diese Seele sich bei ihrer Passage auf der Erde schneller entwickelt als vorgesehen?

- Das ist nicht möglich, da wir im Voraus den Entwicklungsweg kennen, den sie für ihren Fortschritt einschlagen wird.

- Also überprüft niemand, ob der Seelenführer bei der Begleitung der Person auf der Erde erfolgreich ist?

- Nein. Wenn ein Seelenführer mit einer Schwierigkeit konfrontiert ist oder Zweifel hat, wendet er sich dafür an andere Instanzen. Die Seelenführer haben niemals schlechte Absichten und gehen niemals das Risiko ein, einen Fehltritt zu begehen.

- Wechseln wir während unserer Inkarnation hier in jedem Fall den Seelenführer?

- Die meiste Zeit kennt ihr zwei davon.

- Die uns gemeinsam führen, oder einer nach dem anderen?

- Sie können sich ablösen, sich mehrfach abwechseln oder sich gegenseitig helfen. Dies hängt von der Fähigkeit des Seelenführers ab, der Person in der Schwierigkeit, der sie begegnet, zu helfen. Manchmal geht ein Seelenführer weg, um seine Entwicklung zu vervollkommnen, und kommt zurück, um seinem Schützling zu helfen, nachdem er selbst vorangekommen ist.

- Bedeutet das, dass je weiter der Seelenführer entwickelt ist, desto weniger wechselt er sich mit einem anderen ab?

- Ja, aber man darf dennoch nicht vergessen, dass die Seelenführer sich parallel aufgrund der Erlebnisse und Erfahrungen der von ihnen begleiteten Personen bereichern. Die Tatsache, dass sie Seelenführer sind, bedeutet nicht, dass sie ihre Entwicklung abgeschlossen haben; dies ist einfach eine andere Methode zu lernen, als über den Weg einer Inkarnation zu gehen.

- Und nach welchen Kriterien entscheiden wir, ob wir uns inkarnieren oder helfen?

- Helfen ist leichter als sich zu inkarnieren. Nach der Rückkehr in die Unissenz haben die Seelen nicht unbedingt den Mut, schnell wieder zur Erde zurückzukommen, weil die Leiden ihrer vorangehenden Inkarnation noch lebendig sind. Sie haben die Emotionen überwunden, die sie auf der Erde haben erleben können, aber sie haben noch die Abdrücke ihrer Erlebnisse behalten.

- Kann man sich entscheiden, sich nie wieder zu inkarnieren?

- Das ist unmöglich. Es gibt in jedem Fall einen Moment, in dem sich die Seele– in ihrem Entwicklungsprozess – wünscht und entscheidet, sich zu inkarnieren, um ihren Aufstieg fortzusetzen. Und in der Ewigkeit ist es schwierig, „nie“ zu sagen (Gelächter).

- Worin liegt der Unterschied zwischen beispielsweise dir, der gewählt hat, ein ernannter Seelenführer zu sein, und den Zusatz-Seelenführern, die da sind, um uns episodisch zu helfen?

- Ihre Entscheidung, der eine oder der andere zu sein, wird je nach ihrer Verbundenheit und der Berufung getroffen, die sie bewegt. Aufgrund ihres freien Willens werden einige Lust haben, eine einzige Person zu begleiten, während andere sich entscheiden werden, mehrere zu führen.

- Kennen wir, allgemein gesehen, unsere Seelenführer?

- Es gibt keine allgemeine Regel, aber sagen wir, dies trifft in der Hälfte der Fälle zu. Bestimmte Seelen wählen eine desinkarnierte Seele als Seelenführer, die sie gekannt haben und die zu einem entwickelten Geist geworden ist oder deren Seelenführer bei einer vorangehenden Inkarnation sie selbst gewesen sind. Denn die Rollen können sich manchmal umkehren, um jedem zu erlauben, dasselbe Niveau der Vervollkommnung der gemeinsamen „Balken“ zu erreichen. Anderen Seelen hingegen wird ein Seelenführer zugewiesen, den sie früher noch nicht gekannt hatten.

- Und er benennt in diesem Fall den Seelenführer für diese Seele?

- Die Allgemeine Kraft – der Seelenführer der Seelenführer –, weist einer Seele einen gut bestimmten Seelenführer zu, je nach ihren Problematiken und ihren gemeinsamen Entwicklungsbedürfnissen.

- Die Person, die sich inkarniert, hat dann also bei dieser Entscheidung nichts zu sagen?

- Nicht wirklich, denn da die Auswahl für alle richtig ist, hat die sich inkarnierende Seele keinen Grund, nicht einverstanden zu sein.

- Kann zum Beispiel eine desinkarnierte Seele, die die Mutter eines noch lebenden Mannes gewesen ist, die Rolle des Seelenführers ihres Sohnes einnehmen, wenn sie es wünscht?

- Das ist nicht möglich, denn am Ende einer Inkarnation braucht die Seele Zeit, um die im Verlauf ihrer irdischen Erfahrung angehäuften Informationen zu verinnerlichen, um ihren Werdegang zu verstehen, aber auch, um sich auszuruhen. Sie reinkarniert sich nicht sofort wieder. Eine Seele erklärt sich nicht selbst zum Seelenführer, sie wird es unter anderen Bedingungen, die von den Höheren Instanzen definiert werden. Die Arbeit der ernannten Seelenführer ist zu respektieren, und ein anderer Seelenführer oder eine andere Seele kann nicht frei oder willkürlich entscheiden, ihn seiner Funktionen zu entbinden.

- Und kann diese Mutter den Entscheidungen des Seelenführers im Lebensweg ihres Sohnes widersprechen?

- Nein, weil der Seelenführer nicht unbedingt darauf bedacht ist, sich zu zeigen oder sich mit jeder Seele zu unterhalten, die der von ihm geführten Seele nahe ist. Stell' dir vor, was passieren würde, wenn er mit allen Müttern sprechen würde, die dieser Mann im Laufe seiner verschiedenen Inkarnationen gehabt hatte! Und es gibt ja nicht nur die Mütter! (Lachen).

- Könnte diese fragliche Mutter einen willentlichen Einfluss auf das Leben ihres Sohnes haben, oder muss sie dann die Genehmigung des Seelenführers einholen?

- Eine Seele kann nicht willkürlich handeln, denn sie hat bestimmte Regeln einzuhalten. Sie hat Zugang zu denjenigen universellen Erinnerungsdaten, die sie auf ihrem Entwicklungsniveau verstehen kann und die sie nicht aus persönlichen Gründen kurzschließen kann. Sie kann in gewissem Maße ein lebendes Wesen beeinflussen, wenn ihr Eingriff durch die Absicht von Hilfe und Liebe motiviert ist.

- Aber trotzdem, ich bemerke sehr oft, dass bestimmte Personen durch negative Geister, die ich als Entitäten bezeichne, parasitiert werden, die ihnen Nachteile verschaffen, indem sie ihre Energie schwächen, indem sie ihre Stimmung beeinflussen, ihr Verhalten oder manchmal ihre Gesundheit.

- Dies geschieht immer in Verbindung mit der Regel des freien Willens. Das ist das Beieinander des Guten und des Schlechten. Die Person kann wählen, den Entitäten zu folgen, die sie negativ beeinflussen, oder dem Weg ihres Seelenführers zu folgen.

- Ja, aber viele Menschen haben keine Vorstellung von der Unissenz und der Existenz der Seelenführer und sind Lichtjahre davon entfernt, sich vorzustellen, dass ihr Zustand oder ihr Verhalten durch den Einfluss bestimmter leidender Seelen oder negativer Entitäten ausgelöst wird.

- Auch das ist wieder der freie Wille! Die Wahl, die sie haben, voranzuschreiten oder nicht; sich dessen bewusst zu werden oder nicht. Kein Ereignis ist bedeutungslos oder sinnlos.

- Kann ein Seelenführer sich der Parasitierung durch eine Entität der Person, die er begleitet, entgegenstellen?

- Ganz und gar! Aber nur, wenn die parasitierte Person ihn darum bittet, denn zu handeln, ohne darum gebeten zu werden, könnte eine Manipulation oder eine Machtergreifung darstellen. Die inkarnierten Wesen haben bestimmte Erfahrungen zu machen, darunter die, mit dem Guten und dem Schlechten konfrontiert zu werden. Es ist Teil ihres Schicksals, sich in diesen Situationen wiederzufinden, in denen sie die Wahl haben, sie zu überwinden oder nicht. Das Verständnis dafür und das Über-Sich-Hinauswachsen ermöglichen die Entwicklung.

- Wechselt man bei jeder Inkarnation den Seelenführer?

- Nein. Dies geschieht je nach Programm. Ihr wechselt den Seelenführer, wenn ihr ein neues Programm anzugehen habt. Es kommt jedoch vor, dass eine Inkarnation nicht ausreicht, um zu schaffen, was geplant worden ist. Aber ihr wechselt nicht unbedingt bei jedem neuen Programm den Seelenführer. Es ist euch übrigens möglich, die Inkarnationen abzuwechseln; das heißt, dass ihr in einer Seelenführer seid und in der anderen zum Schützling der Person werdet, die ihr in ihrer vorangehenden Inkarnation begleitet habt.

- Muss unser Seelenführer nicht definitionsgemäß ein Wesen mit einem höheren Niveau als unserem sein, um uns bestmöglich zu helfen?

- Ja und nein. Auf dem gleichen Niveau zu sein, reicht. Das hängt von der Entwicklung ihrer verschiedenen „Balken“ ab. Eine Seele, die sich entscheidet, sich zu inkarnieren, um die Demut kennen zu lernen, kann sehr gut von einem Seelenführer begleitet werden, der vielleicht den Balken der Großzügigkeit weniger entwickelt hat, aber der seinen Anteil der Demut dennoch schon vollständig entwickelt hat.

- Kannst Du mir mehr über diese „Balken“ sagen?

Um seine Erklärungen zu illustrieren, projizierte Mephisis sofort unmittelbar vor meine Augen eine Art virtuelle Bildchirm, auf der eine farbige Grafik erschien, die etwa der Folgenden ähnelte:

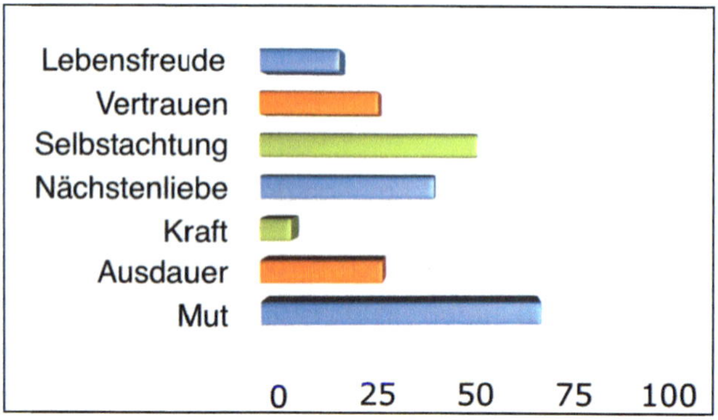

Abb. 2: Beispiel einer Grafik des Zustands der Balken (Emotionen, Gefühle, Werte, Ressourcen), die sich im Lauf der Inkarnationen entwickeln.

- Diese Balken stellen die Kraft der Seele dar, sagte Mephisis. Es sind die Bestandteile ihrer Identität, und die Seele kann wählen, sie auf unterschiedliche Weisen zu füllen. Je nach Art der zu entwickelnden positiven Emotion wird sie entscheiden können, mit diesen auf der Erde zu experimentieren, oder indem sie eine besondere Funktion in der Unissenz ausübt. Parallel dazu wird ihr Seelenführer die Lehre bestimmen, die er selbst aus seiner Begleitungstätigkeit ziehen können wird. Wenn die Seele ihren eigenen Balken Nächstenliebe entwickelt, entwickelt seiner sich auch. Natürlich wird er keine negativen „Balken“ entwickeln, wenn dies unglücklicherweise der Weg sein sollte, den die reinkarnierte Person wählt.

- Wie kann der Seelenführer der Person Rat geben, wenn er gleichzeitig selbst lernt?

- Er hat eine Gesamtsicht der Situation. Man kann die Situation vergleichen mit der eines Schülers, der in einer Matheprüfung mit einer Formel Schwierigkeiten hat. Sein Lehrer – selbst wenn er dieses bestimmte Problem noch nie zu lösen hatte – kennt alle Formeln, alle Daten, die ihm ermöglichen, die Lösung zu finden. Auf dieselbe Weise braucht der Seelenführer nicht mit allen Situationen konfrontiert gewesen zu sein und alle Facetten davon ausprobiert zu haben, um den zur Lösung führenden Weg zu finden; das Wissen reicht ihm. Auf der Erde ist es schwierig für euch zu unterscheiden, was zu tun gut und richtig ist oder nicht, denn ihr vergesst oft das Wichtigste. In der Unissenz hat der Seelenführer Kenntnis der Werte und Gesetze des Universums. Er hat die Fähigkeit, der inkarnierten Seele auf eine richtige Weise in den Erfahrungen zu helfen, die sie durchquert.

- Ist es schwierig oder eine Prüfung für euch, wenn wir durch schwierige Abschnitte gehen?

- Nein, nicht in dem Sinne, wie du es verstehst, aber es ist hart zu sehen, dass ihr uns oft verantwortlich hält für das, was euch zustößt. Wir sind bei euch, um den Weg zu beleuchten, den ihr vorher festgelegt habt, und wir respektieren auf diese Weise eure Wahl. Wir möchten euch manchmal darüber aufklären, was euch an den Dingen achtlos vorbeigehen lässt, aber uns wird selten zugehört. Wenn ihr die Bedeutung und die Reichweite dessen begreifen könntet, was euch im Leben begegnet, hättet ihr uns gegenüber weniger negative Gefühle. Aber gleichzeitig ist dies unmöglich, denn wenn ihr den Ausgang jeder Prüfung kennen würdet, würdet ihr nicht mehr auf dieselbe Weise an sie herangehen und nicht dieselbe Lehre daraus ziehen. Doch wenn ihr über uns schimpft, schneidet ihr euch von uns ab.

- Das heißt?

- Es ist schwierig für uns, euch Zeichen auf den Weg zu stellen, wenn ihr uns den Rücken zuwendet. Zwischen dem inkarnierten Wesen und seinem Seelenführer gibt es eine starke Verbindung, die mit einer freundschaftlichen Verbindung auf der Erde verglichen werden kann. Wenn zwei sehr gute Freunde einen Konflikt haben und ein Gefühl des Zorns füreinander empfinden, wird die Beziehung dadurch verändert; die Verbindung, die sie eint, wird dadurch geschwächt. Ebenso ist es zwischen dem Seelenführer und seinem Schützling, selbst wenn dies nicht eine greifbare, sondern eine „energetische" Beziehung ist.

- Kann eine inkarnierte Seele für ihren Seelenführer „die Tür zuschlagen" und für ihn nicht mehr zugänglich sein?

- Nicht wirklich, außer wenn sie von einer negativen Entität gesteuert wird.

DIE ENTWICKLUNGSMOEGLICHKEITEN

Seit unserem letzten Gespräch waren einige Tage vergangen. Ich hatte Lust, bestimmte Themen zu vertiefen. Ich verband mich also mit meinem Seelenführer.

- Kannst du mir sagen, ob alle Seelen, die unserem System angehören, durch die Inkarnation auf die Erde gehen?

- Ja, und mehr als einmal.

- Was sind die verschiedenen Dinge, die eine Seele in der Unissenz angehalten wird zu tun oder zu leben?

- Es gibt eine Vielzahl davon, und dies hängt von ihrer Entwicklung ab. Zuerst muss man wissen, dass die Unissenz nicht ein riesiger, homogener Raum ist, sondern aus mehreren Bewusstseinsniveaus gebildet ist, wo die feinstoffliche Dichte je nach Entwicklung der sie bevölkernden Wesen variiert. Ich werde dir zunächst von den ersten Ebenen erzählen.

  Auf der 1. Ebene der Unissenz verwirklicht die Seele einen

Zyklus irdischer Passagen auf den greifbaren Welten, die ich dir später detaillierter erklären werde, wenn ich dir die Funktionsweise der Reinkarnationen und der sie trennenden Perioden erklären werde.

Auf der 2. Ebene der Unissenz geht die Seele in eine Phase des Nachdenkens, die ihr erlaubt, sich an ihre vergangenen Leben zu erinnern, um die Richtung festzulegen, die sie von da an einschlagen möchte. Auf dieser Ebene hat sie – unter anderem – die Möglichkeit, die Personen wiederzufinden, zu denen sie bei ihren aufeinander folgenden irdischen Passagen Zuneigung entwickelt hat. Sie kann auch die Wahl treffen, eine Existenz in der Unissenz zu führen in der Projektion einer Welt, die ihr entspricht.

Auf der 3. Ebene der Unissenz können die Seelen sich mit dem Ganzen verbinden und in vollem Bewusstsein über sein Gleichgewicht wachen. Sie sind deshalb in Verbindung mit der Energie, die von den auf den greifbaren Welten inkarnierten Seelen ausgeht, der Energie, die ihre Bitten, ihre Ängste, ihre Gebete, ihre Schmerzen und ihre Hoffnungen zentralisiert. Alle menschlichen Gedanken verschwinden nicht wie Rauch; sie werden in diesem Ganzen gesammelt und in gewisser Weise in einem Inventar kategorisiert, das den Ausgleich zwischen dem Guten und dem Schlechten bildet. Dieses Gleichgewicht zu halten, ist keine leichte Sache, da die ausgedrückten und gefühlten negativen Emotionen nicht ausradiert werden können. Man muss sie umwandeln, um eine kontinuierliche Stabilität zu wahren, andernfalls würden die Menschen verrückt. Dies ist eine Art Umgebung, die verantwortlich dafür ist, die Schwingungen auf der Erde und im gesamten Universum aufrecht und im

Gleichgewicht zu erhalten. Dies erklärt, dass es Orte gibt, die sehr positive Schwingungen abgeben, und andere mit negativen Schwingungen. Das Schwingungsniveau dieser Orte ist niemals zufällig.

Wenn eine inkarnierte Seele auf dem ersten Niveau in einem Hassgefühl ist, wird sie sich mit dem Egregor (Kraftfeld) der Seelen im gleichen Geisteszustand verbinden und aus dieser immensen Schwingung negativer Kraft schöpfen. Beispiel: Der Mann, der seine Frau schlägt, wird diesen Hass benutzen, um zur Tat zu schreiten. Er wird sich mit allen anderen Individuen verbinden, die von derselben Emotion bewegt werden, die sich ihrerseits an diese Art Generator anschließen werden, in dem sie gleichzeitig vom Hass der anderen schöpfen und ihren eigenen hinein schicken. Aber dieser Hass darf nicht unbegrenzt aktiv bleiben. Wenn die ganze Welt Hass schöpft, müssen parallel andere Personen Liebe schöpfen und ausstrahlen, um das Gleichgewicht wiederherzustellen. Und genau hier greifen die Seelen der Unissenz ein, die Liebe im Überfluss auf der Erde verbreiten werden, um den Hass auszugleichen. Es ist von allerhöchster Wichtigkeit, dass dieser Generator im Gleichgewicht bleibt, andernfalls würde die Erde in einer Viertelsekunde umkippen.

- Bleibt dieser Generator immer im Gleichgewicht, selbst in der aktuellen Epoche, wo man den Eindruck hat, dass die Gewalt auf der Welt sich verstärkt und immer höhere Grade erreicht?
- Um auf unsere Geschichte zurückzukommen: Der Mann, der zornig ist und seine Frau schlagen wird, schickt eine negative Emotion zu diesem Generator. An einem anderen Ort des Planeten wird die Frau, die gerade ihr Kind auf die Welt gebracht

hat und es liebevoll an sich drücken wird, durch diese Geste als solche, im Vergleich mit der des Mannes, der seine Frau misshandelt, kein „großes Werk“ getan haben; dennoch wird sie das Ganze ins Gleichgewicht gebracht haben, da sie Liebe ausgesandt haben wird. Das Problem des Gleichgewichts zwischen dem Guten und dem Schlechten existiert nicht, weil Seelen darauf achten, dass es stabil bleibt. Jedoch haben die menschlichen Taten die Neigung, in der Gewalt und dem Negativem machtvoll zu sein. Ihr müsst euch bewusst sein, dass ihr nicht inkarniert seid, um unangenehme Momente einfach aus Vergnügen daran zu erleben; das ist kein Masochismus. Alle schlechten Gedanken, die schlechten Absichten, laufen automatisch über diesen Generator und werden von spezialisierten Seelen verwaltet, die entscheiden werden, sie an Ort und Stelle zu belassen oder nicht, je nachdem, was sie der betroffenen Person ermöglichen werden zu verstehen, um sich zu entwickeln.

Auf der 4. Ebene der Unissenz entwickeln sich die Seelenführer, die mit der Kraft verbunden sind und einen Menschen unterstützen. Sie können parallel andere Seelen ausbilden, die zum Seelenführer eines Nahestehenden werden möchten, wenn sich der letztere an sie gewandt hat, während sie noch nicht die Kompetenzen dafür haben. Auf dieser Ebene kann eine Seele sich auch entscheiden, auf Bitten der Menschen oder aus freien Stücken die schlechten Energien und ihre negativen Entitäten auf der Erde zu reinigen. Aber das ist eine nicht-enden-wollende Arbeit, denn es gibt unaufhörlich neue desinkarnierte Seelen, neue Entitäten und neue negative Gedanken. Dies ist insofern eine ermüdende Arbeit, als die leidenden Entitäten im Allgemeinen aus Opposition, Kampf oder Gewalt handeln. Nichts geschieht zufällig im Universum. Aufgrund der Bewegungen, die die Völker umtreiben, und der Umstürze, Reformen und Kriege, die sie erleiden, der laufend stattfindenden Veränderungen des Bewusstseins, haben bestimmte Seelen die Rolle, über das Gleichgewicht der Schwingungen auf der Erde zu wachen. Sie organisieren und ermöglichen die Begegnungen der einen mit den anderen im geeigneten Moment, damit die Dinge sich vorteilhaft entwickeln.

Schließlich erreichen die Seelen die 5. Ebene der Unissenz, die am weitesten von den greifbaren Welten entfernt ist. Diejenigen, die sich auf dieser Ebene entwickeln, haben praktisch keinerlei Verbindung mehr mit der 1. und der 2. Ebene. Sie bleiben jedoch in Verbindung mit der 3. und der 4. Ebene und sind mit der 6. Ebene verbunden, welche die nächsthöhere Ebene ist. Auf der 5. Ebene sind die Seelen immer noch vom Ganzen unterschieden und behalten ihre intrinsische Persönlichkeit und ihre persönlichen Projekte, selbst wenn sie sich aktiv am guten Ablauf des Ganzen beteiligen. Das, was auf diesen Ebenen geschieht, ist hier schwierig zu beschreiben, denn es übersteigt sämtliches menschliches Verständnis. Die Ausdehnung davon ist dermaßen groß, dass ich erschöpft vor diesem Buch enden würde, bevor ich es geschafft hätte, alle Möglichkeiten des Unendlichen zu beschreiben. Kurz gesagt, setzt die Seele ihre Entwicklung natürlich immer weiter fort, aber weniger aktiv und weniger schnell als auf den Ebenen, die sie bis dahin durchquert hat. Es ist nicht leicht, dir zu beschreiben, was sie macht, denn es gibt nichts Entsprechendes auf der Erde. Es ist weder Entspannung, noch Vergnügung, noch Erschaffung, aber dennoch ist es keine Arbeit. Stelle dir tausende Zauberer vor, einer mächtiger als der andere, die in ihrer Kraft, ihrer Liebe und ihrer Dynamik miteinander verbunden sind. Alle sind durch zahlreiche Phasen gegangen, einige davon sehr dunkel, um dort hinzukommen; aber gleichzeitig dermaßen fern, dass ihre Erinnerungen sich in der Zeit verflüchtigt haben. Im Verlauf ihrer Inkarnationen haben einige von ihnen sich begegnen, sich lieben, sich gegenseitig töten können usw., aber von diesen vergangenen Geschichten bleiben nur wenige Spuren. Ihre individuellen Lebensläufe, ihre Herkunft und ihre Werdegänge haben kaum Bedeutung; die Betonung wird wirklich auf den Moment gelegt, einfach auf die Tatsache zu sein. Man ist, und zwar ganz in Leichtigkeit, Verbündung, Freude und Einfachheit. Die Austausche erfolgen nicht mehr durch Aktivitäten oder Diskussionen, sondern ausschließlich durch den Seinszustand, das Sich-Selbst-Sein. Jeder badet in dieser Kraft, die vom anderen genährt wird, und genießt sie. Um dir eine Vorstellung von ihrer Intensität zu geben: Die Summe dessen, was ihr auf der irdischen Ebene als Emotion derselben Art insgesamt während eures ganzen Lebens erleben könntet, kann hier im Verlauf einer einzigen Sekunde empfunden werden.

In dieser Umgebung, in der jeder mit den anderen verbunden ist, bleibt jede Seele dennoch einzigartig und entwickelt sich individuell weiter. Aber im Gegensatz zu den Phasen der früheren Ebenen stehen den Seelen auf der 5. Ebene keine materiellen und greifbaren Mittel mehr zur Verfügung, die ermöglichen würden, ihre Mängel zu prüfen und sie zu überwinden. Sie müssen es schaffen, sich aus sich selbst heraus zu entwickeln, und gerade dort liegt wirklich die Schwierigkeit. Ihre größten Ängste, ihre geringsten Fehler, ihr Zögern allein durch die Kraft des Gedankens zu überwinden, ohne eine konkrete Aktion, ohne von außen kommende Intervention, um ihnen zu bestätigen, dass sie Erfolg hatten, oder um ihnen zu helfen, ihn zu erreichen. Obwohl sie den anderen Seelen, die sie lieben, nahe bleiben, liegt es ganz an ihnen selbst, ihren Schattenanteil persönlich zu überwinden.

- Besteht das zu erreichende Ziel darin, auf eine gewisse Weise „perfekt“ zu werden, und dass alle eine „gemeinsame Norm“ erreichen?

- Nein, niemals. Keine Fehler oder Ängste mehr zu haben, bedeutet in keinster Weise den Verlust der Persönlichkeit; dies macht nicht neutral oder gewöhnlich. Diese Vorstellung der Standardnorm ist eine menschliche Sichtweise, denn der Katalog der Empfindungen und Gefühle, die das auf der Erde inkarnierte menschliche Wesen bewegen, ist reduziert. Stell dir vor, diese Liste sei verfünffacht; selbst wenn du die Fehler davon wegnähmst, blieben immer noch alle anderen Eigenschaften. Hier musst du nicht mit dem Faktor fünf multiplizieren, um dir diesen Katalog vorzustellen, sondern mit Tausend und noch mehr. Mache dir also keine Sorgen, die Möglichkeiten sind weit genug, um Vielfalt und Originalität der Persönlichkeiten zu ermöglichen.

- Versteht sich auf dieser 5. Ebene jeder mit jedem?

- Ja, weil jeder das Beste im anderen wahrnimmt. Trotzdem ist es wie auf der Erde; du kannst dich mit zahlreichen Leuten verstehen, nur eine Handvoll von ihnen werden dir nah sein. Es gibt Affinitäten, die nicht erklärt werden können; sie existieren einfach.

- Kann dieses gute Verständnis zwischen allen nicht auf eine gewisse Weise störend sein?

- Nein, denn die Seelen versuchen nicht, mit allen anderen Seelen in Verbindung zu sein; sie baden ganz einfach in ihrer Energie. Recht oft sind die Seelen, die auf dieser Ebene ankommen, schon mit Wesen verbunden, die ihnen teuer sind, und das reicht ihnen. Sie versuchen nicht, ein Adressbuch mit tausenden von Kontakten zu haben; sie streben danach, sich mit Personen zu umgeben, die sie wunschlos glücklich machen. Und von diesem Moment an sind sie glücklich, warum noch woanders suchen gehen? Das, was ich dir da gerade erklärt habe, ist das, was im ersten Teil der 5. Ebene der Unissenz geschieht. Der zweite Teil gibt Zugang zu anderen Welten, über die wir zu einem späteren Zeitpunkt sprechen werden. Das Universum ist viel weiter als das Bild, das die Menschen davon haben. Das Leben und das, was die diese Welten bevölkernden Wesen bewegt, sind keine Konzepte, die ihrem Verständnis leicht zugänglich sind.

Es machte mich ganz schwindlig, mir diese Unendlichkeit von Möglichkeiten vorzustellen. Ich spürte, dass ich das dringende Bedürfnis hatte, Abstand zu nehmen von meinen menschlichen Glaubens-vorstellungen und meinen Vorstellungen von heute, und ich verließ meinen Seelenführer am Ende dieser Diskussion, um besser die Unermesslichkeit zu begreifen, vor der ich mich auf einmal befand. In diesem Moment glaubte ich, das Gefühl des Schwindels spüren zu können, den eine Ameise empfindet, welche die Milliarden Sterne am Himmel beobachtet.

ANKUNFT UND WEGGANG

Auf meinem Sofa sitzend, während ich meine Neuronen beim Versuch mir die Funktionsweise der Unissenz vorzustellen erhitzte, entschied ich mich schließlich, mich auf das zu konzentrieren, was ich mir am leichtesten vorstellen konnte: die irdische Ebene. Ich wandte mich also mit neuen Fragen an meinen Seelenführer.

- Was geschieht, wenn wir uns entscheiden, uns zu inkarnieren?

- Nachdem die Seele einen Seelenführer erhalten oder gewählt, eine während ihrer Inkarnation zu lösende Problematik bestimmt und die Modalitäten geregelt hat, denen sie auf der Erde zu begegnen hat, d. h. den räumlich-zeitlichen Kontext, die Eltern, die wichtigsten Prüfungen und – recht oft – das Mittel des Sterbens, organisiert sie eine große Abschiedsversammlung, an der die desinkarnierten Seelen teilnehmen, die mit ihr verbunden sind. Die ihr nahe Stehenden unterstützen ihre ersten Stunden der Inkarnation, dann werden sie ihrer Entwicklung etwa bis zu ihrem ersten Lebensjahr folgen. Sie werden in enger Verbindung mit ihrer Seele bleiben, danach – wenn diese fest entschlossen ist, auf der Erde zu bleiben – werden sie sich fern halten, um dieses neue Wesen seine irdischen Erfahrungen vollständig leben zu lassen. Solange die Seele sich jedoch nicht wirklich entschieden hat, ob sie ihre irdische Inkarnation fortsetzen möchte oder nicht, ist es ihnen noch möglich, mit ihr zu kommunizieren. Bei bestimmten Kindern erfolgt diese Trennung von den in der Unissenz gebliebenen Nahestehenden schon im Mutterleib, bei anderen muss man einige Jahre warten. Übrigens hast du die Gelegenheit gehabt, dies bei einigen Kindern zu beobachten, die ihr unterstützt habt und die noch in ihrem aquatischen Verbindungsraum badeten.

- Ist das dieser mit Wasser gefüllte Raum, den ich um Babys oder einige Kleinkinder herum sehe, der die Verbindung mit der Unissenz darstellt?

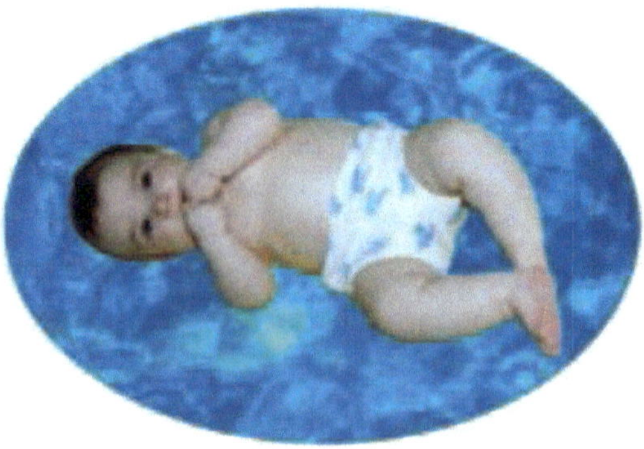

Abb. 3: Neugeborenes, umgeben von einem Tümpel feinstofflichen Wassers, das die Verbindung mit der Unissenz ermöglicht (Photo-Création marQuart)

- Ich würde eher sagen, er ist das, was die Verbindung erleichtert. Er ist wie das Meer, das die Verbindung zwischen zwei Festlandgebieten, zwischen zwei Kontinenten ermöglicht. Die

Seelen der neu inkarnierten Babys sind nur zur Hälfte auf der Erde, während sie in diesem Raum bleiben. Dies ermöglicht den Seelen in der Unissenz, sie zu besuchen und mit ihnen zu kommunizieren, bis sie sich entscheiden, ihre Inkarnation fortzusetzen.

- Heißt das, dass wir, nachdem wir schon inkarniert sind, noch die Meinung ändern können?

- Ganz und gar; ihr seid niemals zu irgendetwas gezwungen. Selbst danach – in jedem Moment ihres Lebens – kann die Seele sich entscheiden, wieder zu gehen, wie zum Beispiel diejenigen, die sich entscheiden, ihr Leben zu beenden.

- Welches ist dann der Unterschied zwischen den Personen, die ihre Tage beenden, und den Babys, die in den ersten Monaten ihrer Existenz sterben?

- Die Babys haben nicht vergessen, woher sie kommen. Sie sind sich ihrer Seele vollständig bewusst; für sie ist der Körper bisher nur ein Detail, eine Unterstützung. Dagegen hat der Erwachsene diese ganze Verbindung mit der Unissenz meistens vergessen. Er hat im Allgemeinen die Vorstellung, dem Leben, das seinen Körper belebt, ein Ende zu setzen, ohne überhaupt in Betracht zu ziehen, dass er dem Programm seiner Seele ein Ende setzt; ohne sie anzurufen.

- Was willst du mit „anrufen" sagen?

- Sagen wir es so, dass ihr auf jeden Fall eine Verbindung zur anderen Seite habt. Die Babys sind durch diese Verbindung noch sehr in der Unissenz verankert und können leichter wieder weggehen; was sie entscheiden können zu tun, wenn die

Tatsache, mit der Härte des irdischen Lebens konfrontiert zu sein, für sie unüberwindlich ist.

- Was bedeutet die Wolke weißer, funkelnder Sterne, die ich ebenfalls um Neugeborene oder Babys herum sehe?

- Das ist wie das Wasser; es ist die Verbindung mit der Unissenz. Die Liebe, die von denjenigen ausgeht, die es lieben, ist es, die einen Schutz um dieses Kind herum bildet. Dasselbe Gefühl der Liebe, das die Eltern empfinden, wenn sie ihr Kind an sich halten; was die Wichtigkeit des erstens Kontakts erklärt. Diese Sterne, die du siehst, gehen niemals wirklich weg. Sie erscheinen wieder, wenn ihr Personen begegnet, mit denen ihr dazu geführt werdet, starke oder tiefe Gefühle zu teilen. Es ist das, was dazu führt, dass ihr eure Schwesterseele oder Nahestehende „erkennt", mit denen ihr eine tiefe Verbindung habt: euren Bruder, euren Vater usw. Diese Sterne erscheinen im Moment der Begegnung und zerstreuen sich in der Folge wieder.

- Was geschieht mit den Seelen, die sich inkarnieren, aber die in einem bestimmten Moment die Meinung ändern und wieder auf die andere Seite zurückkehren?

- Recht oft ist die Seele bei ihrer Rückkehr in die Unissenz enttäuscht; enttäuscht über sich selbst, dass sie es nicht geschafft hat, ihre Inkarnation fortzusetzen. Dann kommt es für sie nicht mehr infrage, denselben Fehler nochmals zu machen. Sie kann dann auf die Erde zurückkehren, indem sie eine andere Seele begleitet, die sich bei der nächsten Schwangerschaft inkarnieren wird, die die Mutter zu Ende führen wird. Bei der Geburt wird sie an der Seite des Säuglings leben. Sie wird sich nicht an ihn kleben, wie es eine negative Entität tun würde, aber wird dennoch so lange in seinem Energiefeld bleiben, wie sie es für ihre Entwicklung für notwendig hält. Im Allgemeinen dauert dies nicht länger als das erste Jahr. Diese Art des Vorgehens ermöglicht der begleitenden Seele – die geglaubt hat, gescheitert zu sein –, sich bewusst zu werden, dass sie, wie diese neue Seele, in der Lage gewesen wäre zu bleiben. Sie empfängt den Beweis, dass es möglich ist, sich zu inkarnieren und die Ängste und Zweifel zu überwinden. Außerdem ist es – auf symbolische Weise – eine bereichernde Erfahrung, eine Seele bei ihrer Inkarnation auf der Erde zu begleiten.

- Reicht diese Art von Erfahrung aus, um allen Seelen der Babys, die aus Verdruss oder Resignation wieder gegangen sind, wieder Vertrauen zu geben?

- Es reicht aus in dem Sinne, dass die Seele die Zeit gehabt hat zu entscheiden, was sie anschließend zu tun wünscht. Sie kann ihre Nahestehenden wiedersehen, nochmals über ihre vergangene Schwäche nachdenken, ihre Fehler neu beurteilen und somit ihr Programm auf der Erde neu anpassen. Die Seele kann sich schließlich entscheiden, in zwei Inkarnationen zu tun, was sie ursprünglich in einer zu schaffen glaubte.

- Ist diese Seele verpflichtet, sich zu reinkarnieren?

- Sie wird sich nicht verpflichtet fühlen, sondern vielmehr Lust haben, ihre Entwicklung zu vervollkommnen, denn sie wird es nur wenig interessant finden – ab dem Moment, wo sie geplant hatte, sich zu inkarnieren –, jahrelang in der Unissenz neben ihren Angehörigen zu bleiben, wo sie sich sehr schnell langweilen und das Bedürfnis spüren wird, sich zu verbessern.

- Kann sie sich auf andere Weise als durch die Inkarnation entwickeln?

- Selbstverständlich, aber gerade durch die irdischen Inkarnationen kann sie am Besten die Situationen experimentieren, die ihr ermöglichen werden, ihre positiven Balken zu entwickeln, wie diejenigen der Schnelligkeit, der Kraft, der Empathie, der Selbsthingabe, der Weisheit, der Selbstwertschätzung, der Demut oder der Ausdauer. Um dies zu schaffen, muss sie jedoch oft negativen Emotionen begegnen, wie dem Zorn, der Konkurrenz, dem Groll, der Egozentrik, dem Schmerz, dem Gewinnstreben usw., die Antriebsemotionen sein werden.

- Also muss die Seele unbedingt durch dunkle Phasen gehen, um sich zu entwickeln. Könnte sie sich denn nicht entwickeln und sich dabei diese schlechten Abschnitte ersparen?

- Das ist unmöglich! Sie sind ihr unerlässlich, um ihre eigenen Kräfte und Schwächen zu erproben, um ihr zu ermöglichen, ihre Entscheidungen zu bestimmen, aber auch, um die anderen verstehen und ihnen helfen zu können. Sie werden ihr helfen, sich über ihre Entwicklung und ihre Transformation bewusst zu werden. Wie ich es dir schon erklärt habe, werden die negativen Emotionen und Handlungen Mittel darstellen, um es zu schaffen, eure positiven Balken vollständig zu entwickeln. Die Energie des Ausgangsgefühls definiert nicht seinen Endzweck. Der Mensch versucht häufig ein Ziel durch Groll, Verdruss usw. zu erreichen, als durch Liebe. Bewegt durch den Zorn, kann der Mensch Beharrlichkeit entwickeln, egal welches das zu realisierende Projekt ist. Du darfst nicht den Fall, den wir gerade erwähnt haben, mit dem der Seelen verwechseln, deren Lebensprogramm – freiwillig oder unfreiwillig – unterbrochen wurde, und die du oft Jahre nach dem Verlassen des Mutterschoßes wiederfindest, wobei sie noch an der Mutter oder einem nachfolgendem Geschwisterkind kleben. Diese sind in der Glaubensvorstellung geblieben, ein ungerechtes Schicksal erlitten zu haben, oder sie sind aufgrund der Gewalt ihres Weggangs in der Zeit erstarrt geblieben; dies hat sie gehindert, in die Unissenz zurückzukehren, um die Bedeutung ihrer kurzen irdischen Existenz zu verstehen.

- Und wie sieht es mit dem konkreten Teil auf der Erde aus?

- Was ihre „Ankunft" angeht, so obliegt es der Seele, ihre Eltern, ihre Epoche, ihren Geburtsort zu wählen, je nachdem, was zu lernen sie programmiert hat. Es ist wichtig, dass sie eine Affinität zu den Programmen der von ihr ausgewählten Personen fühlt; insbesondere denjenigen der Ahnen ihrer neuen Familie, denn sie sind für die Zukunft ihres irdischen Lebens bestimmend, da weil sie einen Teil ihrer Leiden, ihrer Geschichte erben wird; weil sie dazu geführt werden wird, deren Bewusstsein zu befreien, Konflikte zu lösen. Die Seele wird nicht immer versuchen, sich mit den Ahnen ihrer Eltern zu besprechen, bevor sie sich inkarniert; sie wird sich eher für die Persönlichkeit und das Potential ihrer zukünftigen Eltern interessieren. Dennoch ist es möglich, dass sie in Kontakt mit ihren zukünftigen Ahnen steht, bevor sie sich inkarniert.

Wenn die Seele ihre Wahl getroffen hat, teilt sie diese zur Validierung ihrem Seelenführer mit. Sollte die Familie den Kriterien des Inkarnationsprogramms entsprechen, wird sie kommen, um sich auf dem physischen Körper ihrer zukünftigen Mutter zu fixieren. Wenn die Mutter Zeit braucht – aus dem einen oder anderen Grund –, um schwanger zu werden, verankert die Seele so etwas wie ein Echo von sich selbst und kehrt in die Unissenz zurück, um auf den geeigneten Moment zu warten.

Diese Frequenz signalisiert anderen Seelen, dass der Platz reserviert ist, aber ermöglicht auch, mit der Mutter in Verbindung zu bleiben, um über den Moment der Konzeption informiert zu werden. Wenn die Seelenführer der Eltern entscheiden, das Befruchtungsprogramm umzusetzen, so informieren sie den Seelenführer des zukünftigen Babys darüber, damit dieser sich im geeigneten Moment auf dem Bauch präsentiert.

- Bleiben die Seelenführer der Eltern und des Kindes danach in Verbindung?

- Nein. Die sich inkarnierenden Seelen haben in ihrem Lebensplan Begegnungspunkte programmiert, und die Konzeption ist ein Schlüsselmoment neben so vielen anderen. Wenn die programmierte Begegnung sich realisieren soll, kommen die Seelenführer jedes betroffenen Schützlings über den Moment und die Bedingungen der Begegnung überein und vergewissern sich nur, dass ihre Schützlinge bereit sind, die Erfahrung zu durchleben. Anschließend haben sie keinen Grund mehr, untereinander in Kontakt zu bleiben. Jedoch kann es – aus verschiedenen Gründen – vorkommen, dass eine Person vom programmierten Lebensweg abweicht oder sich während eines gewissen Zeitraums von ihrem Seelenführer entfernt, der sie dann nicht mehr zu ihrem festgelegten Begegnungspunkt bringen kann. Glücklicherweise gibt es für alle Unvorhersehbarkeiten eine Lösung. Wie ich es dir sagte, ist das existenzielle Programm am wenigsten im Voraus definiert, und aus diesem Grund hat der Seelenführer die Möglichkeit, in Echtzeit zu handeln, um sich der neuen Spur anzupassen. Der Seelenführer hat eine vollständige und detaillierte Sicht des Inkarnationsprogramms der von ihm begleiteten Seele, vom Fortschritt ihrer verschiedenen Balken sowie von der genauen Stelle, an der sie sich auf ihrem Entwicklungsweg befindet. Für eine virtuelle Gesamtschau kann er hervorheben, was er sie leben lassen möchte; zum Beispiel: „Verrat ausprobieren", „die Illusion verstehen, alles kontrollieren zu wollen" oder „sich der Wichtigkeit der Suche nach Sinn bewusst werden". Jedes ausgewählte Programm wird sich dann in Form einer Welle anzeigen, die sich auf das Frequenzband der Individuen ausrichten wird, die mit seinem Programm kompatibel sind. So können die Seelenführer – unabhängig vom Weg, den die inkarnierte Person einschlagen wird – die geeignete Begegnung bewirken, die sie in eine neue Situation stellen und sie auf diese Weise voranschreiten lassen wird.

- Und kannst du mir sagen, was genau geschieht, wenn wir sterben?

- In der Unissenz erfolgen permanent unzählige Ankünfte und Weggänge. Dies kannst du übrigens schon konstatieren, indem du allein die Erde betrachtest. Die Seelen inkarnieren und desinkarnieren sich ständig, und all das erfordert eine gewisse Organisation. Eine besondere Dienststelle kümmert sich um die Inkarnierten in der Unissenz. Dies ist ein riesiges, in mehrere Flügel unterteiltes Zentrum, deren jeder eine ganz präzise Welt der Materie verwaltet. Jeder Flügel verfügt über Türen, die das Kommen und Gehen auf den verschiedenen greifbaren Welten ermöglichen.

- Wie unterscheidet sich die Funktion der Seelen, die in dieser Dienststelle arbeiten, von derjenigen des Seelenführers jeder Seele?

- Seelen, die wir als „Durchgangshelfer“ bezeichnen, haben die Funktion, die praktischen Aspekte zu organisieren. Sie verwalten die Durchgangspunkte, empfangen die Seelen und leiten sie weiter. Ihre Rolle besteht weder darin, sie zu begleiten, noch darin, sie zu stärken, sondern nur darin, sich um den ordnungsgemäßen Ablauf der Inkarnationen zu kümmern. Die Durchgangshelfer ermöglichen den Übergang zwischen der Unissenz und einer bestimmten greifbaren Welt. Der Seelenführer seinerseits wacht darüber, dass der ihm zugeteilten Seele ihre Inkarnation gelingt. Bildlich gesprochen ist es, als ob der Durchgangshelfer den Weg zeichnete, auf dem die Seele – der wiederum von ihrem Seelenführer geholfen wird – sich anschließend bis zu ihrem Ziel wird entwickeln können. Jeder Durchgangshelfer verfolgt während ihrer gesamten Inkarnationsdauer aus der Nähe die Entwicklung jedes inkarnierten Wesens, das durch seine Tür gegangen ist, um im Moment ihres körperlichen Tods präsent zu sein. Aus diesem Grund wird eine Seele, sobald sie sich desinkarniert, von dieser Dienststelle „geschnappt“, die sofort Kontakt mit dem Seelenführer der Seele aufnimmt, damit er sie abholen kommt. Die uninkarnierten Seelen, d. h. diejenigen, die nicht mehr inkarniert sind, aber aus dem einen oder anderen Grund auf den greifbaren Ebenen bleiben, werden permanent von diesem Tunnel angezogen, selbst wenn sie widerstehen, um nicht durch ihn zu gehen.
- Erfolgen in diesem Zentrum auch die Abschiede, wenn eine Seele geht, um sich zu inkarnieren?
- Ja, die Abschiedszeremonie findet ebenfalls in diesem Zentrum statt.

- Auch die Rückkehrzeremonie?

- Nein, die Wiedersehen erfolgen nach der Desinkarnation der Seele in einem zweiten Schritt, der mehr oder weniger schnell erfolgen kann. Übrigens spielen die Durchgangshelfer noch eine Rolle zwischen dem Moment, wo die Seele von ihrer Inkarnation zurückkehrt, und dem, wo sie ihren Seelenführer in der Unissenz wiederfindet. Sie verwenden das, was grob mit einem Scanner verglichen werden könnte, um all das zu analysieren und aufzuzeichnen, was die menschliche Persönlichkeit sowie die Entwicklung der Seele konditioniert hat (Gedanken, gute oder schlechte Handlungen, Glaubensvorstellungen, geerbte Eigenschaften, die Balken usw.). Alle diese Informationen werden anschließend dem Seelenführer der jeweiligen Seele übermittelt. Dieser wird sich später dieser Informationen bedienen, um mit ihr ihre Entwicklung seit ihrem Weggang von der Unissenz zu besprechen. Wenn der Seelenführer die fragliche Seele wiederfindet, informiert er sie und erklärt ihr, dass sie sich desinkarniert hat. Er beruhigt sie und nimmt sie mit an einen Ort, der ihm ihr „Zuhause" zu sein scheint und stellt ihr dann mehrere Auswahlmöglichkeiten zur Verfügung. Sie hat die Möglichkeit, Bilanz ihres Lebens zu ziehen, oder im Gegenteil sich einige Zeit von ihrem irdischen Leben abzuschneiden, um sich zu leeren und einfachen Beschäftigungen hinzugeben. Sie kann gehen, um die Ihren in der Unissenz wiederzufinden, hat aber auch die Möglichkeit, als Uninkarnierte einige Passagen auf der Erde zu verbringen: um bei den Ihren zu bleiben, um über jemanden Bestimmtes zu wachen oder um bestimmte Dinge zu entdecken, die ihr besonders am Herzen liegen.

- Gehen alle Seelen mit ihrem Seelenführer durch diese Etappe? Ich stelle dir diese Frage, weil es häufig vorkommt, dass ich von irrenden Seelen kontaktiert werde, die mir in einem feinstofflichen Körper erscheinen, der dasselbe körperliche Aussehen wie im Moment ihres Todes hat. Sie sind schwer verletzt, oder an einem Balken erhängt oder in einem Schockzustand. Das ist übrigens manchmal nicht schön anzusehen, insbesondere wenn sie ohne Vorankündigung auftauchen und wenn sie darauf bestehen, dass ich ihnen zu Hilfe komme. Was wird aus diesen Seelen?

- Normalerweise ändert die Seele, sobald sie desinkarniert, d. h. außerhalb des Körpers ist, ihre feinstoffliche Dichte, um ihre Migration in die Unissenz zu ermöglichen. Die Seelen, die du in diesen Fällen siehst, sind in dem geblieben, was wir das Jenseits nennen, d. h. in der Welt der Materie, und sie wissen nicht, dass sie desinkarniert sind. Sie haben sozusagen „eine Seele menschlicher Dichte“ behalten; dies führt dazu, dass sie ihren Seelenführer nicht sehen, nicht einmal die anderen Seelen, die sich auf derselben Ebene wie sie entwickeln. Sie bleiben in der Welt der Menschen, als ob sie noch lebendig seien. Nach ihrem Tod sind sie ihrem Seelenführer nicht gefolgt und haben nicht auf seinen Rat gehört, denn in der völligen Verwirrung sind sie überzeugt gewesen, dass die Stimme, die sie hörten, das Echo ihrer eigenen sei. Dies geschieht insbesondere bei denjenigen verstorbenen Personen, die zu ihren Lebzeiten absolut nicht an ein Leben nach dem Tod geglaubt haben oder die sich dessen ganz einfach nicht bewusst waren.

- Ich weiß, dass wir bestimmte Funktionsweisen unserer Ahnen erben. Erben wir auch Glaubensvorstellungen oder Funktionsweisen anderer Personen, mit denen wir in der Unissenz in Verbindung stehen?

- Wie du schon weißt, erbt die Seele im Moment ihrer Inkarnation inmitten einer Familie gewisse Gepäckstücke ihrer Ahnen. Parallel dazu ist es ihr auch möglich zu entscheiden, das Inkarnationsprogramm einer dritten Person zu vervollständigen.

  Bei jeder Inkarnation entwickelt sich die Seele, wenn sie ihr vorangehendes Programm geschafft hat, es kommt jedoch vor, dass ihr eine oder zwei Stufen eines Balkens fehlen, um zur nächsthöheren Ebene zu gelangen. Zu diesem Zweck haben die Seelen die Möglichkeit, während ihrer Inkarnation absichtlich diesen fehlenden kleinen Teil für jemand anderes zu leben, der ihn in seinem eigenen Programm nicht erfüllen konnte. Sie können dies nur für eine einzige Seele tun, denn sie sind inkarniert, um sich hauptsächlich auf ihr eigenes Programm zu konzentrieren. Diese Ergänzung, die sie einer anderen Seele bringen können, muss den Details in ihrem Leben entsprechen und leicht in ihr persönliches Inkarnationsprogramm eingefügt werden können, ohne es zu ändern. Bei ihrer Ankunft in der Unissenz ist dies eines der ersten Dinge, die sie realisieren, sogar bevor sie Zugang zu ihrem Erlebten haben. Dieses Geschenk ist nicht obligatorisch, und im Allgemeinen machen die Seelen es nur für diejenigen, mit denen sie eine starke Verbindung haben, oder um einem Nahestehenden zu ermöglichen, sich gleichzeitig mit ihnen zu entwickeln. Es ist ihnen jedoch nicht möglich, das Programm für sie zu vervollständigen oder es an ihrer Stelle zu leben.

  Der Moment der Inkarnation ist ziemlich unangenehm für die Seele. Selbst wenn dies nur einige Sekunden dauert, so sind es sehr schmerzliche Sekunden, denn dieser Übergang zwingt sie, mit der aus kaum ein paar Zellen gebildeten Materie zu verschmelzen. Stellen wir uns Eiweiß vor, das zu sehr leichtem und luftigem Eischnee geschlagenes wurde und nun wieder innerhalb der Schale eines Eies Platz finden muss! Ursprünglich war das Eiweiß flüssig und dicht; nachdem es geschlagen wurde, ist es schneeartig und luftig geworden. Die Materie der Seele durchläuft eine Transformation dieses Typs: Sie verdichtet sich, indem sie sich in den physischen Körper integriert, und sie wird leichter, indem sie sich daraus wieder entfernt. Nach dem Tod bleiben die desinkarnierten Seelen, die noch nicht die Entscheidung getroffen haben, ganz auf die andere Seite zu gehen, in diesem kompakteren und kondensierten Zustand, den ihre Seele während der Zeit der physischen Inkarnation angenommen hatte, und das ist es, was ich vorhin sagen wollte, als ich dir von den „Seelen menschlicher Dichte“ erzählte. Im Moment der Inkarnation wird der Seelenführer die Seele unterstützen, um ihre Transformation zu optimieren, ihr die Funktionsweise der Inkarnation und das, was sie tun muss, um sich in den physischen Körper zu integrieren, erklären.

- Wie macht die Seele das genau?

- Sie inkarniert sich genau im Moment der Konzeption in dem physischen Körper, selbst wenn sie oft schon, in Erwartung des geeigneten Moments, auf dem Bauch der Mutter präsent war. Im geeigneten Moment muss sie den physischen Körper der Mutter durchqueren und Kontakt mit dem noch aus wenigen Zellen bestehenden physischen Körper aufnehmen, der ihre fleischliche Hülle sein wird. Da die Seele weder ihre Größe verringern noch sich mit einem Körper weniger Millimeter Größe „begnügen“ kann, wird sie dann weit in den Bauch der Mutter hinein herausragen. In dem Maße, wie der Embryo wächst, wird sie ihre neuen körperlichen Abmessungen ausfüllen und nach und nach den Körper ihrer Mutter verlassen, von dem sie bisher einen Teil besetzte. Im Moment der Geburt erfolgt ein Austausch, der dem Kind ermöglichen wird, sich die Geschichte seiner Mutter einzuprägen: ihre Vergangenheit, ihre Vorfahren, ihre Glaubensvorstellungen usw., und sein Leben wirklich zu beginnen. Davor hat es nicht wirklich Zugang zu den vererbten Eigenschaften seiner Eltern.

- Und wann hat es Zugang zu der elterlichen Erbschaft?

- Bei der Geburt; sein Seelenführer ist es, der sie ihm bringt, genau in dem Moment, in dem es sein erstes Programm einkoppelt. Das Inkarnationsprogramm ist natürlich schon erstellt, aber im Moment der Geburt startet der Seelenführer die greifbaren Elemente, die mit der Entwicklung des Kindes zu tun haben. Während des intrauterinen Lebens hat das Baby oft noch einen Fuß auf dem anderem Ufer; dies erlaubt ihm, mit seinen Nahestehenden zu kommunizieren, die in der Unissenz geblieben sind, und Zugang zu den Erinnerungen an seine vorangehenden Leben zu haben. Glücklicherweise übrigens, andernfalls würden ihm die neun Monate Schwangerschaft langweilig erscheinen, selbst wenn es parallel dazu auch mit der Welt der Lebenden lebt. Diese Verbindung mit den beiden Welten erlaubt ihm, die Unissenz sanft zu verlassen, um sich bestmöglich an sein neues Leben anzupassen.

- In welchem Moment vergessen die Babys, woher sie kommen?

- Sie vergessen niemals wirklich, denn bestimmte Personen haben Zugang zu den Erinnerungen ihrer früheren Leben. Sagen wir eher, dass sie in einer bestimmten „Schublade“ wegsortiert sind, weil es für sie notwendig ist, hier und jetzt zu leben, aber auch, weil sie – auf ihrem Lebensweg – nicht unbedingt auf der Suche nach diesen Erinnerungen sind.

- Werden diese Erinnerungen dann zur Seite gelegt – weil das Baby sich ihrer ja noch bewusst ist?

- Ja, wenn die Seele entscheidet, zu bleiben um ihre Inkarnation fortzusetzen. Hierüber haben wir diskutiert, als du den Fall der Babys erwähnt hast, die du in einem Raum von Wasser siehst. Wenn das Wasser verschwindet, ist es schwieriger, sich mit den Erinnerungen zu verbinden. Im Allgemeinen geschieht dies während des ersten Lebensjahrs.

- Was geschieht mit dem Programm dieser jungen Kinder, die an verschiedenen Orten der Welt verhungern?

- Dies sind Seelen, die ihre Ziele in der Vergangenheit nicht erfüllt haben und die auf diese Weise während einer sehr kurzen Inkarnationsdauer einen Balken schnell haben auffüllen können. Dies ist nicht mit dem Fall der Seelen zu verwechseln, die sich wieder für den Weggang entscheiden, weil sie es nicht schaffen, ihr irdisches Lebensprogramm zu tragen. Parallel zu letzterem wird sich die Mutter, die ihr Kind verliert, – über diese Erfahrung – erleben können, indem sie spezifische Balken auffüllt, wie etwa Selbsthingabe, Beharrlichkeit, Vertrauen usw. Dieselbe Gelegenheit zum Voranschreiten wird auch dem Vater oder den Angehörigen angeboten, die Umgang mit dem Kind haben. Die Menschen, die diese Kinder sterben sehen, oft durch fürchterliches Leiden, haben nicht den notwendigen Abstand, um zu verstehen, dass dies eine Entscheidung der Seele ist, um sich schnell zu entwickeln. Indem sie – oft gezwungenermaßen – Zeugen dieser Ereignisse sind, wird ihnen ermöglicht, ihre eigenen Balken des Mitgefühls, der Kraft, der Großzügigkeit, des

Engagements usw. zu aktivieren, oder auch nicht. Sie haben im Allgemeinen ein reduziertes Blickfeld, das ihnen erlaubt, nur die menschliche Tragödie zu sehen, die dieser vorzeitige Tod aus menschlicher, familiärer oder kultureller Sicht impliziert; sie verschleiern die positive und konstruktive spirituelle Dimension. Diese sehr kurzen Leben können auch als Sprungbrett für die neuen Seelen dienen, die die schnelle Inkarnationen mit dem Ziel machen, gleich mit dem Füllen ihrer Balken zu beginnen. Dies ist kein Eingangstest, sondern wirklich ein Sprung ins kalte Wasser, der die Beurteilung der intrinsischen Möglichkeiten der Seele erlaubt, und der die Bestimmung der Balken erlaubt, die sie wird füllen müssen.

DIE INKARNATIONSBEDINGUNGEN

Während ich noch über die letzten Erklärungen meines Seelenführers nachdachte, kamen mir sehr viele Fragen in den Sinn. Ich hatte die Tatsache gut verstanden, dass wir aus allen unseren Erfahrungen, selbst denjenigen, die schmerzhaft oder traumatisierend sind, eine Lehre ziehen. Aber dies schloss wahrscheinlich auch die Tatsache mit9 ein, dass wir in einem bestimmten Moment unseres Lebens auch dazu geführt werden können, anderen Unrecht zu tun. Dieses Unrecht musste natürlich früher oder später wieder repariert werden. Welche Verbindung behalten wir, von einer Inkarnation zu einer anderen, zu unseren Errungenschaften, aber auch zu unseren Schulden? Schon bald spürte ich den Anstoß meines Seelenführers; Zeichen, dass er bereit war, eine neuen Serie von Fragen zu beantworten... die er mit Sicherheit schon empfangen hatte.

- Sag mir, Mephisis, welches sind die erforderlichen Bedingungen, um sich inkarnieren zu können?

- Zunächst muss die desinkarnierte Seele die Meinungsverschiedenheiten mit den Seelen der Inkarnierten regeln, mit denen sie auf der Erde Umgang hatte. Dies geschieht nicht mit der Vorstellung, „Rechnungen zu begleichen“, sondern eher im Sinne eines Austauschens, eines Klärens erlebter Situationen, oder bei einigen von ihnen im Sinne eines Wiedersehens.

Es gibt keine starren Regeln, die die Mindestwartezeit vor einer erneuten Inkarnation definieren, aber recht oft wartet die Seele die Zeit ab, für ihre neue Nachkommenschaft zu einem Ahn zu werden. Es ist sehr selten, dass eine Person, die ihren Inkarnationsplan vollständig gelebt hat, sich sofort nach ihrer Ankunft in der Unissenz erneut inkarniert. Sie muss im Allgemeinen das Inkarnationsprogramm ihrer Nachkommen respektieren, von denen einige gewählt haben, einen Teil ihrer Erbschaft zu tragen, oder programmiert haben, eines ihrer Probleme zu regeln. Anschließend muss die Seele mit der Hilfe ihres Seelenführers die Elemente ihrer nächsten Inkarnation je nach dem festlegen, was bis dahin gelöst worden ist oder was noch zu regeln bleibt. Hingegen können die Babys, die sehr früh sterben, entweder in utero oder in ihren ersten Lebensmonaten, sich schneller wieder inkarnieren.

Je nach den Elementen des neuen Inkarnationsplans behält die Seele denselben Seelenführer oder erhält einen neuen, mit dem sie ihre Entwicklung fortsetzen kann. Ihr wird der theoretische Teil über die zu entwickelnden Balken gelehrt, bevor sie sich inkarniert. Dies ermöglicht ihr, Kontakt mit dem neuen Zustand, dem neuen Empfinden aufzunehmen, das sie auf der Erde auszuprobieren hat, um es identifizieren zu können, wenn der Moment gekommen ist. Dann muss sie eine Familie, einen geeigneten Ort, eine passende Epoche usw. finden. Ihr Geisteszustand muss insofern positiv sein, als dass die Seelenführer die Inkarnation einer leidenden Seele nicht zulassen. Noch über ihre alte Inkarnation enttäuscht zu sein, ist kein Hinderungsgrund für die neue Inkarnation, aber die Enttäuschung darf nicht stärker sein als die Lust zu lernen, zu entdecken. Auch aus diesem Grund können die Programme der verschiedenen Inkarnationen nicht im Voraus festgelegt werden, denn man muss sich immer an das anpassen, was die Seele bei ihrer letzten Passage auf der Erde durchlebt hat, und an ihre Fähigkeit, eine Lehre daraus zu ziehen.

Nachdem sie wieder inkarniert ist, wird die Seele ihre vorangegangenen Passagen auf der Erde vergessen müssen, um voranzukommen. Diese Amnesie ist für ihre Entwicklung unerlässlich. Dass die Inkarnationen schrittweise erfolgen und das menschliche Leben selten länger als 100 Jahre dauert, liegt daran, dass es zu schwer wäre, die Erinnerung an all die Erlebnisse der vorangegangenen Leben zu behalten. Schon im jetzigen Zustand verlieren zu viele Menschen den Boden unter den Füßen und versinken oft in der Melancholie, weil sie sich nicht von ihrer Vergangenheit befreien können, also stelle dir mal vor, wie es wäre, wenn sie – darüber hinaus – mit dem Wiederauftauchen der Leiden ihrer vorangegangenen Inkarnationen konfrontiert werden würden.

Wie wir schon besprochen haben, behält das Baby bei seiner Geburt eine sehr enge Verbindung zu den Personen, die es in der Unissenz gekannt hat. Wenn diese es besuchen kommen, kann es deutlich ihre Aura sehen; was seine Aufmerksamkeit anzieht und es amüsiert. Die Tatsache, dass es beim Blick „ins

Nichts“ oft neugierigen schaut oder dass es ohne erkennbaren Grund anfängt zu lächeln, lässt seine Eltern dann glauben, dass es „die Engel anlächelt“. Die Babys haben eine sehr feine Sensibilität und stehen ständig in Resonanz mit ihrer Umgebung und ihrer Umwelt. Wenn ein Baby aus unerklärlichem Grund anfängt zu weinen, liegt dies nicht immer daran, dass es sich nicht gut fühlt oder dass etwas unangenehm ist. Oft drückt es so auch sein Unbehagen oder seine Sensibilität aus, die Emotionen seiner Nahen zu spüren (seine deprimierte Mutter, das streitende Elternpaar, den Stress seines Vaters, die Eifersucht des großen Bruders usw.). Wenn das Kind heranwächst, wird diese enge Verbindung mit der Unissenz unterbrochen, um es völlig seine Inkarnation leben zu lassen. Diejenigen, die auf der anderen Seite geblieben sind, erhalten immer Nachrichten von ihm, aber sie haben nicht mehr dieselbe Verbindung. Sie folgen dem kompletten Menschen, und nicht mehr der Seele, die sie vorher gekannt haben. Sein Seelenführer nimmt dann einen wichtigeren Platz an seiner Seite ein, und dieser kann übrigens von einem „Seelenführerlehrling“ unterstützt werden, der so lange an der Begleitung teilnimmt, wie die Kindheit dauert, wobei er von der Aufsicht durch den eigentlichen Seelenführer profitiert. Die Klarstellungen bezüglich der Entwicklung der inkarnierten Seele erfolgt nicht nur bei ihrer Rückkehr in die Unissenz. In jedem Moment ihres irdischen Lebens entwickeln sich ihre Balken auf die eine oder andere Weise, und ihr Seelenführer muss aufmerksam dafür sein, um ihr Lebensprogramm anzupassen. Er hat selbst „Zusatz-Seelenführer“, die ihn unterstützen und die beigebrachte Hilfe ergänzen.

Wir Seelenführer sind nicht ständig an eurer Seite, beobachten nicht ständig euren Alltag. Wir folgen aus der Ferne den großen

Linien und Schlüsselmomenten eures Lebens, den entscheidenden Weggabelungen, die ihr auf eurem Lebensweg einschlagt. Wenn wir es für notwendig halten oder wenn ihr uns anruft, können wir euch sofort auf einem virtuellen Bildschirm beobachten, den man mit euren Computerbildschirmen vergleichen könnte. Auf diese Weise können wir nicht nur eure Handlungen, sondern auch eure Emotionen und eure Gedanken sehen. Hingegen sind wir nicht immer in der Lage zu verstehen, was ihr in dem Moment erlebt, in dem ihr Emotionen in eurem eigenen Umfeld empfindet, und die Beziehung, die ihr mit den anderen habt, denn im Allgemeinen haben die aufgestiegenen Seelenführer die Erinnerung an die Lebens- und Funktionsmodi auf der Erde verloren. Dennoch werden alle eure Handlungen und Gesten durch andere Seelen der Unissenz notiert, die uns darüber einen Bericht erstellen. Die gesammelten Informationen werden in einer gigantischen Bibliothek gesammelt, die die detaillierten Biographien von euch allen im Verlauf eurer Inkarnationen enthält, und wo alle eure Programme, eure Begegnungen und die Verzahnungen mit den Lebensgeschichten der anderen Seelen registriert werden. Diese „Datenbank" dient nicht nur dazu, bei der persönlichen Bilanz nach eurem Tod die Analyse eures Lebens durchzuführen; sie ist gleichfalls die Spur einer Epoche, ein Moment in der gemeinsamen Geschichte der Menschheit. Sie erlaubt uns, jahres- und zyklenweise der Entwicklung der Erde, der Mentalitäten zu folgen, je nach Orten und ihren Kulturen, je nach Alter und Geschlecht, in Bezug auf die Religionen und die Glaubensvorstellungen und alle Einflüsse, die du versuchen kannst, dir vorzustellen. Das ist sehr komplex. Eure früheren Leben erscheinen nicht in derselben Datei, aber trotz allem ist es möglich, die Informationen wiederzufinden, die eure Verbindungen oder die Begegnungen mit anderen Personen in einem vergangenen Leben betreffen. Diese universelle Datenbank berücksichtigt die Entwicklungen der Seele und den Zustand ihrer verschiedenen Balken auf ihrem individuellen Weg, sowie das allgemeine spirituelle Niveau der Erde in Bezug auf die Epoche; d. h. die vorherrschende Energie.

DER ZYKLUS DER INKARNATIONEN

- Kannst du mir sagen, woher die Seelen ursprünglich kommen?

- Die neuen Seelen haben keine vorherige Existenz. Sie werden von den höheren Ebenen geschaffen, um je nach den Bedürfnissen einer gigantischen universellen Datenbank ein Gleichgewicht im Universum herzustellen, damit die Vielfalt der schon existierenden Seelen gebildet und vervollständigt wird, je nach ihrem Entwicklungsniveau, ihren Erlebnissen und ihrer Verflechtung mit den verschiedenen Ebenen, aber auch je nach den Erfordernissen der von der Erde und dem ganzen Universum durchquerten Epoche.

Die Seele in ihrer Grundneutralität wird sich jedoch „instinktiv" zu den Gefühlen und Emotionen dirigieren, die essenziellerweise initiiert und aktiviert werden müssen. Es ist nicht sehr wichtig, welche zu lebenden Emotionen und Erfahrungen aus ihrer Liste sie als erstes auswählt, denn selbst wenn sie in irgendeiner Reihenfolge ausgewählt werden – unabhängig vom Entwicklungsweg –, werden sie zum gleichen Enderfolg führen, und eine Seele, die ein negativer erscheinendes „Tor“ gewählt hat als eine andere, wird deswegen nicht weniger schnell am Ziel angelangen. Die Wahl der Emotion oder des Persönlichkeitsanteils ist nicht ausschlaggebend; es geht vielmehr um die Energie, die eine Seele zur Überwindung ihres Programms einsetzen wird, die ihre Entwicklung fördert.

In der Realität ist dies noch deutlicher komplexer, aber wenn du verstanden haben hast, wie und warum sie ursprünglich geschaffen wurden, wird dies für dich klarer sein. Man kann sich die Seele vorstellen, die eine Tür öffnet, und nun hat sie erstmalig in ihrer neuen Existenz einen Führer. Die inkarnierten Geister hören bei ihren ersten Inkarnationen übrigens nicht sehr auf sie.

Die ersten irdischen Existenzen dienen im Allgemeinen dazu, die primären Grundbedürfnisse zu erfüllen, aber dennoch sind sie notwendige Aufenthalte, denn die Seelen brauchen eine Zeit der Anpassung, um sich mit ihrem physischen Körper vertraut zu machen. Sie verstehen übrigens nicht sofort den Grund ihrer Anwesenheit und ihrer Existenz. Dieses Fehlen von Informationen und Erklärungen ist gewollt, denn ob sie ein Verlangen nach Entwicklung haben werden oder nicht, wird dann ein bestimmendes Element in ihrer zukünftigen Entwicklung darstellen. All dies wird auf einer Plattform gelebt, auf der sich eine gewisse Basis aufbaut, und die neue Seele kann nirgendwo sonst hingehen, solange sie es nicht geschafft hat, sie zu erlangen. Am Ende ihrer Inkarnationen gehen sie in eine gewisse geschlossene Sphäre der Unissenz, wo sie noch keinen Zugang zu den anderen Ebenen haben, und aus diesem Grund auch nicht zu den Seelen, die ihre Plattform schon verlassen haben.

Sie wissen jedoch schon um deren Existenz, denn sie haben einen Sinn für ein „Danach“. Das ist so, als ob sie in einem Aquarium lebten und dennoch eine Sicht auf das hätten, was sich in der Umgebung außerhalb des Glasbehälters abspielt. Während ihrer Entwicklungszeit auf dieser Plattform lernen sie mehr in Form einer Seele als als inkarnierte Wesen. Ihre Arbeit steht in Beziehung zu dem, was sich auf der Erde abspielt. Sie haben eine Art von Energie zu erschaffen, die den Generator nähren und vervollständigen wird, und solange sie diesen Entwicklungsstand nicht erreicht haben, lösen sie sich nicht von dieser Plattform. Dies ist die erste Aufgabe der Seele, ihre erste Rolle. Von ihr wird verlangt, eine präzise Energie zu erschaffen, mit der sie in Beziehung stehen möchte, mit der sie anschließend aber dennoch nicht in Verbindung bleiben wird. Die Oberen Instanzen bedienen sich dieser Energie, um die Bedeutung ihrer ersten Inkarnation zu bestimmen, die auf einer Plattform desselben Niveaus wie die Erde oder auf der Erde stattfindet. Ich spüre, dass du beginnst zu verstehen. Ganz langsam kommen wir dort hin!

Dies bestimmt das erste Ziel der ersten Inkarnation auf der irdischen Ebene, und diese Elemente sind es, die bestimmte Seelen dazu führen, ganz bestimmten anderen zu begegnen, die ihre „erste Familie“ bilden werden. Je niedriger das spirituelle Niveau der Seele ist, desto mehr umgibt sie sich mit unterschiedlichen Personen, und je höher anschließend ihr Niveau ist, desto mehr wird sie in ihrer nächsten Inkarnation die Personen auswählen, mit denen sie versuchen wird, ein „heimliches Einverständnis“ zu teilen. Anschließend wird sie sich, je mehr sie ihre Persönlichkeitsanteile entwickelt haben wird, umso mehr mit Personen in Affinität wiederfinden, dies impliziert, dass sie weniger unterschiedliche Erfahrungen brauchen wird. Gerade bei dieser ersten Inkarnation auf der irdischen Ebene erschafft die Seele erstmals Affinitäten zu den anderen, denn auf der Plattform war sie im wesentlichen mit der Umsetzung ihrer persönlichen Projekte beschäftigt. Eben in dieser Periode experimentiert sie mit ihrer Bindung an die anderen, aber sie wird sich dessen erst am Ende ihres Lebens bewusst. Bei dieser ersten Passage durch den körperlichen Tod versteht sie, wie bestimmte Elemente miteinander verwoben sind, und ihre Verbindung mit anderen Seelen sowie die dadurch implizierten Auswirkungen auf sich selbst und die anderen; ebenso die Tatsache, Kinder zu haben, und die Bedeutung der Generationen, ohne jedoch die Gesamtheit des universellen Strangs zu begreifen, der sich jenseits ihrer alleinigen Familie abspielt. Dies führt dazu, dass sie in ihrer nächsten Inkarnation die Daten über die Ahnen mit einbeziehen wird. In diesem Stadium reinkarnieren die Seelen sich mit den ersten vorher kennen gelernten Personen, denn sie sind sich nicht bewusst, dass sie überall in Empfang genommen werden. In gewisser Weise könnte man sagen, dass sie unter sich bleiben.

Die 2. Inkarnation ist im wesentlichen eher dafür vorgesehen, ein Problem zu lösen, das zum Programm der Ahnen gehört, als für die Person selbst: ein zu regelnder Konflikt, eine auszugleichende Ungerechtigkeit usw. Nach der Rückkehr in die Unissenz wird die Seele eine einschränkende uneindeutige Situation leben, da sie in Bezug auf die bei dieser Inkarnation verübten Taten einer Klarstellung unterzogen wird. Die negativen Energien, die sie benutzen musste oder zu benutzen gewählt hat, um die Probleme mit dem Ahn zu regeln, werden ihr bei ihrer Rückkehr vorgeworfen werden. Die Art und Weise, wie sie auf diese „Klarstellung“ reagieren wird, wird die Richtung ihrer 3. Inkarnation bestimmen.

Ich möchte hier einen besonderen und wichtigen Punkt entwickeln, über den wir schon gesprochen haben, aber den ich vertiefen möchte: das System der Familie, die Rolle Ihrer Ahnen und die Rolle der gerade entstehenden Generationen.

In dem Moment, wo das zukünftige Kind sich auf seine Inkarnation vorbereitet, nimmt es mit mehreren deinkarnierten Mitgliedern der Familie Kontakt auf, in die es vorhat zu gehen. Seine zukünftigen Ahnen werden es bitten können, eine Botschaft an ein oder mehrere Mitglieder der auf der Erde verbliebenen Familie zu übermitteln oder eine der ihren von ihren Lasten zu befreien; dies kann entweder über eine Schuld oder durch eine geerbte Funktionsweise geschehen, die zu befreien, zu transformieren sein wird. Der zukünftige Fötus ist frei, bestimmte ihrer Bitten abzulehnen oder zu akzeptieren, kann jedoch nicht alles ablehnen.

Indem es eine bestimmte Familie wählt, integriert sich das Kind in einen wohldefinierten Kreis, in dem es unfehlbar dazu geführt wird, seine eigenen Persönlichkeitsanteile und bestimmte seiner Ahnen zu befreien und zu entwickeln. Es ist ihm nicht möglich, sich von jedem Problem der vorangehenden Generationen entlastet zu inkarnieren, da diese andernfalls „blockiert“ wären. Wenn ich dir sage, dass sie blockiert sind, so hindert sie das natürlich nicht daran, sich zu entwickeln und in der Unissenz voranzukommen, aber bevor sie sich reinkarnieren, warten sie – wie ich es dir schon erklärt habe – darauf, dass neue Generationen in ihrer letzten irdischen Familie auftauchen und auf ihrem Entwicklungsniveau teilnehmen. Diese Hilfe ist keine Einbahnstraße. Sobald es auf der Erde ist, braucht das Kind nicht die Probleme des Ahnen zu regeln, während die betroffene Großmutter, auf ihrer Wolke, ausgestreckt auf ihrer Liege Däumchen dreht. Es gibt ein „Geben und Nehmen", das Teil des Gleichgewichts- und nicht des Schuldprinzips ist, denn in der Unissenz ist dieses Austauschverfahren eine universelle Regel bei jeder Integration einer neuen Seele in eine Famille. Jedes Mitglied hat einen Austausch mit dem anderen, gibt sich selbst, während es dem anderen gibt.

Um dir ein Beispiel zu geben: Das Baby, das sich entschieden hat, bei seiner Inkarnation das Charakterproblem seines Großvaters zu lösen, wird die ihm zugeteilte Lebenszeit benutzen, um über diesen geerbten Charakterzug hinauszuwachsen. Zurück in der Unissenz begegnen sich die beiden Generationen erneut für einen Austausch, in dem die frisch deinkarnierte Seele ihre Erfahrung, in einem Teil ihres Lebens borniert gewesen zu sein, an ihren Großvater weitergibt; wonach der Großvater ihr ein Geschenk seiner Wahl macht. Wenn die Seele, bevor sie sich inkarniert, eine „Last" ihres zukünftigen Großvaters übernimmt, so weiß sie, dass sie nach vollendeter Mission bei ihrer Rückkehr im Austausch ein Geschenk erhalten wird, aber sie hat keine Möglichkeit, dessen Inhalt zu definieren oder zu kennen, denn es obliegt dem Ahn, über das Geschenk und die Hilfe, die er geben möchte, zu entscheiden. Aus diesem Grund kann der Ahn sich entscheiden, ihr eine Kenntnis, eine neue Fähigkeit, einen Persönlichkeitsanteil in einem bestimmten Gebiet zu übermitteln, oder ihr ein „Ticket" zu geben, eine Art symbolischen Gutschein, der ihr erlaubt, etwas Außergewöhnliches zu erleben oder

Zugang zu einem besonderen Ort zu haben, den sie noch nicht hat entdecken können oder den zu kennen ihr noch nicht erlaubt gewesen ist.

- Muss die inkarnierte Seele unbedingt, im Verlauf ihres Lebens, verstanden haben, dass diese Funktionsweise negativ war, um den Ahn zu entlasten?

- Indem sie sich wieder mit den Problemen konfrontiert findet, die ihr Verhalten bewirkt, wird sie in einem bestimmten Moment bei der Schlussfolgerung ankommen, dass es verhängnisvoll für sie ist und dass sie davon wird loskommen müssen, um so vorankommen zu können, wie sie es wünscht, und auf diese Weise wird sie den Ahn von dieser Last befreien. Die Generationen, die auf sie folgen werden – indem sie sich in ähnlichen Situationen wiederfinden werden – werden die Spur wiederfinden können, die Erinnerungen an diese Last, aber werden das Gewicht davon nicht mehr tragen.

- Und was hat es mit den zu bezahlenden Schulden auf sich? Wir haben kürzlich in einer Sitzung einen Patienten empfangen, der an einer Körperbehinderung leidet. Er trug die Last eines Großvaters, der in seiner Kindheit das von ihm gehütete Baby einer Nachbarin an einem Sonnenstich hat sterben lassen, da er sich von seinen kleinen Kumpeln hat ablenken lassen, die mit ihm spielen wollten.

- In diesem Fall ist es anders, die Schuld geht automatisch auf die folgenden Generationen über, bis sie bezahlt wird.

- Wer entscheidet über die Schuld und ab welchem Moment wird sie erstattet sein?

- Die Familie des verstorbenen Kindes ist es, die, gemeinsam mit ihren Führern, die Bedingungen dafür bestimmt. Doch obwohl die Schuld automatisch in die Liste der Erbschaften der Geschlechterfolge eingetragen wird, weiß die Seele – im Moment ihrer Inkarnation –, dass sie in das Ziel eingebunden ist, sie abzuzahlen. Dies aus reiner Großzügigkeit für die Geschlechterfolge, oder auch, weil sie selbst eine Schuld aus einer anderen Inkarnation abzuzahlen hatte, oder um einen bestimmten Persönlichkeitsanteil wie Großzügigkeit, Solidarität, Vertrauen oder Beharrlichkeit zu entwickeln. Freiwillig zu entscheiden, eine Schuld abzuzahlen, mit Einverständnis ihres Führers, kann der Seele auch ermöglichen, schneller höhere Bewusstseinsniveaus zu erreichen. Es gibt mehrere Motive, die sie bewegen zu akzeptieren, sich in einer Familie zu inkarnieren, aber sie wird in dem Sinne niemals verlieren, dass sie es letztendlich niemals ohne Gegenleistung tut. Die Dienste, die sie den anderen zu geben glaubt, dienen nämlich gleichzeitig ihr selbst, über die Lehren oder die neuen Fähigkeiten, die sie dadurch erwerben wird.

- Muss die Person, die einen Fehler begangen oder an den Folgen gelitten hat, gestorben sein, damit die Schuld weitergegeben wird?

- Nicht unbedingt. Ein Nachfahr kann kommen, um die Schuld zu regeln, die seine Großmutter im Alter von 18 Jahren aufgrund einer schlechten Handlung in ihre Geschichte eingeschrieben hat. Wenn er auf die Welt kommt, lebt seine 70-jährige Großmutter noch, und dennoch hat das Baby auf seiner Lebensliste schon die Absicht notiert, ihre Schuld zu begleichen. Wenn eine Person für eine tadelnswerte Handlung verantwortlich ist, entsteht automatisch eine Schuld und wird zu ihren Lebzeiten eingetragen. Sie muss nicht erst sterben, damit die Last an die folgenden Generationen weitergegeben wird.

- Aber warum obliegt es dem Baby zu bezahlen, und nicht dem Großvater in seiner folgenden Inkarnation?

- Dies ist sehr kompliziert zu erklären, weil es in diesem Bereich keine wirklich allgemeine Regel gibt. Es gibt so unterschiedliche Schuldarten und so unterschiedliche Weisen und Gründe, sie zu begleichen. Stellen wir uns vor, dass das Baby in einem früheren Leben denjenigen gekannt hat, der jetzt sein Großvater ist; es kann sich entscheiden, seine Schuld durch Liebe, durch Großzügigkeit, durch Loyalität usw. zu bezahlen. In dem präzisen Fall, von dem Du zu mir sprichst, hätte der Großvater seine Schuld nicht persönlich bezahlen müssen, denn es war erforderlich, dass einer seiner Nachfahren das Leiden kennt, wie es das Kind der anderen Familie kannte, egal auf welche Weise. Diese Schuld ist entstanden, als die durch das Drama geschädigten Personen ihrerseits gestorben sind; aus diesem Grund blieb sie durch eine Nachfolgegeneration zu bezahlen. Wenn eine Seele sich – als Teil der Geschlechterfolge des Großvaters – inkarniert und dabei die Wahl getroffen hätte, diese Schuld für den Ahn zu begleichen, während die Eltern des verschwundenen Kinds noch auf dieser Welt waren, hätte sie sie tatsächlich für ihn bezahlen können. Da dies in der Geschichte, die Du mir mitteilst, nicht der Fall gewesen ist, sind die Eltern des am Sonnenstich gestorbenen Babys mit der Belastung des Ungerechtigkeitsgefühls in die Unissenz zurückgekehrt und haben über die Modalitäten der zu bezahlenden Schuld entschieden.

- Und hätten sie sich entscheiden können, überhaupt nichts bezahlen zu lassen?

- Nein, denn die Schuld ist nicht auf ihrem Konto eingetragen, sondern auf dem des Großvaters, der in seiner Jugend durch Nachlässigkeit das Unreparierbare begangen hat; die Entscheidung stand ihnen nicht zu. Du hast bestimmt bemerkt, dass ich dir nur von den Großeltern erzähle, und nicht von den Eltern. Ihr bezahlt nicht die Schulden eurer Eltern, denn diese sind euch zu nah, wenn es Zeit ist, sie zu begleichen. Stell dir vor, dass eine Mutter ein Baby verliert, weil sie sich entschieden hat, die Schuld ihrer Mutter zu begleichen, die durch Nachlässigkeit oder Leichtsinnigkeit den Tod einer anderen Person ausgelöst hat. Die Großmutter würde gleichzeitig mit ihrer Tochter am Verlust dieses Kindes leiden, und sie würden ihre Schuld dann zu zweit bezahlen. Außerdem ist die Zeit zwischen zwei Generationen oft zu kurz, um die Programme in dem, was jeder beitragen und durch den anderen erleben muss, korrekt ineinanderzufügen. Es ist für eine Seele mit dem Plan, sich zu inkarnieren, schon kompliziert genug, die Mitglieder einer Familie zu wählen, deren Programme sich ineinanderfügen können, ohne dass sie außerdem noch in ihrem Lebenslauf die Schulden ihrer Eltern direkt zu bezahlen hat. Der Abstand zum Ereignis ist nicht groß genug; sowohl für denjenigen, der Urheber der Dinge ist, wie für diejenigen, die die Folgen davon erleiden.

- Wie läuft es ab, wenn zwischen den Generation ein Riss besteht? Wenn zum Beispiel die Mutter eines zu gebärenden Kindes freiwillig jeden Kontakt mit ihrer eigenen Mutter unterbrochen hat, und dieses Kind sich mehrere Jahre nach dem Tod seiner Großmutter inkarniert; übernimmt es trotzdem die Belastungen seiner Geschichte?

- Nicht unbedingt. In dem Moment, wo die Seele sich inkarniert, gibt sie mehreren ihrer zukünftigen Ahnen ein Rendezvous: ihren Ahnen, ihren Urgroßeltern, Onkeln und Tanten, und allen ist freigestellt, bei dem Rendezvous zu erscheinen oder nicht.

- Wie viele von ihren „Problemen" wird sie übernehmen können? Ist die Zahl begrenzt? Wie wird dies bewertet? Hängt die Belastung von der Anzahl der Ahnen oder sogar der Anzahl der Nachfahren ab?

- Es gibt tatsächlich eine Begrenzung, aber nicht bezüglich der Anzahl, sondern mehr bezüglich des Gewichts, der Belastung. Die Rendezvous werden im Voraus verabredet, aber dem Führer der Seele mit dem Plan, sich zu inkarnieren, sind diejenigen schon bekannt, die auf die Aufforderung reagieren werden. Er informiert sie darüber, was sie geben dürfen, denn er behält die Kontrolle über das, was sie weitergeben, um einzuschätzen, ob die Belastung im existenziellen Programm der Seele, die er begleitet, akzeptierbar ist, und um das Gewicht davon zu beurteilen. Allgemein aber läuft dies auf gerechte und harmonische Weise ab.

- Wie viele Generationen können bei diesem Rendezvous erscheinen?

- Dies wird nicht wirklich in Generationen berechnet, sondern anhand von Verbindungen. Damit ein Vorfahr einem Mitglied seiner Geschlechterfolge eine Last anvertrauen kann, muss er eine Affinität zu seiner Seele haben, dieselbe Sensibilität aufweisen, einen gemeinsamen Charakterzug haben, oder das Ziel, in seinem Lebensverlauf denselben Persönlichkeitsanteil zu entwickeln. Aus diesem Grund kann es vorkommen, dass die Urgroßmutter sich der neu inkarnierten Seele näher fühlt als ihre

Großmutter, selbst wenn sie mit dem Kind niemals Kontakt gehabt oder sie es zu ihren Lebzeiten nicht gekannt hat. Die emotionale Verbindung hängt auch nicht von der Mutter/Tochter-Beziehung ab, und die Großmutter kann eine Verbindung zu ihrem Enkel haben, selbst wenn – aus dem einen oder anderen Grund, zum Beispiel bei einem Konflikt oder bei Weggeben des Kindes – sie die Verbindung zu ihrer eigenen Tochter abgebrochen hat.

Aus diesem Grund werden die Erbschaften oft nicht weiter als über 3 Generationen weitergegeben, denn je länger die deinkarnierten Seelen in der Unissenz bleiben, desto weiter entfernen sie sich von dem, was ihr irdisches Leben gewesen ist, und – selbst wenn sie die Erinnerung daran behalten haben – die Verbindung und die Beziehung werden weniger greifbar, denn sie haben manchmal eine andere Familie in der anderen Welt aufgebaut oder wiedergefunden.

- Aber wenn sich zum Beispiel der Ururgroßvater, der einen Fehler begangen hat und der seinen Enkeln eine Schuld hinterlässt, reinkarniert: Wird die Schuld auf die neue Familie übertragen, in die sie sich integriert?

- Das ist unmöglich, denn er kann sich nicht reinkarnieren, solange die Schuld nicht beglichen ist. Eure Schulden und eure persönlichen Lasten können später geregelt werden, wenn ihr es wünscht, aber die Schulden, die ihr an eure Nachfahren weitergebt, binden euch an sie, solange sie nicht ganz zurückgezahlt wurden. Sonst wäre es zu einfach; ihr würdet eure

Schulden euren Enkeln überlassen und würdet eurer Leben an anderer Stelle weiterleben.

- Unterscheidet sich das Geschenk, von dem du sprachst, je nach dem Kind, das die Schuld begleicht, oder je nach dem Ahn; d. h. ist es mehr oder weniger vorgegeben oder an den Einzelfall angepasst?

- Es gibt keine Verpflichtungen. Sagen wir es so: Es ist eine Frage der Ethik. Es liegt beim Großvater, den Wert des Geschenks zu bewerten, das er verschenken möchte. Wenn er sich seines Mangels an Dankbarkeit nicht bewusst ist, wenn er seinem Nachfahr ein nur mittelmäßiges Geschenk gibt, so wird er sich – irgendwann – im Spiegel betrachten müssen und gezwungen sein, etwas für die Seele zu tun, die er vernachlässigt hat, denn in der Unissenz ist die Moral viel stärker präsent als hier unten, und auch, weil niemand seinem Gewissen entkommt. Auch wenn die Seelen sich bei anderen Gelegenheiten ohne besondere Erwartungen großzügig Geschenke zu machen wünschen, so ist dies anders im Fall der Weitergabe zwischen Generationen, denn wenn eine Seele ein Problem für einen Vorfahr regelt, muss dies in einem Geist der ausgleichenden Gerechtigkeit geschehen.

Ich möchte noch ein wenig die Idee der Schulden vertiefen, damit Du sie gut begreifst. Eine Seele, die sich in einer Familie inkarniert, kann in bestimmten Fällen ablehnen, eine Schuld auf sich zu nehmen, selbst wenn diese automatisch wirksam wird. Dies ist der Fall bei Babys, die sich inkarnieren und sehr schnell wieder gehen, entweder sofort nach der Geburt, oder in ihren ersten Lebensmonaten. Weil sie wussten, dass sie nur einen kurzen Aufenthalt auf der Erde haben würden, wollten sie sich nicht mit einer Last beschweren, aber auch, weil sie sich bewusst waren, dass sie ihre Aufgabe nicht zum guten Abschluss würden führen können. Wieder andere Seelen übernehmen bei der Aufstellung ihres Inkarnationsplans nicht die Last eines Vorfahrs, weil die Schuld noch nicht „bereit“ ist, bezahlt zu werden. Es kommt auch vor, dass sich erst mehrere Generationen inkarnieren müssen, bevor sie bezahlt werden kann, weil die irdische Epoche nicht geeignet ist. Umgekehrt kann sich ein Kind auch gerade dazu entscheiden, zu kommen, um die Schuld abzuzahlen, indem es sich inkarniert und sehr jung stirbt, aufgrund der Absicht, einen Vorfahr zu befreien, mit dem es eng verbunden ist. Es gibt so viele unterschiedliche Schulden, die von ebenso unterschiedlichen negativen Handlungen abhängen, dass es schwierig ist, dir allgemeine Angaben zu machen, und die Liste der Gesetze der Unissenz ist sehr viel länger als eure, und doch ist das unveränderlich bleibende Gesetz, dass eine weitergegebene Schuld immer eine Generation überspringt.

Um es zu schaffen, die früheren persönlichen Schulden zu begleichen, muss der reinkarnierte Geist – in einem Moment seines Lebens – das Umfeld hervorrufen, das ihm ermöglichen wird, ähnliche Bedingungen zu durchleben. Dies führt dazu, dass ihr hier unten oft den Eindruck habt, dass jede negative Handlung als Bumerang zu euch zurückkommt, während ihr tatsächlich in eurer aktuellen Inkarnation die Schulden der letzten bezahlt, die sich aber nur in dem Moment aktivieren, wo ihr eine negative Handlung begeht, die ein Echo der Handlung(en) des vorangehenden Lebens ist.

Wenn eine Person in ihrer 46. Inkarnation erstmals absichtlich jemandem Leid zufügt und sie in der 47. ihr Verhalten wiederholt, wird sie ihr negatives Verhalten bezahlen müssen. Je nach

Intensität oder Schwere des bewirkten Leids wird sie persönlich dieselben Unannehmlichkeiten zu durchleben haben, um die Auswirkung davon zu verstehen. Stellen wir uns umgekehrt vor, dass sie in ihrer 46. Inkarnation eine Person durch Schimpfworte verletzt und ihr nach der Rückkehr in die Unissenz mit der Hilfe ihres Führers die Wirkung ihrer Taten bewusst wird und sie diesen Fehler in ihrer 47. Inkarnation nicht wiederholt; dann wird davon ausgegangen, dass sie eine Lehre aus ihrem Treiben gezogen hat und die Schuld wird annulliert. Wenn die Handlung jedoch schwerwiegend war, wird sie die Folgen davon bezahlen müssen, um wirklich die Bedeutung davon zu verstehen, und im nächsten Leben wird sie ihrerseits eine ähnliche Situation erleben müssen. Wenn beispielsweise ein Mann während seiner 34. Inkarnation eine Frau vergewaltigt, wird er bei seiner 35. oder 36. nicht dieselbe Misshandlung, aber dieselbe Art körperlicher oder moralischer Leiden durchleben, die er dieser Frau zugefügt hat. Dies kann sich durch das Gefühl äußern, erniedrigt oder entwürdigt worden zu sein, sich in seiner Identität beschmutzt zu fühlen oder in seinem Körper gezeichnet worden zu sein. Ich habe dir erklärt, dass es Ebenen und Inkarnationsprogramme gibt und dass eine Ebene 5 Inkarnationsprogramme enthalten kann. Stellen wir uns vor, dass die inkarnierte Seele während des Inkarnationsprogramms 2 der Ebene Nummer 9 eine grausame Tat begeht, sie wird ihre Schuld bezahlen müssen, um auf Ebene 10 übergehen zu können. Sie kann also wählen, sie in der Inkarnation 3, 4 oder 5 dieser Ebene 9 zu bezahlen. Nicht jede Person, die Opfer von Gewalt oder Mord oder von jeglicher anderer tragischen Tat ist, hat in jedem Fall in einem früheren Leben dasselbe Delikt begangen. Du musst immer daran denken, dass – aus Sicht der Unissenz – die physischen Handlungen „nur“ Mittel sind, um Emotionen hervorzurufen,

Gefühle, und um das Verständnis für sich selbst und die anderen zu aktivieren.

Die 3. Inkarnation wird hauptsächlich vom Führer orientiert, und die Seele hat nicht wirklich die Möglichkeit, seine Entscheidung anzufechten. Wenn sie positiv auf die Zurechtweisung und auf das für sie vorgesehene Programm reagiert, wird sie sich in derselben Familie reinkarnieren können, um dort das Gute beizutragen. Wenn sie die Bedeutung dieser Inkarnation nicht verstanden hat und auf negative Weise reagiert, wird sie diese Inkarnation wiederholen müssen, um alle Determinanten des vorherigen Programms und seine Auswirkungen zu assimilieren. Wenn die Seele – in ein oder zwei Passagen – die Grundlage dieser Inkarnation verstanden hat, geht sie direkt zur nächsthöheren Ebene über, denn ihre Bewusstwerdung ermöglicht ihr, den Persönlichkeitsanteil der Heilung auszufüllen, die sie vergrößert, indem sie anderen Gutes tut, und zu verinnerlichen, dass sie ein Element ist, das Teil eines Ganzen ist. In der Heilung experimentiert sie mit der Realität, nicht allein zu sein, dass andere existieren, die Familie und ein noch viel weiterer Kreis, denn indem sie mit ihnen in Kontakt tritt, wird sie sich ihrer Existenz bewusst. Im Gegensatz dazu dreht sie sich, indem sie auf die Vorstellung fixiert bleibt, für sich und die ihren kämpfen zu müssen, im Kreis. In der 2. Inkarnation bemerkte die Seele die Existenz der anderen inkarnierten Geister, begriff aber noch nicht die Bedeutung ihrer Anwesenheit und ihrer Rolle. Am Ende dieser 3. Inkarnation hat sie ihren Kreis vergrößert und ihre Kenntnisse und ihr Wissen bereichert, was ihr die Möglichkeit gibt, in das Programm ihrer nächsten Inkarnation einzugreifen, in dem sie die Notwendigkeit realisiert, etwas Neues zu entdecken.

Sie wird dann zu ihrer 4. Inkarnation geleitet, um eine positive oder negative Emotion auszuprobieren mit dem Ziel und der Verpflichtung, bei der Rückkehr einen Bericht darüber zu geben. Der Charakter des Inhalts an sich ist nicht wichtig, nur der Bericht ist es. Dafür hat die Seele die Möglichkeit, ihren Inkarnationsweg als Handelnde oder als Beobachtende zu wählen. Sie hat nicht alle Karten in der Hand, denn ihr Führer interveniert ebenfalls in diesem Programm. Sie inkarniert sich also in einer anderen Familie, wo das Programm der Ahnen berücksichtigt wird, aber in einem deutlich geringeren Verhältnis. Das Feedback, das sie bei ihrer Rückkehr in die Unissenz geben wird, ist wichtig, denn in dieser 4. Inkarnation ist es die Geschichte ihres Lebens, die der praktische Teil des Vortrags ist, den sie den erhöhten Seelen zu präsentieren hat, die mit der Beurteilung beauftragt sind; genau diejenigen, die sie ausgewählt hatte und die die vorhergehende Beurteilung am Ende der 3. Inkarnation durchgeführt hatten. Diese Instanzen interessieren sich weniger für die erlebten als für die durch diese Erlebnisse erzeugten Gefühle. Um dir ein konkretes Beispiel zu geben: Die Unsicherheit erzeugt das Gefühl von Angst. Eine Situation der Unsicherheit zu kennen, wird der Seele ermöglichen, erstmals die Angst zu erleben; dies wird sie zu ihrer 5. Inkarnation schicken, wo sie dieses Gefühl in seinem ganzen Ausmaß ausprobieren wird, um dann – am Ende ihres Lebens – zu verstehen, dass sie sie überwinden kann und nicht ihr Ende auslösen kann, denn sie beschränkt sich darauf, eine Angst zu sein.

Anschließend ermöglicht die 6. Inkarnation allen Seelen, die Vereinigung auszuprobieren und die Verbindung zwischen den Wesen und dem Ganzen zu verstehen. Oft ist das am meisten verwendete Mittel, durch eine Religion zu gehen, die von universeller oder göttlicher Liebe spricht. In dieser Inkarnation ist die Seele mit den anderen verbunden, denn vor dieser konnte sie nicht berührt werden durch das, was die anderen Seele bewegte, und aus diesem Grund konnte sie unsensibel für ihr Erleben, ihre Emotionen oder ihre Leiden bleiben. Ab hier kann sie sie nicht mehr ignorieren, und auch nicht ignorieren, dass sie mit dem Ganzen verbunden ist. Bei der Rückkehr in die Unissenz wird sie sich der Verbindung bewusst, die sie über den Tod hinaus mit den anderen verbindet, und wird dann oft die Frist bis zur nächsten Inkarnation hinausschieben, um sich die Zeit zu nehmen, mit den ihren auf derselben Ebene zu bleiben, denn sie hat verstanden, dass es möglich ist, sie außerhalb der irdischen Inkarnationen wiederzufinden.

Am Ende dieser Inkarnation durchtrennen die deinkarnierten Seelen die Verbindung, die sie mit ihrem ersten Führer verband. Die Trennung ist weder schmerzlich noch betrüblich, denn die meisten von ihnen haben nicht begriffen, wie wichtig seine Rolle gewesen ist, wie viel er ihnen geholfen hat, den Wert seiner Wohltaten und die Folgen seiner Führung. Sie bauen ebenfalls eine Brücke zwischen ihrer eigenen Geschichte und denen der anderen Seelen, aber sie lassen sich noch nicht durch sie beeinflussen.

Dies wird anders sein bei der 7. Inkarnation, bei der die Seele sich mit der Idee eines positiven Programms mit einem neuen Führer integriert. Dieses Programm wird jedoch von dem der anderen reinkarnierten Seelen beeinflusst, mit denen die Begegnung auf ihrem Lebensweg herbeigeführt wird, und es wird dadurch komplett umgestoßen werden. Das Ziel dieser Umwälzung besteht darin, sie am Ende dieser 7. Inkarnation dahin zu bringen, sich in Bezug auf die Kräfte der Unissenz und den Einfluss der anderen zu fragen: Wie und zu welchen Zwecken hat jemand in ihr Programm eingegriffen? Sie erreicht dann die irrtümliche Schlussfolgerung, dass wenn jemand ihr Programm auf der Erde abgebrochen hat, er stärker und höher sein muss als sie selbst. Durch diese Erfahrung realisiert sie beim Sterben die Existenz und die Funktionsweise der verschiedenen Ebenen. Sie erreicht einen globalen Ansatz für die für ihre Entwicklung erforderlichen Antworten, was eine unerlässliche Voraussetzung dafür ist, es zu schaffen, sich weiterzuentwickeln. Die Seele versteht dann, dass sie sich hocharbeiten muss, und geht so auf die folgende Inkarnation über.

In dieser 8. Inkarnation wird sie dazu gebracht werden, in irgendeiner Form mit einem „Meister" in Kontakt zu treten oder zu verkehren, um das Konzept des Respekts zu erlernen. Zum Beispiel einen Fechtmeister, einen Handwerksmeister, einen spirituellen Meister, oder einfach einen Lehrer, eine Großmutter, eine weise Person. Bei dieser Passage wird sie vielleicht mit den Folgen experimentieren müssen, die sich daraus ergeben, die Weisheit nicht zu lernen. Die 8. Inkarnation ist diejenige, bei der das Denken am meisten mit der Seele verbunden, am meisten in Symbiose ist. Das, was die inkarnierte Person im irdischen Leben ausprobieren wird, wird sofort zu ihrer Seele übermittelt; d. h. sie wird ihre Erfahrungen und ihre Emotionen mit totalem Bewusstsein leben. Deshalb wird sie nicht mehr nur ihre menschlichen Erfahrungen leben, sondern sie in absoluter Verbindung mit dem Wissen ihrer Seele vibrieren fühlen. Wenn die Person am Ende dieser Inkarnation stirbt, hat ihre Seele unzweifelhaft den Respekt gelernt, denn der Führer hat die notwendigen Mittel eingesetzt, damit sie Zugriff auf dieses Wissen hat, und gerade in dieser Inkarnation hat er den größten Einfluss auf die inkarnierte Seele, die er begleitet, denn es ist von wirklich grundlegender Bedeutung, dass sie diese Entwicklung schafft, um Zugang zur nächsten Inkarnation zu haben. Außerdem realisiert die Seele hier auch die Bedeutung ihres Führers, seiner Funktion und des Werts seiner Hilfe. Aufgrund ihrer Entwicklung hat sie Zugriff auf andere Informationen, die bisher nicht in ihrer Reichweite waren: Sie versteht, dass es Entwicklungsebenen gibt, aber jetzt auch Regeln, die in Bezug auf die anderen zu befolgen sind.

Bei ihrer 9. Inkarnation wird die Person mit Schwächeren konfrontiert werden, um ihre Position der Stärke oder der Macht über den anderen auszuüben. Dies ist die umgekehrte Rolle der 7. Inkarnation, wo ihr Programm durch das der anderen eingezwängt wurde. Hier ist in ihrem Entwicklungsplan nichts im Voraus festgelegt, aber er wird fortlaufend durch die direkt darüber liegenden Instanzen beurteilt, drei an der Zahl. Am Ende dieses Wegs wird die erneut deinkarnierte Seele mit ihren Taten konfrontiert – die per Definition negativ gewesen sind – und die sie zwingen werden, das zu programmieren, was in die Tat umgesetzt werden muss, um in ihren Persönlichkeitsanteilen das Gleichgewicht zwischen dem Gutem und dem Schlechten wiederherzustellen; außer dass dieses Gleichgewichtsprogramm in der 10. und der 11. Inkarnation ablaufen wird, die in Wirklichkeit zwei Inkarnationen in einer sind.

In der 10. Inkarnation wird sie die Folgen ihrer schlechten Handlungen auf ihre Persönlichkeitsanteile wieder gutmachen können, indem sie selbst ohne Einschränkungen, aber auch ohne

Ratschläge ihres Führers, ihr Programm definiert. In der 11. wird sie ebenso handeln müssen, nur mit dem Unterschied, dass sie gemäß den vom Führer gegebenen Hinweise handeln wird, die zu befolgen sie sich auferlegt. Die Erinnerung der 10. Inkarnation wird dann nicht gelöscht, und dennoch erscheint ihr die Situation nicht fremd; das heißt, sie bemerkt die Änderung der Klauseln nicht. Sie wird mit dem Bewusstsein dessen handeln, was sie in der vorangehenden Inkarnation getan hätte, ohne zu bemerken, dass sie diesmal durch ihren Führer geleitet wird; als ob sie die gegenwärtigen Handlungen mit den vorangehenden vergliche, wobei sie glaubt, dass sie alle beide freiwillig entschieden und programmiert hätte.

Im Verlauf der 11. Inkarnation wird die reinkarnierte Seele eine Verbindung der Liebe mit einer Person erschaffen, zum Beispiel mit ihrer Mutter, ihrem Bruder, einem Freund, ihrem Großvater, ihrer Partnerin usw., die sie überleben wird und der sie ein zu lösendes Problem hinterlassen wird. Nach Rückkehr in die Unissenz wird sie bezüglich dieser Klausel keinerlei Erklärung seitens der Führer erhalten, aber sie wird, von den Ebenen der Unissenz aus, die Mittel haben, ihren „Vermächtnisnehmer" zu beobachten, der unfehlbar das Problem wird lösen müssen, das sie ihm anvertraut hat. Beispiel: Im Verlauf seines Lebens hat ein Mann von seinem Vater Gewalt erlitten; die beauftragte Person wird es als ihre Pflicht ansehen, dieses Problem zu regeln, indem sie eine Situation erschafft, die den fraglichen Vater zwingen wird, eine ähnliche Situation zu durchleben; zum Beispiel indem sie die Rolle des intoleranten Krankenpflegehelfers spielt, der den mürrischen Vater in seinem Altersheim anherrschen wird. Die Person, die in der Liebesverbindung zur deinkarnierten Seele steht, wird auf diese Weise, durch ihren Mittler, die Situation auf der Erde wiederhergestellt haben. Sobald die Dinge wieder in Ordnung sind, präsentieren sich die Führer der Seele in ihrem „Beobachtungsposten“, die somit das Bewusstsein erlangt, dass Überlegenheit nicht die Liebe ausschließt, dass der Großvater vom Kleinen lernen kann, dass der Meister vom Schüler lernen kann usw.

Durch diese neue Kenntnis bereichert, verpflichtet sie sich für die 12. Inkarnation, wo sie in verschiedenen Formen körperliche Schwäche wird ausprobieren müssen. Die Verringerung ihrer körperlichen Fähigkeiten wird sie antreiben, sich Fragen zu stellen und sich zu prüfen, um ihr die Möglichkeit zu geben zu verstehen, dass die Kraft weder in der Materie noch im Körper wohnt, sondern im Geist; was ihr Lust machen wird, sich zu entwickeln. Sobald sie in die Unissenz zurückgekehrt ist, wird sie darum bitten, sich höherzuentwickeln. Sie hat die Möglichkeit zu wählen, was sie zu lernen wünscht, und wählt somit einen Persönlichkeitsaspekt aus, der mehrere weitere enthält: ein Thema mit mehreren Definitionen.

Sie fragt sich dann in der 13. Inkarnation, wohin sie geführt wird, um die Persönlichkeitsanteile mit diesem Thema zu entwickeln. Bei ihrem Tod stellt sie fest, dass sie nur einen Teil der Bedeutung des Persönlichkeitsanteils dieser Emotion begriffen hat. Sie erhält dann die fehlenden Erklärungen, die ihr in der Folge ermöglichen werden, den Persönlichkeitsanteil effizient zu entwickeln.

Ausgestattet mit diesen Elementen, programmiert sie ihre 14. Inkarnation, während der sie sich mit einer Person austauschen wird, der sie in einem früheren Leben begegnet ist

und mit der sie in Verbindung geblieben ist und der sie dieses Verständnis wird lehren können. Sie gibt diese Kenntnisse auf die Weise weiter, die ihr gefällt, und sobald sie in die Unissenz zurückgekehrt ist, beobachtet sie das, was ihre Lehre der anderen Person gebracht hat. Sie sieht den Unterschied zwischen vorher und nachher.
Nach dieser Inkarnation wechselt die Seele zu einer anderen Konsistenz, weil sie den Persönlichkeitsanteil der Heilung entwickelt hat, und gleichzeitig die Unteranteile der Weitergabe und der Gabe seiner Selbst. Aufgrund dieser Veränderung der Dichte erhält sie Zugang zu anderen Inkarnationsmöglichkeiten. Ausgehend von dort werden ihr 3 allgemeine Wege vorgeschlagen. Jeder wird durch eine Tür symbolisiert, die auf dem Türsturz eine Beschriftung trägt: die erste ist die des Lernens, die 2. die des Überlebens und die 3. die von Bedrücktheit/Verständnis.

Die 1. Tür des Lernens ist denjenigen zugänglich, die Lust haben, direkt zur Entwicklung ihrer verschiedenen Persönlichkeitsanteile überzugehen. Die Betonung wird auf die Beziehung zu den anderen gelegt werden; dies wird vor allem über die Ahnen weitergegeben werden; als eine Verpflichtung über mehrere Generationen bis zu einem zuvor von den Führern in dem Moment, wo sie die Tür geöffnet haben, fixierten Ziel. Dies ist ein Programm, für das nicht die Zahl der Inkarnationen festgelegt ist, sondern das zu erreichende Ziel.

Die Seelen, die die Tür des Überlebens wählen, sind diejenigen, die in ihrem Lebensverlauf am meisten mit dem Tod konfrontiert sein werden. Entweder für sich selbst aufgrund ihres eigenen Status oder ihrer sozialen Lage, die sie zwingt, sich in feindseligen Milieus zu entwickeln, wie etwa dem Dschungel, den Ghettos, einem Land im Krieg, dem Gefängnis usw., oder aufgrund ihres Berufs, wie beispielsweise Arzt, Hebamme, Feuerwehrmann, Soldat, Retter usw., wo sie mit dem Tod der anderen konfrontiert sein werden; oder auch, weil sie dazu geführt werden, in einem bestimmten Moment ihr Leben zu riskieren, um andere zu retten. In allen Fällen ist die Hauptidee, sich den anderen zuzuwenden und auf die tatsächlich wichtigen Dinge der Existenz zentriert zu bleiben. Dies sind trotz allem nicht die sehr erhobenen Ebenen, denn dies ist zum Beispiel noch nicht die Ebene, auf der die Weisen geboren werden. Das gemeinsame Ziel der drei Türen ist nämlich, der Seele zu ermöglichen zu verstehen, dass sie Teil des Ganzen ist und dass alles miteinander vereint ist. Auch auf dem Weg des Überlebens bleiben bestimmte Seelen blockiert, indem sie ins Jenseits wechseln möchten; sie sind mit der Schwierigkeit konfrontiert, auf eine höhere Schwingungsebene zu wechseln, denn sie haben zu ihren Lebzeiten nicht das Wesentliche des Lebens verstanden und sind in der Illusion der trügerischen materiellen Verlockungen der Erde geblieben, mit denen sie auf bestimmte Weise verbunden bleiben.

Dies ist ein Mittel für den Führer, diese Seelen in Schwierigkeiten zu erkennen, die ihren Ursprung und die Existenz der Unissenz vergessen haben. In diesem Überlebensprogramm glauben viele inkarnierte Seelen, da sie zu ihren Lebzeiten mit dem Tod der anderen konfrontiert gewesen waren, getrennt zu sein von den ihnen Nahestehenden und haben – erstarrt in ihrem irdischen Schmerz – vergessen, dass sie sie auf einer anderen Ebene wiederfinden könnten. Die Tatsache, dass sie auf der Erde im Glauben an eine unabänderliche und definitive Trennung gelebt haben, blockiert sie in ihrer Entwicklung, nachdem sie ins Jenseits übergegangen sind. Die Entwicklung auf diesem Weg ist die langsamste der dreien, denn der Führer ist nun gezwungen, die in ihrer emotionalen Verschlossenheit auf der irdischen Ebene festgeklebte Seele suchen zu gehen. Sobald die Seele es schließlich geschafft hat, sich wieder der Unissenz anzuschließen, sieht sie vor ihren Augen die Geschichte aller ihrer Inkarnationen vorüberziehen, und sie wird aufgefordert, Fragen über diejenigen zu stellen, deren Bedeutung sie nicht verstanden hat, um die Erklärungen dafür zu erhalten. Anschließend wird ihr vorgeschlagen, eine deinkarnierte Seele zu suchen, mit der sie sich in einer vorangehenden Inkarnation besonders verbunden hatte – diejenige, die ihr am meisten fehlt –, und die beiden setzen ihren Weg gemeinsam fort; was ihnen auf diese Weise ermöglicht, alle Persönlichkeitsanteile zu entwickeln, die zum Bereich der Liebe gehören: Mitgefühl, Selbstaufopferung, Wohlwollen, Weitsicht, Sorge um den anderen, Lust, zu zweit zu sein, usw.

Die 3. Tür: Bedrücktheit-Verständnis. Diese Inkarnationen erfolgen schnell, denn sie sind aufgrund der Diversität und der Zahl der zu erfüllenden Aufgaben dicht und belastend. Die Seele unterhält eine sehr starke Verbindung mit ihrem Führer, der ihr im Alltag reichlich hilft. Diese Verbindung zwischen ihnen ist sehr viel enger als auf den beiden anderen Wegen. Ziemlich oft kommt die Seele, um eine „fehlende Rolle“ zu spielen; das heißt, dass sie durch ihre Anwesenheit und ihre Einmischung in das Programm der anderen eins ihrer Bedürfnisse erfüllt. Bei ihrer Rückkehr in die Unissenz findet sie die Seelen wieder, denen sie in allen ihren früheren Inkarnationen geholfen hat, die ihr eine Rückmeldung geben: Liebe, Anerkennung, Heil, Wohlwollen,

Beharrlichkeit, Überzeugung, Gleichgewicht usw.

Angekommen auf dieser Ebene – und unabhängig von dem Weg, den sie gegangen sind –, haben die Seelen sich die Fähigkeit, sich zu binden, zu lieben, und das Bedürfnis nach dem Anderen angeeignet und haben verinnerlicht, dass alle Seelen miteinander verbunden sind. Sie hatten schon bei der 6. Inkarnation die Bedeutung dieser Vorschrift begriffen, aber in diesem Stadium ist ihnen erlaubt, damit konkret zu experimentieren. Diese neue Kenntnis nimmt ihnen eine Art Schleier, optischer Unschärfe; was ihnen ermöglicht, die anderen Seelen in der Unissenz klar zu sehen. Wenn diese Etappe vorüber ist, inkarniert die Seele sich nicht mehr sofort, denn sie möchte das Jenseits nutzen, und alles, was sie virtuell nach Belieben erschaffen kann: Situationen, Umgebungen, Muße oder Freuden, von denen sie die Erinnerung von ihren irdischen Aufenthalten behalten hat. Sie kostet es aus, sich während einer Weile abzulenken, bis man sie auffordert, die Ablenkungen beiseite zu tun, da für sie die Zeit gekommen ist, sich erneut zu inkarnieren.

Von nun an werden die Inkarnationsprogramme nicht mehr auf allgemeine Weise definiert, sondern individuell je nach betroffener Seele. Sie werden dem Führer erlauben, sich näher für die Laster der Seele zu interessieren, deren Entwicklung davon abhängen wird, wie sie die erlebten Erfahrungen transformieren wird, dass sie sich von ihren Fehlern, von ihren Abhängigkeiten oder ihren Süchten lösen wird, und von ihrer Art und Weise, anschließend wieder aufzustehen, indem sie die erlangten Lehren berücksichtigt. In diesen Inkarnationen werden mehrere Parameter berücksichtigt, da die Seele sich wieder in Resonanz mit der Geschichte ihrer Vorfahren und den Einflüssen von all den anderen Seelen befindet und der Eingriff ihres Führers deswegen weniger ausgeprägt ist. Deshalb erleidet sie den Einfluss der anderen, ihrer Glaubensvorstellungen usw., aber auch die negativen Energien wie die Missgeschicke oder die Wesenheiten sowie die Programme derjenigen, mit denen sie Umgang haben wird. In diesen Inkarnationen wird sie auch die für ihre Entwicklung geeigneteren, weniger beschränkten Inkarnationsorte wählen, welche Gesellschaftssysteme bieten, Gemeinschaftsregeln, strukturierte Institutionen, die sie wird respektieren müssen. Konkret hat die Seele einen größeren Nutzen davon, sich in einer Gesellschaft zu entwickeln, die Gesetze und Regeln auferlegt, mit denen sie konfrontiert sein wird, als sich in einem autark lebenden Volk zu inkarnieren. In diesem Stadium trifft sie Entscheidungen, die wenig einschränken, um sich maximale Chancen zu geben, ihr Wissen zu perfektionieren. In ihrem Integrations-programm hat sie sich oft für die Möglichkeit entschieden, jemanden wiederzufinden, der ihr besonders am Herzen liegt oder mit dem sie sich zusammengehörig fühlte; dadurch wird sie sich in ihrer Inkarnation ihr ganzes Leben mit dieser Person verbunden fühlen, ohne den Grund dafür zu verstehen, und dann, am Ende dieser Passage, wird sich jeder auf seinem eigenen Weg in seinem eigenen Rhythmus entwickeln.

Die Entwicklung verläuft weniger schnell als in den 14 ersten Inkarnationen, denn die Person ist mit verschiedenen positiven, aber auch negativen Einflüssen konfrontiert, deren Vorhandensein subtiler, weniger greifbar ist. Das Ziel der sich dann inkarnierenden Seele besteht darin, sich von den Lastern und Fehlern zu befreien, die die Welt der Materie in der trügerischen Illusion und Oberflächlichkeit der Vergnügungen oder Bedürfnisse bietet, in einem vorgeblichen Recht auf Glück und Genuss. In dem Maße, wie sie sich nach und nach davon löst, wird ihr Bewusstsein leichter, um ihren Aufstieg zu erleichtern.

Nach diesen Transformationen bleibt die Seele noch eine Zeit auf der irdischen Ebene, um ihre Entwicklung zu vervollkommnen und die Persönlichkeitsanteile der spirituelleren Prinzipien zu entwickeln, um anschließend – in den folgenden Inkarnationen – Zugang auf andere als irdische Ebenen zu erlangen. Aber vorher arbeitet sie von der Unissenz aus für die Erde, wie ich es dir schon erzählt habe. Diese Zeit ist relativ lang, bevor sie in eine andere Sphäre übergeht.

Hier bin ich fertig, was die Inkarnationen auf der irdischen Ebene angeht.

DIE PROGRAMMIERTEN ENTWICKLUNGSPHASEN

Letztens hat ein Freund mich um Rat gebeten, um seinen beruflichen Weg besser zu bestimmen. Da ich mich nicht durch das beeinflussen lassen wollte, was ich über ihn wusste, habe ich seinen Geistführer gerufen. Dieser hat sich bemüht, die Wege zu beleuchten, die ihm in dieser Inkarnation angeboten werden. Er hat die Betonung auf die Schwächen gelegt, die ihn in seiner Entwicklung verlangsamten, sowie auf seine vorhandenen Kräfte und diejenigen, die er noch nicht aktiviert hat. Er hat vor allem auf der Dringlichkeit bestanden, in einer vorgegebenen Zeit zu handeln. Er sprach nicht in Begriffen von Zeit oder irdischen Modalitäten, sondern in Begriffen von Phasen, und dass es für diesen Freund dringend notwendig sei, zur folgenden Phase überzugehen, um sich mit der entsprechenden Energie zu entwickeln. Ich habe nicht die Gelegenheit ergriffen, ihn genauer ausführen zu lassen, was er unter dem Begriff der Phasen versteht. Kannst Du mir mehr darüber sagen, Mephisis?

Natürlich. Wir Geistführer sehen eure Leben in mehrere Phasen unterteilt. Stelle dir ein Fresko vor, das das Leben eines Menschen in acht Phasen darstellt. Ich benutze die Ziffer „acht“ willkürlich, denn natürlich hängt die Anzahl der Phasen vom Individuum ab. Jede Phase hat eine Farbe, die einer Schwingungsrate entspricht.

Man stellt sich in diesem Fall vor: die Phase 1 in gelb, die 2 in orange, die 3 in rot, die 4 in bordeaux, die 5 in violett, die 6 in blau, die 7 in grün und die 8 in türkis. Zu jeder Phase gehört eine Fähigkeit, eine Ressource. Zum Beispiel entwickelt die Phase 1 das Selbstvertrauen, die Phase 2 die Reaktivität, die Phase 3 den Teamgeist usw. Diese Phasen entsprechen Entwicklungsperioden, aber auch Lebenssequenzen, während denen das inkarnierte Wesen nach und nach die Probleme seiner Ahnen ablegen wird, seine eigenen Ängste wird lösen können usw. Bei jeder neuen Phase lässt sein Helfer es in einer präzisen Energie schwingen, damit es sich in den geplanten Phasen bestmöglich entwickeln kann. Da es für ihn nicht infrage kommt, seinen Schützling in irgendeiner Weise zu beeinflussen, wird er mit ihm – vor der Inkarnation – die Entwicklungsperioden und -phasen je nach dem festlegen, was er als erreichbar einschätzt.

Natürlich erfolgen diese Veränderungen in seinem Lebensverlauf nicht von heute auf morgen, wie man durch eine Tür tritt, um von einem Zimmer ins andere zu gehen. Diese Phasen gründen nach und nach und nacheinander ineinander. Wenn es darum geht, Phase 2 zu beginnen – weil der Mensch, in Form einer Seele, geschätzt hatte, im Alter von 22 Jahren in sie einzutreten –, ändert sein Geistführer die Energie, die ihn bewegt, damit sie den Zielen dieser neuen Phase entspricht. Wenn er, aus verschiedenen Gründen wie zum Beispiel Apathie, Bequemlichkeit, Mutlosigkeit, Verantwortungslosigkeit, Bewussts-einsmangel usw., weiterhin in Phase 1 vegetiert, obwohl er schon 22 Jahre alt geworden ist und sein Helfer die Energie geändert hat, in der er sich entwickelt, so wird er untauglich werden. Er wird nicht mehr effizient sein; weder in dem Programm seiner Phase 1, deren förderlichen Einfluss er verlieren wird, noch in der Phase 2, deren dazugehörige Energie, die ihm für den programmierten Zeitraum zur Verfügung gestellt wird, er nicht nutzen wird.

- Und woher kommt diese Energie? Ist es der Geistführer, der sie produziert?

- Nein, er aktiviert eine der inkarnierten Person innewohnende Energie, die zu besitzen sie sich nicht bewusst ist und die proportional zu ihren Fähigkeiten ist. Tatsächlich verbindet der Geistführer die Seele ganz einfach mit der Energie, die sie selbst in der Unissenz produziert hatte.

- Bedeutet dies, dass die Seelen, die noch nicht die Möglichkeit hatten, sich in der Unissenz viel zu entwickeln, weniger Glück haben als die anderen, wenn sie sich auf der Erde inkarnieren?

- Nein, denn der Geistführer wird dafür sorgen, dass die inkarnierte Seele in den Nutzen einer geeigneten Energie kommt, die mit maximaler Intensität aktiviert werden wird. Um diese Kraft eindringlicher zu machen, wird er gleichzeitig die Sensibilität der Person und ihre Resonanz für diese bestimmte Energie einstellen. Je mehr sich die Person im Verlauf ihrer Inkarnationen entwickelt, um so mehr Kraft gewinnt natürlich ihre Energie. Die Inkarnations-programme sind an die Entwicklung der Seele angepasst, und es gibt keine Seelen, die sich mit weniger Glück auf der Erde integrieren als andere. Es ist für die inkarnierte Seele auch wichtig, im Einklang mit der Phase zu sein, in der sie sich nach ihrer Schätzung befinden muss, und derjenigen, in der sie sich zum wirklichen Zeitpunkt befindet, denn jede Phase enthält verschiedene Energien. Stellen wir uns vor, sie geht von Phase 4 in Phase 5. Sie befindet sich dann in der Phase bordeaux, und ihr Geistführer wird nach und nach die Farben hinzufügen, damit sie sich in die Phase violett integriert. Die Reihenfolge des Einfügens ist sehr wichtig, denn sie ermöglicht so, im passenden Moment die geeigneten Empfindungen zu erschaffen. Wenn die Person mit bedeutender Verspätung in Phase 5 eintritt, während ihr Helfer schon das Programm violett aktiviert hat, kann sie ihre Entwicklungsphase nicht so leicht beginnen, wie wenn sie pünktlich zum Termin gekommen wäre.

KLEINE FRAGEN ÜBER DIE UNISSENZ

- Mephisis, ich möchte heute gerne, dass du mir ein wenig ausführlicher erklärst, wie die Dinge in der Unissenz ablaufen.

- Alles detailliert zu erklären, wäre sehr komplex und würde Tausende von Seiten füllen, aber vor allem würden wir Zeit verlieren für Dinge, die nicht sonderlich wichtig sind. Es gibt Gesetze, unveränderliche Werte, die allein die Welt der Unissenz regeln. Ich erzählte dir hier natürlich von der positiven Organisation: derjenigen der Seelen, die in einer Vorstellung der Entwicklung sind. Wenn ich die Seelen in Entwicklung erwähne, schließe ich natürlich nicht die leidenden Seelen aus, die in bestimmten Fällen an den Menschen negativ parasitieren oder die jahrelang in negativen und zerstörerischen Empfindungen verhaftet bleiben. Aus meiner Erklärung der Funktionsweise der Gesetze der Unissenz schließe ich nur die Entitäten des niederen Astralen aus, die nach ganz anderen Werten leben, an anderen Mängeln leiden und andere Ziele anvisieren.

- Welches sind die auslösenden Elemente, die eine „leidende, parasitierende Entität“ dazu treiben, zu einer „mit dem Schlechten verbundenen Entität“ zu werden?

- Der Balken all dessen, was „schlecht“ ist: die schlechten Handlungen, die schlechten Absichten, die schlechten Gedanken, die verursachten Schäden, das Beharren im Negativen usw. Ich nenne dir diese paar Elemente, um dir eine globale Vorstellung zu geben. Wenn die leidende Seele wirklich in freiem Fall ist und sie sich blindlings in ihrem Leiden versenkt, kommt ihr Helfer ein letztes Mal, um ihr seine Hilfe anzubieten. Wenn sie diese ablehnt und sie weiterhin versinkt und alle ihre Balken negativ entwickelt, verliert sie diese Verbindung, diese „Seelenfunktion“ und die Möglichkeit der Entwicklung. Das ist so, als ob sie – wie ein Alpinist – einen Berg hinaufklettern müsste und sie stattdessen ein Loch buddelte, um unter die Erde hinabzusteigen. An einem bestimmten Moment wird ein erfahrener Alpinist sie darauf hinweisen, dass sie in den Tiefen nur Dunkelheit, Qualen und Gefahren begegnen wird, und ihr – aus Gutmütigkeit – ein Seil reichen, um ihr zu ermöglichen, wieder nach oben zu kommen. Wenn die leidende Seele dieses Seil verschmäht und weitergräbt, kommt ein Moment, in dem sie sich so tief unten befindet, dass der Lichtschimmer der Sonne für sie nicht mehr wahrnehmbar ist, im Gegensatz dazu wird sie nach und nach eine andere Welt entdecken: die der Abgründe. Ohne Licht wird sie sich nicht mehr positionieren können, und es wird ihr unmöglich sein zurückzukehren. Wenn eine deinkarnierte Seele zu tiefgreifend von ihrem Entwicklungsweg abweicht, ist die Unumkehrbarkeit endgültig; und zwar um so mehr, als sie die Erinnerung an das „Vorher“ verliert. Sie wird unfähig, ihren Weg wiederzufinden, und außerdem verspürt sie – verhaftet in der

Schwärze – nicht einmal mehr die Lust dazu.

Ich möchte dir erklären, warum es für die Seelen, die gerade ihre irdische Hülle verlassen haben, manchmal schwierig ist, wieder in die Sphären der Unissenz aufzusteigen. Ich weiß, dass du schon eine Welle von Wasser auf der Schädelspitze bestimmter Personen bemerkt hast und dass du daraus gefolgert hast, dass sie am Ende ihres Lebens ankommen, und auch, dass dieser Wasserraum ihnen den Übergang zum anderen Ufer ermöglichte. Wenn die Seele den Körper verlässt, wird sie direkt von dieser Welle mitgenommen, die die Fähigkeit hat, die Seele zu reinigen und sie von der dichten Materie zu erleichtern, die sie während ihrer Inkarnation besetzt hat und die sie auf der anderen Seite nicht mehr braucht. Bestimmte inkarnierte Seelen jedoch – recht oft diejenigen, die nach einem Schock versterben oder die sich weigern, ihren eigenen Fortgang zu akzeptieren, oder auch solche, die schon im Verlauf ihres Lebens in Beziehung zu negativen Entitäten standen – nutzen diese Welle nicht, um auf die andere Seite zu gelangen. Sie finden sich somit plötzlich in die Welt der Lebenden geworfen, aber ohne physischen Körper. Ich Sie bleiben dann wie in einer Zwischenwelt, im Jenseits; einer Art Vorraum zwischen dem irdischen Leben und der Unissenz.

Wenn es sich um eine deinkarnierte Seele handelt, die schon unter dem Einfluss negativer Entitäten stand, behält ihr Helfer immer die Möglichkeit, mit ihr zu kommunizieren. Aber diese trügerischen Entitäten tun alles ihnen Mögliche, um die Seele zu überzeugen, sich von ihm abzuwenden. Sie manipulieren sie, indem sie sie glauben machen, dass sie sich schon in der Unissenz befände und dass es anderswo nichts gäbe; dass sie sich irre und dass die Stimme, die sie zu hören glaubt, in

Wirklichkeit die ihre ist und nicht die des Seelenführers. Manchmal lügen diese Entitäten nicht immer absichtlich, denn auch wenn bestimmte von ihnen wissen, dass sich wirklich ein Helfer an die deinkarnierte Seele richtet, wissen andere es hingegen oft nicht oder haben es vergessen, denn sie irren seit langer Zeit in den negativen Sphären. Sie versprechen der Seele, dass sie – von der Ebene her, wo sie sich befindet – all ihre Wünsche erhört werden würden, ohne Verbote, Gesetze oder Moral, oder auch, dass sie die Möglichkeit haben würde, sich an denjenigen zu rächen, die ihr zu Lebzeiten Unrecht angetan haben. Sie lehren sie die Kunst der Manipulation, des Beeinflussens der Menschen, um ihren Zorn, ihren Hass oder ihre Auflehnung zu stillen oder ihre Bedürfnisse zu erfüllen. Die beeinflusste Seele erhält daraus für eine Zeit eine Befriedigung, findet sich aber so in dieser Art zu Handeln, diesem negativen Seinszustand heimtückisch verstrickt und versinkt – erfasst von der Spirale der Negativität – im Leid, das sie zu neuen destruktiven Aktionen treibt. Das Ergebnis davon ist, dass die Verbindung zu ihrem Helfer noch weiter geschwächt wird. Manchmal hört der deinkarnierte Geist, in einem Moment der Einsamkeit oder des tiefen Leidens oder in einem letzten Elan der Hoffnung, auf den Rat seines Helfers und steigt somit doch auf, um sich ihm in der Unissenz anzuschließen. Unglücklicherweise kann die Seele sich auch blind in ihren Leiden versinken lassen und nicht mehr zu ihrem Helfer zurückkehren.

Es gibt keine zeitliche Begrenzung für das Irren, das die Seele um ihre Möglichkeit bringt, wieder zu den höheren Ebenen aufzusteigen. Bestimmte Seelen, die so aus verschiedenen Gründen während Tausenden von Jahren auf der irdischen

Ebene geblieben sind, schaffen es schließlich eines Tages – manchmal dank der Hilfe eines Menschen –, wieder in die Unissenz aufzusteigen. Du hast übrigens kürzlich die Erfahrung davon gemacht, als du die internationale Tutanchamun-Ausstellung in Paris besucht hast. Ich habe dich beobachtet, als du dieser ägyptischen Seele bewusst gemacht hast, dass sie um Hilfe bitten kann, um aus der Raum-Zeit herauszukommen, in der sie sich seit Jahrtausenden befand, und sich somit von ihren Fesseln der Vergangenheit zu befreien, die mit ihrem Rang und ihrer Funktion zusammenhingen. Andere deinkarnierte Geister versinken sehr schnell in einer sehr niedrigen und sehr dichten astralen Ebene und schneiden sich von jeder Möglichkeit ab, eines Tages ihren Helfer wiederzufinden.

- Um nochmals zu der Wasserlache zurückzukommen, von der du vorhin gesprochen hattest: Wie kommt es, dass ich dieses Wasser nicht auf den Personen bemerke, die durch einen plötzlichen Schock sterben? Die Tatsache, auf diese Weise zu sterben, kann aber doch vorgesehen gewesen sein?

- Ja, der Tod kann programmiert gewesen sein, aber indem sie so sterben – das heißt, auf gewalttätige Weise –, geht die Seele abrupt vom Zustand des lebenden Wesens zu dem eines deinkarnierten Wesens über und bewahrt deswegen eine dichtere feinstoffliche Hülle als diejenige der normal in der Unissenz deinkarnierten Seelen. Auf diese Weise kann die Seele noch auf der irdischen Ebene bleiben, um die Dinge der irdischen Welt mit derselben Intensität zu beobachten und zu erleben, als wäre sie noch durch das Leben beseelt. Viele von denen, die auf diese plötzliche Weise sterben, haben noch etwas zu verstehen, zu lernen, bevor sie in der Unissenz ankommen, und diese Zwischenpassage auf der Erde ermöglicht ihnen, einen Teil ihres

Programms abzuschließen, bevor sie sich erheben. Anders als die von negativen Entitäten beeinflussten Seelen begegnen sie normalerweise keinem größeren Problem, das sie hindert, am Ende ihres letzten Lernens wieder aufzusteigen, denn sie sehen die umgebenden Entitäten nicht und nehmen sie häufig nicht wahr. Das Ziel ihrer Anwesenheit in dieser Zwischenwelt besteht nicht darin, dass sie sich mit anderen Seelen austauschen, sondern dass sie den verbleibenden Teil ihres Inkarnationsprogramms vollenden.

Wenn der plötzliche Tod programmiert ist, vergewissert sich der Helfer, dass die Seele nicht in Kontakt mit den anderen deinkarnierten Geistern tritt. Wenn die Person jedoch auf „klassische" Weise stirbt, das heißt, nicht infolge eines gewalttätigen Stoßes, eines Selbstmords oder eines Mords, sondern am Ende einer Krankheit oder des Alters, kann ihre Seele entweder entscheiden, direkt in die Unissenz zu gelangen oder noch einige Zeit auf der Erde bleiben. Die Wahl wird mit ihrem Entwicklungsniveau in Bezug stehen. Je nach Fall wird sie dann die anderen irrenden Seelen wahrnehmen können, weil in ihrem Inkarnationsprogramm nicht geplant gewesen war, dass sie über ihren physischen Tod hinaus auf der Erde bleibt. Ihr Helfer wird sie nicht vor den anderen Seelen schützen, wenn sie sich dann darauf versteift, an einem Ort zu bleiben, an dem sie nicht zu sein hat.

Im Allgemeinen sind sich die deinkarnierten Geister bewusst, dass sie nicht auf der Erde zu bleiben haben. Dennoch schieben einige von ihnen den Moment hinaus, in dem sie sich der Unissenz wieder anschließen müssen. Zu sehr in ihrer letzten Lebensgeschichte verhaftet, verharren sie um in der Umgebung der ihnen Nahen zu bleiben, ein Geheimnis auszugraben, weiterhin die illusorischen irdischen Vergnügungen zu genießen oder das zu leben, wozu sie zu Lebzeiten keine Gelegenheit hatten. Aber je mehr die Seele sich darauf versteift, auf der menschlichen Schwingungsebene zu bleiben, desto mehr Schwierigkeiten wird ihr Helfer haben, sie zur Unissenz zu führen. Er wird ihr trotz allem regelmäßig vorschlagen, sich zu erheben, da er sich der Gefahren bewusst ist, die der Einfluss der negativen Seelen darstellen kann; selbst wenn diese Letzteren nur wenig Interesse haben, die Seelen zu korrumpieren, die im Bedürfnis nach der irdischen Verbindung geblieben sind. In den meisten dieser Fälle schaffen die Helfer es, sich irgendwann Gehör zu verschaffen. Natürlich ist dies nicht immer bei denjenigen, die auf die von mir als klassisch bezeichnete Weise sterben, der Fall. Es ist niemals ausgeschlossen – selbst wenn dies sehr selten ist –, dass ein Individuum, das eigentlich auf den Tod vorbereitet ist, nach dem Tod auf der Erde bleibt, und dass es – in seinem Leiden, die Trennung zu akzeptieren – den Rat seines Helfers ablehnt. In der Unissenz seid ihr niemals von denjenigen abgeschnitten, die ihr liebt und die euch lieben. Oft seid ihr es selbst, die sich von ihnen entfernen, indem ihr euch vorstellt, dass sie auf einem fernen Planeten sind, an undefinierten Orten oder verloren im Nichts. Ihr sprecht zu ihnen oft, als ob sie im 300. Stockwerk wohnten, dabei sind sie mit euch im Erdgeschoss.

Die Art und Weise und der Moment, das irdische Leben zu verlassen, werden im Allgemeinen vom Helfer definiert, der sich dem Programm des Menschen anpasst, den er begleitet, damit er seinen Übergang in den Tod bestmöglich steuern kann und keine Zeit damit verliert, auf der Erde zu bleiben, sobald er deinkarniert ist. Dennoch kommt es manchmal zu Unwägbarkeiten, und die inkarnierte Seele findet sich gewaltsam in den Tod geworfen wieder, ohne ihr Lebensprogramm vollendet zu haben. Der Helfer integriert dann dieses unerwartete Element in ihr Programm, damit sie ihre Erfahrungen durch diesen Übergang maximal bereichern kann. Das heißt, dass der Tod – normalerweise – eine Brücke zwischen zwei Inkarnationen ist, während der unvorhergesehene gewaltsame Tod und die Zeit des Irrens, die damit verbunden ist, integraler Bestandteil des letzten Inkarnations-programms sein werden.

Es gibt das ursprüngliche Programm, und das Unvorhergesehene, an das der Helfer sich anpassen muss. Der Mord kann ein Mittel für den programmierten Tod sein. Wenn eine Person sich von negativen Einflüssen erfassen lässt, die sie auf einen ursprünglich nicht geplanten Lebensweg führen werden, erlebt sie möglicherweise einen Tod durch „unvorhergesehenen" Mord. Man kann ihn als „unvorhergesehen" bezeichnen, denn der Mörder ist zu der destruktiven Geste gekommen, indem er sich vom Rat seines Helfers abwandte, um schlechten Einflüssen zu folgen, die die Kontrolle über sein Denken (Schizophrenie, Demenz, Paranoia usw.) und sein Lebensprogramm übernommen haben. Eine recht komplexe Situation für seinen Helfer, der versuchen wird, ihm zu helfen, indem er die Pläne der verhängnisvollen Entität umleitet. Seine Intervention kann ein Gefühl des Scheiterns verstärken, das bei dem Kriminellen vorhanden ist, und seinen Glauben verstärken, nicht auf die Hilfe der andere zählen zu können, übrigens nicht einmal auf die der Entität, und dass ihm, um zu seinen Zielen zu kommen, alle Mittel gut erscheinen.

- Wenn ich es richtig verstehe, sind die negativen Handlungen wie Mord, Totschlag, Vergewaltigung usw. niemals Teil des Inkarnationsplans einer Seele, wenn sie von den Entitäten hervorgerufen werden. Kann es jedoch ursprünglich vorgesehen sein, dass eine Person sich inkarniert, um zu töten?

- Nein, dies wird nicht auf diese Weise definiert, und es ist komplexer, als es aussieht. Es ist niemals vorgesehen, sich zu inkarnieren, um zu töten; das heißt, das Ziel zu haben, einer anderen Person das Leben zu nehmen. Alle Situationen, die die Seele bei ihrem Inkarnationsplan zu durchqueren plant, sollen sie zum Nachdenken und zum Über-sich-selbst-Hinauswachsen führen, um ihre positiven Balken zu vervollkommnen. Auf dieser Liste können Prüfungen erscheinen, die über die Versuchung laufen, schwerwiegende Handlungen zu begehen, wie zum Beispiel: töten, um sich Respekt zu verschaffen oder seinen Mut zu zeigen, foltern, um seine Überlegenheit zu beweisen, vergewaltigen, um sich von einer Kränkung reinzuwaschen usw. Die Seele behält in allen diesen Situationen ihren freien Willen und wird immer die Wahl haben, den Weg des Guten oder des Schlechten einzuschlagen. Die besonderen Umstände werden auf ihren Lebensweg geboten, um ihr die Gelegenheit zu geben, einen Sprung nach vorn zu machen und die Folgen ihrer Handlungen zu verstehen. Sie sollen immer sowohl für den Aggressor als auch für das Opfer „bereichernde“ Erfahrungen sein in dem Maße, wie sie in der Lage sind, aus ihren jeweiligen Situationen eine Lehre zu ziehen. Die negativen Handlungen sind niemals Selbstzweck, sondern Mittel. Damit das Opfer sich nach einer erlittenen Prüfung entwickelt, muss es am Leben bleiben, und dies impliziert, dass der programmierte Mord von einem Inkarnationsplan ausgeschlossen ist. Parallel kann eine Seele entscheiden, sich zu inkarnieren, um Gewalttaten zu verüben, die eventuell zu einer Tötung führen, aber niemals, um absichtlich zu töten. Beispiel: Ein Soldat kann einen anderen Menschen aus verschiedenen Gründen niederstrecken: aus Patriotismus, aus Unterwerfung unter seine militärische Hierarchie, aus religiöser Überzeugung, aber auch aus Angst, selbst niedergestreckt zu werden, um in einem Überlebensinstinkt seine Güter zu schützen, um seine Familie oder einen Kameraden der Einheit zu retten.

- Kürzlich habe ich auf einer Straße zwei sehr starke negative Entitäten bemerkt, sie sich in die Aura eines Kindes geklebt hatten und die versuchten, es zu manipulieren, um es dazu zu bringen, verwerfliche Handlungen zu begehen. Waren diese Entitäten in seinem Inkarnationsplan vorgesehen?

- Ja, und sie werden ihm folgen, bis es seine Untat begeht. Wenn es widersteht oder sich dem widersetzt, werden sie nicht aufhören, es zu beeinflussen, indem sie es parasitieren, bis sie an ihr Ziel kommen. Wenn das Kind sich anschließend auf positive Weise der Auswirkungen seiner Handlungen bewusst wird, wird sein Geistführer es von diesen parasitischen Entitäten befreien.

- Aber wenn eine Person schließlich soweit kommt, eine schwerwiegende Handlung zu begehen, weil sie unter der Kontrolle einer Entität ist, wird ihre Tat ihr dann bei ihrer Rückkehr in die Unissenz vorgeworfen werden – weil es ja nicht wirklich sie ist, die die Handlung begeht, sondern die Entität, die sie bewohnt oder sie parasitiert? Übrigens hört man manchmal in den Nachrichten die Täter teilweise schrecklicher Verbrechen sagen: „Das war nicht ich, eine Stimme befahl mir, ihn zu töten“ oder auch „eine Kraft drängte mich, es zu tun“.

- Natürlich könnte man es unter diesem Blickwinkel sehen, aber in gewisser Weise sind sie alle verantwortlich gewesen für das, was sie haben geschehen lassen, ohne reagiert zu haben. Opfer negativer Einflüsse zu sein, befreit dennoch nicht von allen Verantwortlichkeiten, denn jeder behält seine Entscheidungsfreiheit und seinen freien Willen.

- Das ist eher streng, oder? Denn hier sind sich die Personen nicht bewusst, dass sie parasitiert werden.

- Nein, das ist es nicht. Eine schlechte Inkarnation verurteilt die Seele nicht ad vitam aeternam; sie wird zu einer Brücke zur folgenden Inkarnation, wo ihr die Macht gegeben wird, sich freizukaufen. Es gehört nicht zur Norm, sich in schlechten Taten zu verirren, egal welchen Grund die Seele als legitime Entschuldigung zur Schau trägt. Eine katastrophale Familiensituation, eine unglückliche Kindheit, Opfer von Missbrauch gewesen zu sein, verlassen worden zu sein usw. sind nur Lebenssituationen, in das Inkarnationsprogramm eingefügte Elemente, um die Seele zu einer Reaktion anzustoßen und ihr zu ermöglichen, neue Kenntnisse zu integrieren. Es ist nicht vorgesehen, dass sie diese Lebensprüfungen bloß erleidet, um das Leiden auszuprobieren, sondern damit sie diese nutzt, um sich zu entwickeln. Man darf die Seele, die ihren Lebensplan programmiert hat, nicht von der menschlichen Person trennen, in die sie sich integriert hat und die die Situationen durchlebt.

- Kannst du mir ein konkretes Beispiel geben? Was hat eine Seele zu lernen, indem sie sich in einer Familie inkarniert, wo sie einen gewalttätigen Vater, eine untätige Mutter und die sexuellen Missbräuche eines perversen Bruders erleidet?

- In dem Beispiel, das du mir gibst, ist jedes Familienmitglied da, um ihr ein unterschiedliches Gefühl zurückzugeben. Mit ihrer Mutter kann sie den Balken der Kraft und des Willens entwickeln, mit ihrem Vater den des Muts und mit ihrem Bruder den der Selbstachtung, und noch einige andere Balken.

- Aber warum einen so schwierigen Weg wählen?

- Deswegen, dass je schwieriger oder unerträglicher die Situation für jemanden ist, desto stärker der Anstoß ist zu reagieren. Weißt du, aus der Höhe der Ebenen der Unissenz sehen wir das Leben nicht, wie ihr es wahrnehmt – und das ist sehr gut so, denn andernfalls würde keine Seele den Mut finden, Prüfungen auf ihren Weg zu tun. Die Seele, die sich inkarniert und sich zum Beispiel entscheidet, mit der körperlichen Gewalt zu experimentieren, zielt nur auf den Nutzen ab, den sie aus der Erfahrung ziehen wird, und fokussiert sich nicht auf den körperlichen oder moralischen Schmerz, den sie erleiden wird. Natürlich laufen die Dinge manchmal nicht so ab, wie sie geplant wurden, und die Seele ist Opfer von etwas „Unvorhergesehenem". Auch aus diesem Grund ist es wirklich dringend und wichtig, dass die Menschen sich der Existenz und der Anwesenheit ihres Geistführers bewusst werden, um so besser geschützt zu sein.

- Es stimmt, dass ich sehr oft bemerkt habe, dass unsere Bedürfnisse, unsere Mängel oder unsere Leiden von eurer Schwingungsebene her nicht so schwierig zu durchleben erscheinen, wie sie es für uns sind. Ihr habt nicht dieselbe Wahrnehmung und ihr spürt sie nicht mit derselben Intensität, denn ihr erlebt sie von außen. Das ist übrigens manchmal entnervend für uns, denn ihr berücksichtigt nicht unsere Umstände und unsere menschliche Grenzen. Wenn ihr uns drängt, aktiv zu werden, um dieses Buch zu beenden, scheint ihr zu vergessen, dass wir gleichzeitig unseren Lebensunterhalt verdienen müssen. Dass wir dafür arbeiten müssen, um das Geld zu haben, das uns erlaubt zu leben und unsere täglichen Rechnungen zu begleichen; dass wir uns, um körperlich fit zu bleiben, ernähren, ausruhen und schlafen müssen, um all das eben Genannte realisieren zu können. Wenn man euch hört, hat man den Eindruck, dass ihr von uns erwartet, uns vor den Computer zu setzen, bis wir das Wort „Ende“ des Buchs geschrieben haben!

- Ja, ich verstehe das und ich habe die Beschwerden von euch beiden gehört. Du hast mir eure Schwierigkeiten erklärt, die erforderliche Zeit zu finden, um dieses Buch schneller zu schreiben, und deine Irritation vor unseren Anforderungen. Wir reagieren auf diese Weise und wir scheinen anspruchsvoll zu sein, weil wir eine distanzierte Sicht auf das haben, was ihr lebt. Wir wissen ganz genau, dass euer aktuelles Leben nur eine Episode auf eurem Entwicklungsweg ist. Wenn ihr euch der Anzahl der Inkarnationen bewusst wärt, die ihr schon durchlebt habt, und der Anzahl derjenigen, die ihr noch durchqueren werdet, wäre es leichter für euch zu relativieren. Wenn es euch möglich wäre, diesen Gesamtüberblick zu haben, würden euch eure gegenwärtigen Prüfungen oder Erfahrungen weniger bedeutend und weniger schwer zu tragen erscheinen.

Es gibt noch viel zu viele Personen auf der Erde, die überzeugt sind, dass der Tod insgesamt bloß ein großes Vakuum sei und dass er ins Nichts führe. Viele von ihnen widmen ihre ganze Existenz ihrem gesellschaftlichen Erfolg, ihren Reichtümern ihren Freizeit-beschäftigungen oder ihrer Paarbeziehung. Diese angeblichen Lebensziele sind in Wirklichkeit nur Erfahrungen und Mittel, die der Seele erlauben, das Ziel zu erreichen, das sie sich für ihre Inkarnation festgelegt hat. Sie werden ihre Substanz verlieren, sobald das irdische Leben an seinem Ende angekommen ist. Die Seele ihrerseits wird sich jenseits ihres körperlichen Tods weiterhin in der Unissenz entwickeln. Wenn wir euch auf der Erde beobachten, könnten wir das mit dem Spiel einer Videospielkonsole vergleichen. In eurem Spiel kommt es vor, dass eure virtuelle Person zehn, fünfzehn mal stirbt, aber das rührt euch nicht an. Ihr wisst, dass es jedes Mal eine Ebene weiter nach oben geht, denn ihr kennt die Daten des Programms und die Spielregeln. Für uns ist das ähnlich, außer dass wir glücklicherweise weniger grausam sind, als ihr es mit euren virtuellen Spielpersonen seid.

Während einer Inkarnation durchlauft ihr unvermeidlicherweise zahlreiche Seelenzustände: vom intensiven Glück bis zum zerstörerischen Leid, das ihr glaubt, niemals überwinden zu können. Manchmal hat ein Glück ein Leid zur Folge. Zum Beispiel: Ihr geht eine symbiotische Beziehung zu eurer Mutter ein, und abrupt verstirbt sie. Jeder kommt auf die Erde, um zu lernen und sich zu entwickeln, aber auch, um die Entwicklung der anderen anzustoßen. Du hast während deiner Sitzungen als Medium bemerkt, dass die Geistführer sie oft nutzen, um ihren Schützlingen die Botschaft zu übermitteln, um jeden Preis im Kreis, im System zu bleiben und sich mit den anderen zu umgeben, denn ihre Entwicklung erfolgt durch den Austausch, die Begegnung, egal welche es sind. Die Begegnungen prägen ihr Leben, lassen sie auf die Situationen reagieren, die sie erschaffen, und damit sie sie zum Handeln und zum Sein führen. Man könnte eine Inkarnation mit einer Folge in präziser Reihenfolge programmierter Treffen vergleichen, die zum finalen Treffen führen: der Begegnung mit eurer Seele. Wie ich dir schon gesagt habe, alle Menschen auf der Erde sind trotz dessen, was sie unterscheidet, miteinander verbunden. Sie sind alle gleichzeitig in einer bestimmten Epoche engagiert und sie sind viel weniger allein, als sie zu denken neigen.

Oft fragen sich die Menschen, warum nicht alles gut und schön sein kann; warum das Glück nicht ewig andauert, sobald sie glauben, es ergriffen zu haben. Von der Unissenz her finden wir die menschliche Definition von Glück oft pathetisch, denn sie stützt sich auf oberflächliche Werte. Nicht weil wir der Meinung sind, dass die Tatsache, sich zu inkarnieren, sich nicht darauf beschränken dürfe, sich auszuruhen und „ganz einfach glücklich" zu sein, sondern eher, weil die Menschen, da sie den wirklichen Frieden nicht kennen, hybride Beziehungskompromisse eingehen oder ungesunde und degradierende Situationen akzeptieren, in denen sie sich nicht respektiert fühlen. Wie viele geschlagene Frauen bleiben bei ihrem gewalttätigen Ehemann? Wie viele Leute denken, ihr Leben sei ein Erfolg, weil ihre Gesäßbacken fest im Ledersessel ihres Luxusautos sitzen? Wie viele lassen sich von ihrem Vorgesetzten erniedrigen? Wie viele verlieren sich im Strudel der Arbeit, ohne mehr Zeit für ihre Nahestehenden zu haben? Worin besteht das Glück, Güter zu besitzen, die zu schlaflosen Nächten führen aus Angst, sie zu verlieren? Was nützt es, zu mehreren unter demselben Dach zu leben – jeder vor seinem Fernseher –, wenn man dabei emotional Lichtjahre voneinander entfernt ist? Ist es wichtiger, sich stundenlang auf den Stränden auszustrecken, um stärker gebräunt als die anderen zu sein, als der Sonne zu danken, das Leben zu ermöglichen? Viele leben in der trügerischen Glaubensvorstellung, glücklich zu sein, denn sie denken, das gekauft, verstanden, sich geschenkt zu haben, was ihnen Spaß macht oder was ihnen erlaubt, bestmöglich zu leben. Aber glaubt mir, dies ist nicht das Glück. Es lässt sich als etwas viel Größeres, Ungreifbares, Unbeschreibbares zusammenfassen; als ob ihr unaufhörlich den Eindruck hättet, dass eure Brust kurz vor dem Platzen stünde, derart intensiv ist die Emotion. Ihr habt dann Lust, großzügig zu sein; ihr habt mehr Energie, als ihr jemals gehabt hattet; ihr fühlt euch bereit, allem zu trotzen. Nichts erscheint euch mehr hart oder unüberwindlich. Alles erfüllt euch und ihr schreitet unbeschwert voran, weil ihr wisst – egal, was passiert –, dass eure Kraft unerschöpflich und unzerstörbar ist. Natürlich haben viele von euch dieses Gefühl schon gehabt, aber nur vorübergehend. Dieses Glücksgefühl dauert manchmal ein paar Minuten oder einige Stunden, nach einem Ereignis, das euch wichtig erscheint. In den starken Momenten eures Lebens kann es sich sogar über mehrere Tage erstrecken, aber wie viele Personen können wirklich behaupten, jeden Morgen zutiefst glücklich aufzustehen? Und genau in diesem Zustand des euphorischen Glücks befindet sich eure Seele, bevor sie sich auf die Erde stürzt. Und auch genau aus diesem Grund erscheinen ihr die Etappen, die sie in ihre Liste zukünftiger auszuprobierender Situationen einträgt, aus der Sicht der Unissenz niemals als zu hart oder unüberwindlich.

DIE NEGATIVEN SEELEN

- Kommt es vor, dass das von einem Geistführer begleitete inkarnierte Wesen von einer anderen Seele besetzt ist?

- In diesem Fall ist die besetzende Seele immer eine negative Entität, da die positiven Seelen keinerlei Interesse oder Grund hätten, eine inkarnierte Seele zu parasitieren oder zu stören. Diese Entität wird den Geistführer seines Wirts zurückdrängen und in dessen Schützling ein Gefühl der Antipathie ihm gegenüber entstehen lassen; was nach und nach die sie einende Verbindung zerschneiden wird.

- Hat eine Seele, die sich im Jenseits in Qualen befindet, weil sie auf der Erde schwerwiegende Handlungen begangen hat, auch ihren Geistführer?

- Sie hat immer einen solchen. Aber oft sucht sie nicht mehr die Verbindung mit ihm. Sie isoliert sich in ihrem Leid und suhlt sich in ihren negativen Gefühlen.

- Was geschieht mit dem Geistführer der Seele, wenn diese bei Ankunft auf der anderen Seite seine Hilfe ablehnt, um zu einer negativen Entität zu werden und weiterhin zu Lasten der Menschen zu leben, indem sie sie parasitiert?

- Der Geistführer hat nicht nur die Aufgabe und die Sorge, eine Seele zu führen; parallel dazu vervollkommnet er seine eigene Ausbildung und Entwicklung. Wenn die von ihm begleitete Seele während eines langen Zeitraums zu einer negativen Entität wird, hat er keine andere Wahl, als während dieser Zeit eine andere zu begleiten. Wenn die negativ gewordene Seele sich entscheiden wird, zum Licht zurückzukommen, kann er dann das Programm vollenden, das sie gemeinsam begonnen hatten. Wenn er zu diesem Zeitpunkt noch eine andere Seele führt, wird er sich um beide kümmern; allein oder mit der Hilfe eines anderen Geistführers.

- Was passiert, wenn der Geistführer sich wieder inkarnieren möchte, während die Seele, die sich ihm verschlossen hat, in ihren zerstörerischen Schwingungen eingemauert geblieben ist?

- Dies ist kein Problem. Wenn ein Begleitungsprogramm in der Unissenz beschlossen ist, bleiben der Geistführer und die Seele jenseits von Zeit und Raum miteinander verbunden. In diesem präzisen Fall inkarniert der Geistführer sich trotzdem und wird es auf seinem Weg einrichten – ob bewusst oder nicht –, diese fragliche negative Seele zu konfrontieren. Wenn der Geistführer sich ihr nach erfolgter Inkarnation gegenüber sieht, wird diese von demjenigen angezogen werden, den sie als ihren Geistführer „erkennen wird“, und kann – wenn sie es wünscht – sich mit dem Licht verbinden, das er ausstrahlt, um sich zu befreien und in der Unissenz auf eine höhere Ebene zu gelangen. So wie ein

Individuum, das – erwachsen geworden – fähig ist, unter Tausenden die Stimme seiner Mutter zu erkennen, deren Frequenzen in seinem Unbewusstsein eingraviert geblieben sind, wird sie dieses ganz spezifische Licht erkennen und identifizieren.

- Und was geschieht, wenn der Geistführer nicht den Plan hat, sich wieder zu inkarnieren, und die Seele, die er führte, im Stadium einer Entität bleibt?

- In diesem Fall kann die Entität auf dieser Ebene bleiben, solange der Geistführer nicht den Plan hat, woanders hinzugehen.

- Woanders hinzugehen?

- Höher zu steigen, eine andere „Funktion" einzunehmen, eine andere Ebene als die eines Geistführers. Wenn solches der Fall ist, werden andere Geistführer den Fall übernehmen.

- Ich würde jetzt gern besser verstehen, wie die negativen Seelen funktionieren, also die Entitäten. „Schützen" diejenigen, die eine Person bewohnen, sie auf gewisse Weise, damit sie am Leben bleibt, sodass sie sie weiterhin besetzen und so lange wie möglich steuern können?

- Nein. Die Entität – die keine besonderen Gewissensbisse hat – ist sich klar bewusst, dass ihr Wirt nicht unsterblich ist und dass sie keinerlei Interesse daran hat, ihn zu schützen. Sie hat Vorteile davon, dieselbe Person langfristig zu besetzen, denn je mehr Zeit vergeht, desto mehr Einfluss hat sie auf sie. Wenn sie „ihr Territorium" verteidigt, dann aus Eigeninteresse und nicht, um die von ihr parasitierte Person zu schützen.

- Wenn sich zwei besetzte Personen begegnen, was geschieht dann mit den Entitäten, die sie parasitieren?

- Sie werden sich nicht bekämpfen oder gegeneinander opponieren, falls das die Bedeutung deiner Frage ist. Eine Entität schaut nicht sehr weit um sich herum, denn sie ist im Wesentlichen durch das Schlechte, das sie die von ihr besetzte Person erleiden lässt, benebelt. Wenn zwei parasitierte Personen sich begegnen, kann es eine Anziehungswirkung zwischen ihnen geben, denn sie schwingen auf denselben Frequenzen. Entweder werden sie zueinander hingezogen, oder sie sind einander gleichgültig. Aber es gibt keine Abstoßungswirkung, denn die Entitäten fühlen sich von der Begegnung oder den Austauschen der von ihnen parasitierten Personen nicht betroffen, denn jede von ihnen kümmert sich nur um ihr „Territorium".

- Und was geschieht, wenn eine besetzte Person zum Beispiel einer anderen, „mit dem Guten verbundenen" Person über den Weg läuft?

- In diesem Fall wird die Entität, die auf niedrigen Frequenzen schwingt, sich mit höheren Schwingungen konfrontiert finden, je nach dem spirituellen Niveau der Person, der sie begegnet. Da sie sich dadurch angegriffen fühlt, wird sie sofort alarmiert sein; bereit zu kämpfen. Ihre Verteidigungsreaktion wird ein Gefühl des Zorns und der Aggressivität bei dem von ihr parasitierten Wirt aktivieren, ohne dass dieser den Grund dafür versteht, und er schafft es nicht, sich zu beherrschen. Er wird sich dann von etwas überfordert fühlen, das nicht zu ihm gehört und das er Schwierigkeiten hat zu steuern; seine Reaktionen können von einem einfachen Konflikt bis zu Aggression oder Mord reichen.

Sehr oft versteht auch die Person gegenüber nicht, wie ihr geschieht, denn die Reaktion ihres Gesprächspartners passt nicht zur realen Situation oder ist unverhältnismäßig. Wenn die eine Person besetzende Entität sehr mächtig ist, verlässt sie ihren Körper nicht wirklich, sie wird sich auch nicht duplizieren, sondern projiziert eher eine von ihr ausgehende Energie, mit der sie die Person ihr gegenüber provozieren oder sogar angreifen wird.

- Ja, ich habe diese Situation vor ungefähr zwei Jahren schon erlebt, und ich konnte die Erscheinung sehen, die wohl eine sehr niedrige astrale Entität war. Ein Freund, den ich an diesem Nachmittag besucht hatte und der von einem „Viech" besetzt war (so nenne ich diese Art von Entitäten), war plötzlich abscheulich geworden, während wir ruhig dabei waren, im Fernsehen einen Film zu sehen. Sein Gesicht war wie umgewandelt. Er hatte völlig schwarze Augen ohne Pupille und riesige tiefe und dunkle Schatten unter den Augen. Sein Körper und seine Gliedmaßen waren mager und anormal verlängert geworden. Er hatte einen krummen Rücken und ähnelte fast einem Tier. Als ich ihn ansah, fand ich mich einen Sekundenbruchteil in eine irreale und albtraumhafte Welt geworfen. Ich hörte schreckliche Stimmen und ich sah fürchterliche Bilder. Ich glaubte, mein Körper und mein Gehirn würden gleich platzen. Ich hatte Lust zu sterben, so sehr hatte ich Angst, nichts mehr unter Kontrolle haben zu können. Zum Glück wusste ich von der Existenz dieser negativen Kräfte; dies hat mir ermöglicht, die Kraft zu finden, mich nicht von dieser Verrücktheit erhaschen zu lassen. Aber dies war trotz allem ein schrecklicher Kampf mit mir selbst, um präsent zu bleiben und mich nicht überwältigen zu lassen. Außerdem hatte ich dich gerufen, um mir zu Hilfe zu kommen, und du hast mich diesem Albtraum entrissen. Heute denke ich, dass ich diese Erfahrung machen musste, um diese niedrige astrale Welt zu kennen und diejenigen Leute besser zu verstehen, die diese Art von Halluzinationen haben. Aber kannst du mir sagen, wie diese Entität es gemacht hat, mein Gehirn dermaßen zu parasitieren? Wie hat sie es gemacht, um zu erscheinen?

- Wenn dieses Phänomen geschieht, ist das so, als ob die Entität ihre Energie auf die Wände, den Raum, den Boden ausbreitete. Eine mächtige Entität kann dein Sehen beherrschen. Um dir ihre Welt erscheinen zu lassen und um deinen mentalen Prozess zu stören, braucht sie nicht in dein Inneres einzudringen; es reicht ihr, sich gerade mit dir zu verbinden. Es gibt ein unkalkulierbare Zahl normaler Personen, die an ernsten mentalen Störungen leiden, weil sie unter der Kontrolle einer Entität stehen. Wenn niemand diese Verbindung zwischen der Person und der Entität abschneidet, hat diese Letztere keinen Grund, ihr machiavellistisches Manöver zu beenden. Ihr Opfer sinkt in die Verrücktheit oder glaubt, den Verstand verloren zu haben; zu Unrecht. Man muss sehr vorsichtig sein, um diesen Schleier der Entität zu entfernen. Sich daran zu machen, dies zu tun, ist wie der Entität den Krieg zu erklären. Es ist unbedingt notwendig, sich vorher zu schützen oder die Höheren Instanzen zu bitten, dies zu tun, weil die Entität mit Leichtigkeit die Person fangen kann, die ihren Schleier angreift; egal ob sie in der Nähe ist oder aus der Entfernung handelt. Der für das Entfernen eines Schleiers verwendete Prozess ist nicht derselbe wie für das Entfernen einer Parasitierung oder einer Gedankenform. Man muss schrittweise vorgehen. Bevor man die besetzte Person befreien will, muss man den Raum, den die Entität verwendet, um Visionen zu projizieren, und der die von ihr gestörte Person umgibt, in positive Energie umwandeln. Nachdem dieser Raum umgewandelt wurde, ist es leichter, auf der Ebene der Entität zu intervenieren, damit sie von den Geistführern der Unissenz übernommen wird. Wer diese Reinigung durchgeführt hat, muss unbedingt seinen Verbindungskanal mit dem Jenseits abschneiden, der sich an der Spitze des Schädels befindet, und sich fest in der Erde verankern.

DIE BEDEUTUNG DER BEGEGNUNGEN

- Wenn sich zwei Personen, die von jeweils einer Entität bewohnt werden, welche sich im Konflikt miteinander befinden, begegnen - wie reagieren die beiden Entitäten, die sich plötzlich einander gegenüber finden?

- In diesem Fall gibt es eine Form der Anziehung zwischen den beiden Entitäten; als ob der Hass der einen den der anderen verstärkte. Trotzdem werden die beiden Entitäten sich in dem Konflikt nicht verstehen. Sie werden nicht miteinander kommunizieren, sondern ganz einfach gegenseitig von ihrer Macht profitieren, um die Menschen besser zu beeinflussen.

- Und wenn sich umgekehrt zwei Personen ineinander verlieben, entspricht dies einem Plan ihrer Geistführer?

- Je nachdem. Manchmal ist es vorgesehen, dass sich zwei Personen begegnen, weil sie voneinander zu lernen haben, aber andere Begegnungen geschehen einfach zur Freude oder aus Anziehung.

- Aber du hattest mir gesagt, dass die Begegnungen niemals Zufälle sind?

- Ja, und dabei bleibe ich. Die Personen, denen ihr im Verlauf eures Lebens begegnet, haben immer eine Rolle zu spielen; selbst wenn nicht alle eure Begegnungen im Voraus programmiert sind. Es gibt die „großen Begegnungen“, die auch die Möglichkeit für eine beträchtliche Entwicklung geben werden, und die weniger wichtigen Begegnungen, die Zwischenspiele zwischen zwei Geschichten sind. Die nicht programmierten Begegnungen sind zusätzliche Erfahrungen geringerer Intensität, die das Hauptprogramm vervollständigen werden. Sie sind vorübergehend und dienen dazu, euren Gedanken zu wechseln - in Lebensphasen, in denen ihr zum Beispiel in schlechter Stimmung seid, mangelnde Tatkraft oder ein Gefühl der Unterbeschäftigung habt. In diesem Fall aktivieren wir dann ganz einfach in euch das Programm der Anhänglichkeit an jemanden, ohne dabei eine bestimmte Person festzulegen. Es ist nicht notwendig, alle diese Begegnungen geringerer Bedeutung im Voraus vorzusehen. Wir organisieren sie im geeigneten Moment. Die wichtigen Begegnungen, die euch die Möglichkeit zur Entwicklung geben werden, sind schon in eurem Inkarnations-programm eingetragen. Unsere Intervention löst in dem in der Planung eurer Entwicklungsphasen festlegten Moment das Verliebtheits- oder das Gebundenheitsgefühl für eine präzise Person aus. Der Geistführer der Person, der ihr begegnet, geht ebenso vor.

Ich fasse zusammen: Allgemein gesehen greift ihr entweder direkt ein, indem uns bei wichtigen Begegnungen das Liebesgefühl gegeben wird, oder ihr aktiviert diese Fähigkeit in uns; also haben wir niemals wirklich die Entscheidung.

Das nicht, ihr entscheidet niemals allein, und ich denke, dass du das bemerkt hast (lacht). Aber auch wenn die Geistführer euch die Arbeit oft vorkauen, bleibt euch dennoch ein großer Handlungsspielraum, bei dem es sich um euren freien Willen handelt.

- Gilt das auch für unsere Freundschaftsbeziehungen?

- Die freundschaftlichen Beziehungen dienen vor allem dazu, eure Werte und eure Glaubensvorstellungen reifen zu lassen. Ihr „wählt“ oft die Konflikt- oder Einvernehmenssituationen mit bestimmten Personen, die euch ermöglichen werden, euch infrage zu stellen und das neu zu bewerten, was ihr für sichere Werte gehalten habt. Zum Beispiel: Die Glaubensvorstellung, niemals einen Freund enttäuschen zu können, weil die euch einende Verbindung solide ist, oder die Gewissheit, dass ihr bereit seid, eure Grenzen hinauszuschieben oder euch für eine euch teure Person zu opfern. Oft entwickeln sich die Personen im Verlauf ihrer freundschaftlichen Beziehungen. Beobachte, wie die Individuen sich gegenüber ihren Freunden verhalten, und du wirst viel über sie lernen, über ihre Entwicklung, ihr Verständnis der Dinge, ihre Loyalität und ihre Fähigkeit zu lieben. Ja, die freundschaftlichen Affinitäten sind oft im Voraus vereinbart, weil sie grundlegend und unerlässlich für eure Entwicklung sind. Sie spiegeln zum großen Teil das wider, was ihr seid.

- Manchmal kommt es vor, dass man eine Person kennen lernt, mit der man sich spontan verträgt und bei der man den Eindruck hat, sie schon gekannt zu haben oder ihr schon begegnet zu sein, während dies faktisch unmöglich ist; was ist der Grund dafür?

- Allgemein gesagt, wenn zwei Personen, die sich begegnen, sich voneinander angezogen fühlen oder eine sofortige Eintracht feststellen, so liegt es entweder daran, dass sie sich in einem früheren Leben begegnet sind, oder daran, dass sie durch eine gemeinsame Leidenschaft verbunden sind, die ihnen ermöglichen wird, ihre Balken zu entwickeln. Diese Eintracht kann sich sogar in eine gegenseitige Begeisterung füreinander verwandeln, oder zu einer Liebe auf den ersten Blick, wenn sie gerade im gleichen Zeitraum dieselben Balken entwickeln. Diese enge Beziehung kann mehr oder weniger lange anhalten; so lange, wie erforderlich ist, damit die Personen lernen und auch den Balken der Begeisterung für eine andere Person füllen. Manchmal braucht es Jahre, manchmal reichen ein paar Tage. Die Geistführer lösen Situationen der Begeisterung füreinander aus, denn sie können die echte Liebe nicht vorhersehen; sie können jedoch die Bewunderung, die Lust zum Teilen, die Solidarität usw. hervorrufen.

Nur die echte Liebe ermöglicht es, etwas Wahres mit dem Nächsten zu leben. Die anderen Gefühle sind immer ein Mittel, Erfahrungen zu machen, in der ganzen Breite der Bedeutungen, die dabei mitschwingen. Eine Diskussion mit jemandem zu haben, eine gemeinsame Aktivität zu teilen oder ein Ereignis zu erleben, bei dem der andere nur eine sekundäre Rolle einnimmt, ermöglicht das Kennenlernen verschiedener Gefühle oder Emotionen wie: Hilfe erhalten, Ablehnung, Komplizenschaft, sich in der Schuld fühlen, Bewunderung erleben, die zu Motivation führt, usw.

- Und bei den anderen Beziehungen, die wir haben können; diejenigen, die nicht freundschaftliche oder angenehme sind sondern die eher auf der gegenteiligen Seite liegen?

- Wir tun nur selten schlechte Dinge auf euren Weg; ihr kümmert euch darum schon ziemlich gut selbst. Vergiss nicht, dass ihr aus der Unissenz gekommen seid mit einem Inkarnationsprogramm, das ihr persönlich festgelegt habt, selbst wenn ihr euch dessen nicht mehr bewusst seid. Aus einer Passage eures Lebens werdet ihr, aufgrund eurer Glaubensvorstellungen, eurer Funktionsweise, der vorliegenden Problematik, eine gewisse Energie entwickeln, gewisse Gedanken, die den Erfahrungen, die ihr anschließend erleben werdet (wobei ihr euch für Opfer haltet) Form geben werden. Wenn sie den Unissenz verläßt, wählt ihre Seele ein Programm. Indem sie zu einem Menschen wird, während ihr euch inkarniert, trefft ihr die Wahl der Mittel. Das ist, um wieder die vorherige Metapher der Autobahn aufzugreifen, als ob es vorgesehen sei, dass ihr zum Essen an einem Rastplatz anhaltet, wo ihr selbst das Menü auswählt, das ihr konsumieren werdet. Wir führen euch nur bis zu diesem Rastplatz an der Autobahn, wo wir euch die Mittel und die Möglichkeiten bereitstellen, euren Hunger zu stillen. Um dir ein anschaulicheres Beispiel zu geben: ein Mann, der sich mit der Idee inkarniert, seinen eigenen Wert zu erkennen, wird – nachdem er auf der Erde angekommen ist – die Schläge eines gewalttätigen Chefs erleiden. Natürlich wird er nicht programmiert haben, die Gewalt zu erleiden, sondern eine schmerzhafte Situation auszuprobieren, die ihn dazu führen wird zu verstehen, dass sein Leben ihm gehört, dass er einen Wert hat und dass er sich respektieren muss. Er hätte den fehlenden Respekt vermittels anderer Situationen, anderer Formen von Gewalt erleben können.

- Können wir bestimmte Situationen vereiteln und entscheiden, uns die schmerzhaften Erfahrungen zu ersparen, um maßvollere Erfahrungen auszuwählen?

- Nein, euer einziges Mittel, eine Situation zu beenden, besteht darin, schnellstmöglich zu verstehen, warum sie stattfindet. Wenn du erlaubst, kehren wir nochmals zur Cafeteria an der Autobahnraststätte zurück. Mit den wenigen Geldstücken, die dir verblieben sind, hast du ein Sandwich gekauft, um dich zu sättigen, und du stellst bereits beim ersten Bissen fest, dass sein Geschmack dir absolut nicht gefällt. Also verpackst du es wieder in Papier und steckst es in deine Tasche. Wieder auf der Autobahn, realisierst du – nach einigen Hundert Kilometern ohne eine neue Raststätte –, dass das einzige Mittel, deinen Hunger zu stillen, darin besteht, das angebrochene Sandwich ganz aufzuessen; selbst wenn du es wenig appetitlich findest. Wenn du dich trotz allem dafür entscheidest, es in das Handschuhfach deines Autos zu tun, d. h. ein unangenehmes Ereignis zu verbergen, so bleibt es dennoch in deinem Auto; also in deinem Leben. Du kannst ein Programm nicht wegwerfen, nachdem du es angebrochen hast.

- Vorhin sagtest du mir, dass die größeren Ereignisse bereits entschieden sind, wenn wir die Unissenz verlassen?

- Ja, die Seele wählt einen großen Teil davon. Es gibt jedoch Elemente, die auf ihrem Weg erst noch zu platzieren sind, die sie nicht vorausplanen kann, denn sie weiß nicht, wann sie in der Lage sein wird, sie zu verkraften. Bevor sie sich inkarniert, stellt sie eine Liste der Wünsche und Projekte auf, die jedoch nicht alle von ihrem Geistführer und den Höheren Instanzen akzeptiert werden, die ihrerseits Zugriff zu ihren intrinsischen Ressourcen haben. Es gibt jedoch gewisse Elemente, gewisse markante Ereignisse, die im Voraus festgelegt sind und nicht in eine nächste Inkarnation verschoben werden können. Es gibt ein Hauptinkarnationsprogramm, das im Voraus im Allgemeinen nicht durch die Seele festgelegt wird und für das der Geistführer mehr Entscheidungsmacht hat, denn er muss sich an alle Situationen anpassen, die im Moment vom freien Willen seines Schützling beeinflusst werden, und sich vergewissern, dass er daraus eine Lehre zieht. Parallel dazu gibt es andere, zusätzliche Programme. Es gibt DIE Sache, DAS Thema, das die Seele plant auszuprobieren, und die Balken, die sie vorhat zu entwickeln. Die programmierten Ereignisse sind daher diejenigen, die sie sich in diesen Bereichen entwickeln lassen werden und die nicht unbedingt das Hauptinkarnationsprogramm berücksichtigen. Natürlich müssen die Programme dennoch zueinander passen, und aus diesem Grund legt der Geistführer bestimmte Dinge im Voraus fest. Jedoch überschreitet das, was der Geistführer aufstellt, niemals die der Seele zur Verfügung stehenden Mittel und geht niemals über ihre Fähigkeit, diese Aufgabe bzw. dieses Problem zu überwinden, hinaus. Diese Bedingung wird vor dem Weggehen aus der Unissenz einvernehmlich festgelegt.

Vor ihrer Inkarnation hat die Seele die Möglichkeit, Einsprüche einzulegen und zu bitten, bestimmte Situationen nicht durchqueren zu müssen. Sie kann zum Beispiel bitten, nicht die Erfahrung des Mordes zu machen, und im Allgemeinen wird ihre Bitte akzeptiert. Aber es ist wichtig, negative Dinge zu erleben, um das Wissen zu erlangen und sich zu entwickeln. Die Betonung wird mehr auf den Folgen der Handlung und ihren vorausgesetzten Entwicklungsmöglichkeiten liegen, als auf der Handlung selbst. Außerdem sind die Schwierigkeit und die Härte der gewählten irdischen Mittel für die deinkarnierte Seele nicht mehr greifbar. Aus diesem Grund wird sie nicht unbedingt ein Veto einlegen, um bestimmte Prüfungen nicht zu erleben – so schrecklich sie auch sind –, denn sie sieht mehr den Endzweck als die Prüfungen als solche.

VERPFLICHTUNGEN UND VERSPRECHEN

An jenem Tag war ich damit beschäftigt, meine Schubladen zu sortieren, als ich einen Brief fand, den mir eine Freundin einige Jahre vorher geschrieben hatte, und der mit „... Du wirst immer in meinem Herzen bleiben" endete. Ich dachte dann an die Personen, denen ich in meinem Leben schon begegnet war und bei denen ich gedacht hatte, dass ich „für immer" in Kontakt mit ihnen bleiben würde. Ich erinnerte mich an diese gegenseitigen Versprechen, die wir uns völlig aufrichtig gegeben hatten, immer füreinander da zu sein, egal was geschehe. Die Zeit und die Ereignisse hatten dazu geführt, dass unsere Wege sich getrennt hatten. Oft aus Gründen, die mir heute ziemlich belanglos erscheinen. Ich fragte mich dann, was wohl mit den Versprechen geschieht, die die Leute sich völlig aufrichtig aus dem Moment heraus geben, aber auch aus all denjenigen, die leichtfertig gemacht werden, aus Heuchelei, aus Leichtsinnigkeit oder betrügerisch. Was wird in der Unissenz aus denjenigen, die das gegebene Wort nicht achten? Kaum hatte ich begonnen nachzudenken, da spürte ich eine vertraute Präsenz in einer Ecke meines Geists, die schon die Antwort auf alle meine Fragen zu haben schien. Dies nutzte ich dann, um sie ihm direkt zu stellen.

- Sag mir, Mephisis, binden uns die ewigen Versprechen, die wir uns machen, wie etwa: „Ich werde dich niemals vergessen“, „ich werde dich ewig lieben“, „ich werde immer für euch da sein“ usw., in der Unissenz?

- Nicht alle. Es gibt die Versprechen der Seele und die des Herzens. Das Herz ist irdisch, die Seele zeitlos. Dies hängt ganz einfach vom Entwicklungsniveau der inkarnierten Seele ab. Die weniger hoch entwickelten werden nachlässig versprechen und werden oft nicht einmal den Mut haben, ihre Versprechen zu ihren Lebzeiten einzuhalten. Andere – mit mehr Gewissenhaftigkeit – werden sich tatsächlich und aufrichtig verpflichten, egal über welchen Zeitraum sich das Versprechen erstreckt. Aber man darf niemals vergessen, dass es in der Unissenz keinerlei Verpflichtung gibt. Die gehaltenen Versprechen sind ganz einfach diejenigen, die man vom Herzen her halten möchte. Die entwickelten Seelen halten im Allgemeinen ihre Versprechen, denn sie sind sich der Symbolik und des Werts der Verpflichtung bewusst und sie fühlen sich fähig, sie einzuhalten. Dies bedeutet nicht, dass die weniger entwickelten Seelen nicht in der Lage wären, ihre Verpflichtungen einzuhalten. Alles ist eine Frage der persönlichen Ethik. Erinnere dich an das, was ich dir über die Balken gesagt habe: Eine Seele auf einem noch schwachen Niveau kann ihren Balken der Verpflichtung schon gut gefüllt haben und aus diesem Grund über die Mittel und die Kraft verfügen, ihre Versprechen zu halten. Es gibt keine Regel an sich.

- Wenn sich zwei lebende Wesen das Versprechen geben, sich im Jenseits wieder zu treffen, funktioniert das dann?

- Im Allgemeinen ja. Wenn sie in diesem Geisteszustand bleiben, nachdem sie in die Unissenz zurückgekehrt sind, wachen ihre Geistführer darüber, dass die Begegnung stattfindet. Aber die Rückkehr kann Überraschungen bereithalten, denn in diesem Moment hat jeder Zugang zu den Informationen über die Vergangenheit des anderen: auf seine Taten, seine Gedanken, seine dunklen Zonen usw. Die Entdeckung kann enttäuschend sein und die Lust beenden, die als Sterblicher gemachten Versprechen einzuhalten.

- Können sich zwei Liebende in verschiedenen Inkarnationen wiederfinden, wenn sie dies wünschen?

- Das ist ihnen möglich, aber es hängt nicht nur von ihrem guten Willen ab. Außerdem haben die Seelen, die sich in einem Leben tief geliebt haben, oft Angst, im folgenden einen Fehler zu machen und die kostbare Verbindung, die sie eint, zu zerbrechen. Sie ziehen es vor, sich auf der anderen Seite wiederzufinden, wo die eine von ihnen eventuell die Zeit abwarten kann, dass die andere eine Inkarnation durchlebt. Alles hängt davon ab, was sie beide jeweils zu experimentieren haben. Wenn die eine die Erfahrung machen muss, ein Aggressor, und die andere, ein Opfer zu sein, werden sie sich nicht entscheiden, sich zusammen zu inkarnieren, denn diese „Begegnung“ birgt das Risiko, dass sie sich für immer trennen. Wenn sie dennoch die Wahl treffen, sich zu begegnen, werden sie aus Vorsicht die Zeit einer Sommerliebe bevorzugen, statt das Risiko einer Langfristbeziehung schlechter Qualität einzugehen, durch die die Verbindung beschädigt und bei der Rückkehr in die Unissenz Bedauern hervorgerufen werden könnten. Die Seele weiß, dass sie – nachdem sie wieder inkarniert sein wird – ihre vorherigen Leben und die ihr teuren Seelen vergessen wird. Auch ist es schwierig für sie vorherzusehen, wie sie sich gegenüber der Person, die sie in ihrer nächsten Inkarnation wieder treffen möchte, verhalten wird; selbst wenn sie sich ihr als deinkarnierte Seele sehr nah fühlt. Wenn die Seelen hingegen sehen, dass ihre beiden Wege kompatibel sind, können sie sich ohne Furcht zusammen inkarnieren.

- Was passiert, wenn eine Seele Lust hat, eine andere wiederzufinden, die dazu aber keine Lust hat?

- Auf der 2. Ebene ist dieser Fall sehr selten, denn die gebetene Seele hat keine Lust, Schmerz zu verursachen, und daher wird sie sich oft die Mühe machen, der Bitte zu entsprechen. Aber man sollte nicht glauben, dass die Seelen, nachdem sie wieder in dem Unissenz gekommen sind, sich in der Sonne an einem einsamen Strand ausruhen könnten. Sie finden oft diejenigen wieder, mit denen sie sich in der letzten Inkarnation auf der Erde entwickelt haben, um eine Nachbesprechung durchzuführen, und manchmal sogar, um einigen von ihnen Rechenschaft abzulegen.

DIE ROLLE DER SEELEN AUF DER ERDE

- Heute will ich dir eure Rolle als inkarnierter Mensch hier auf eurem Planeten in der Raum-Zeit erklären, die eure Epoche darstellt. Es gibt zahlreiche Ereignisse zwischen eurer Geburt und eurem Tod: von den wichtigsten bis zum banalsten, vom alltäglichsten Gefühl bis zum extremsten Empfinden, von gemeinsamen Erlebnissen bis zum persönlichen Erleben. Von eurer persönlichen Geschichte bis zu der eurer Ahnen, von eurem Programm in Verbindung mit dem der anderen, geht ihr im ganzen Verlauf eures Lebens durch eine Vielzahl von Erfahrungen, die euch manchmal beliebig und zufällig erscheinen. Doch auch wenn ihr sie auf diese Weise wahrnehmt, sind ihre Auswirkungen niemals unbedeutend. Kein Erlebnis ist unnütz, keine Minute ist verloren. Es gibt keinen Begriff der Zeit, es gibt keinen Begriff des Raums, alles sind nur Aktionen und Begegnungen, Austausch und Fortschritt. Dein Gespräch mit der Bäckerin jeden Morgen, selbst dieses in deinen Augen banalste und inhaltsleere Geplauder, hat seine Bedeutung: Das ausgetauschte „Guten Morgen“ wird dem Tag beider eine sympathische Note bringen. Du freust dich in frisches Brot zu beißen. Der Bäcker, der mit seinem Team in der Nacht arbeitet, um die Ofenfüllung des Morgens vorzubereiten, wird für seine harte Arbeit entlohnt. Der nächste Kunde in der Warteschlange wird – beeinflusst durch euren Austausch von Sympathie – Lust haben, seinerseits mit den anderen Kunden zu sprechen, und in diesem Schwung der Fröhlichkeit sein Gebäck kaufen und dadurch gleichzeitig seiner Frau und seinen Kindern eine Freude machen, die im Gegenzug einen Gefühl der Zuneigung für ihn haben werden.

Ihr wisst niemals, was eine Minute oder wenige Sekunden im Leben von jemandem verändern können. Wer weiß, ob die Minute, die ihr dachtet, verloren zu haben durch das Gespräch mit der alten, sich an ihrem Rollator festklammernden Dame, die euch leid tat auf der Straße, nicht die Minute gewesen ist, die euch etwas später so gerade eben dem LKW auf der Autobahn hat entkommen lassen, dessen Fahrer sich durch einen Telefonanruf seiner Frau hat ablenken lassen. Wobei sie selbst sich hunderte Kilometer entfernt im Wartesaal des Arztes befand, den sie wegen ihres Kindes mit Fieber aufsuchte, und die, während sie auf das Telefongespräch konzentriert war, ohne es zu wollen einen Mann vorgelassen hat, der gerade im Begriff war, Herzbeschwerden zu bekommen. Dieser konnte deshalb vom Arzt behandelt werden und so vor dem Tod gerettet werden.

Alles im Universum ist Interaktion, denn alles wird von Energie bewegt, und aufgrund seiner Existenz, seiner Bewegung oder seiner Veränderung beeinflusst jedes Wesen und jede Sache das Ganze. Ihr alle seid permanent miteinander verbunden. Es ist Zeit, dies zu begreifen, zu verstehen, um sich bestmöglich entwickeln zu können. Ihr habt alle eine Geschichte, ein individuelles Programm, aber jeder Mikrometer eures Lebensplans steht in Resonanz und vibriert mit all denjenigen, denen ihr auf eurem Weg begegnet, und die euch – durch den mehr oder weniger prägenden Einfluss, den ihr Weg auf den euren haben kann – ermöglichen voranzuschreiten. Ich habe dir schon erklärt, dass alle Gefühle und alle Emotionen wichtig sind: Freundschaft, Feindschaft, Entsetzen, Vergnügen usw., weil sie immer Teil einer Vorgehensweise positiver Entwicklung sind. Die Höheren Ebenen der Unissenz lassen euch nicht einfach durch spezifische Lebensetappen, Dramen und unangenehme Gefühle gehen, nur um euch leiden zu sehen, sondern um euch Gelegenheit zu geben, zu verstehen, eure Fähigkeiten auszuprobieren und euch zu entwickeln. Es sind die negativen Handlungen und Empfindungen, die zur Veränderung drängen. Das Wohlbefinden und das Glück fördern das Steckenbleiben in der Untätigkeit. Zu viele Menschen blasen Trübsal in ihrem Zustand des Opfers, dass seinem unglücklichen Schicksal machtlos gegenüber steht, denn sie sperren sich in ihrem individuellen Leid ein. Ihr erleidet nichts aus Pech oder unglücklichem Zufall – so, wie viele von euch es glauben –, und selbst die tragischen Situationen gestalten euren Entwicklungsweg. Vor dem „großen Sprung“ der Inkarnation hat eure Seele freiwillig entschieden, mit Tücken besäte Wege auszuprobieren, denn sie wusste, dass sie sie zu weiten Ebenen führen würden. Wenn ihr versuchen würdet, die Bedeutung eurer Erlebnisse zu verstehen, würden eure Fortschritt euch leichter erscheinen. Ihr solltet immer im Auge behalten, dass ihr zur Entwicklung auf der Erde seid, dass euer Leben die praktische Ausübung der in der Unissenz gelehrten Theorie ist. Die Praxis ist euch für das richtige Verständnis der Dinge unerlässlich, aber sie erlaubt euch auch, euch zu formen, eure Persönlichkeit zu schmieden, eure Wünsche zu definieren. Ihr könnt nicht wissen, ob ihr das Schwimmen liebt, bevor ihr ins Wasser springt. Es ist unerlässlich, die Dinge zu leben, um sie zu verstehen, sie euch je nach euren Empfindungen, euren Fähigkeiten und eurem Verständnis anzueignen.

DAS UNIVERSUM DES GREIFBAREN

- Bevor ich fortfahre, ist es wichtig, dass ich dir ein oder zwei fundamentale Konzepte erkläre. Die meisten Menschen haben eine rationale Sicht des Kosmos. Sie sind sich der Existenz von Milliarden Sonnensystemen bewusst, die mehr oder weniger nach demselben Prinzip funktionieren: die Zeit, der Raum und die Materie überlagern sich in einer durch Energie bewegten Welt, die von einem Zustand in einen anderen übergeht. Sie berücksichtigen die Naturgesetze, aber verschleiern die feinstoffliche Welt, die sich auf einem anderen energetischen Niveau befindet.

Parallel zur Erde existieren andere Welten, die von Lebensformen bevölkert sind, die sich auf anderen feinstofflichen Ebenen befinden und von ihren eigenen Systemen mit einer genau bestimmten Funktion abhängen. Um dir ein sehr schematisches Bild davon zu geben, würde ich sagen, dass die Welten des Greifbaren von zwei großen Instanzen regiert werden: der Unissenz, die die Welt des Guten ist, und der Antissenz, die die Welt des Schlechten ist. Das Universum des

Greifbaren ist nicht unbegrenzt, aber es ist in ewiger Veränderung. Seine Grenzen werden immer weiter hinausgeschoben, weil die Unissenz und die Antissenz sich in konstanter Transformation befinden. Jede Instanz besitzt greifbare Welten, Planeten, die die Inkarnation von Seelen erlauben, die sich im Guten oder im Schlechten entwickeln. Die Erde, auf der du lebst, ist ein Planet, der zu einer Welt unter vielen anderen gehört, die von der Unissenz regiert werden.

Ich kann hier nicht die Entstehung der Welten der Antissenz besprechen, die ursprünglich Welten der Unissenz erobert hatten. Da die Unissenz sich auf den greifbaren Welten entwickelt und die Seelen der Antissenz durch den Kampf zwischen dem Schlechten gegen das Gute motiviert sind, mussten sie sich an das Konzept der Welten der Unissenz anpassen, um handeln und bremsen oder sogar ihre Entwicklung umkehren zu können. Du musst unbedingt verstehen, dass es sich nicht um eine einfache Eroberung eines Territoriums handelt. Die Unissenz hat nicht das Ziel, Gebietsgewinne zu verzeichnen, sondern sie ist verpflichtet zu kämpfen, um das Gute herrschen zu lassen. Die Antissenz, die von dem Willen bewegt wird, aufzuzwingen, was sie für das Richtige hält, ist überzeugt, dass man die Unissenz und die Welten, aus denen sie besteht, zerstören muss, denn sie stellt das einzige Hindernis dar, das sich ihrer Vorherrschaft entgegenstellt.

- Ich habe den Eindruck, dass es ein ewiger Kampf zwischen dem Guten und dem Schlechten ist, während ich dachte – vielleicht naiverweise –, dass das Gute definitionsgemäß immer die Oberhand hätte. Warum lösen diese gegnerischen Welten nicht einen „allgemeinen Krieg“ aus?

- Weil die Welten des Greifbaren zu ausgedehnt sind. Es ist nicht möglich, dass es irgendwann nur noch einen Gewinner und einen Verlierer gibt. Und weil die Seelen der Unissenz keine vollständige Kenntnis von der Ausdehnung und der Funktionsweise der Antissenz haben und umgekehrt. Einen allgemeinen Krieg zu führen, hat keinen Sinn. Die Seelen haben keine Möglichkeit, sich gegenseitig zu vernichten, weil sie nicht sterblich sind. Dieser „Krieg" ist subtiler und gefährlicher, denn es geht für beide Seiten darum, die Seelen zu überzeugen und sie zu dem neigen zu lassen, was sie für gut und richtig halten.

- Gibt es Gesetze zwischen den beiden Sphären?

- Ja und nein. Die Welten, die der Unissenz und der Antissenz angehören, sind den Regeln ihrer jeweiligen Sphäre unterworfen, und zwischen den beiden Sphären besteht eine Form impliziter Regeln. Es ist unmöglich, ins Detail zu gehen, denn ich müsste dir die Funktionsweise und den Einfluss zahlreicher anderer sehr komplexer Elemente erklären. Weil die Menschen die Erinnerung an diese Regeln verloren haben, indem sie sich inkarnierten, haben die Geistführer – unter anderem – die Aufgabe, sie zu führen und sie auf ihrem irdischen Weg zu begleiten.

- Gibt es Planeten, die zur Unissenz gehören, und andere, die zur Antissenz gehören?

- Ja, so könnte man es zusammenfassen; selbst wenn die Dinge sich jederzeit umkehren oder verändern können. Es ist nicht immer alles ganz weiß oder ganz schwarz.

- Gibt es Inkarnationsformen, die der Unissenz oder der Antissenz eigen sind?

- Ja, und du hast es übrigens schon vielfach bemerken können, dass die Antissenz, obwohl der Mensch eine der Unissenz angehörende Lebensform ist, die Macht hat, seine menschliche Seele zu beeinflussen.

- Können Entitäten der Antissenz in die Unissenz kommen, ohne eine menschliche Form anzunehmen, um sie zu beeinflussen?

- Nein, so läuft das nicht. Sie haben die Fähigkeit, den Leidenszustand oder die Schwächen der Seelen auszunutzen, die dort inkarniert sind, um – ausgehend von den Plänen der Antissenz – negative Gefühle in ihrem Geist, in ihrem Unbewussten zu induzieren, um sie zu korrumpieren oder sie zu drängen, negative Handlungen zu begehen. Indem sie in die Spirale des Schlechten eintauchen, werden diese Personen in der Selbstzerstörung versinken oder Leid für den Nächsten erzeugen, um ihr eigenes Leid zu kompensieren; dies wird zur Folge haben, dass sie sich von ihrem Geistführer abwenden, indem sie sich an eine „andere Hilfe" wenden. Bei ihrem Tod – in Trennung von ihrem Geistführer – werden sie nicht mehr das Ziel haben, in die Unissenz zurückzukehren. Sie können auf den greifbaren Welten bleiben und – indem sie zu Abgesandten der Antissenz werden – ihrerseits andere inkarnierte Seelen beeinflussen, damit diese kommen, die Ränge der dem Schlechten geweihten Entitäten zu vergrößern.

Das aktuelle Problem ist, dass die leidenden Seelen und die Entitäten auf der Erde sich im Laufe der Zeit und der unzähligen menschlichen Reinkarnationen vervielfacht haben. Aus diesem Grund ist es wichtig und dringend, das Niveau der Erde zu erhöhen, damit diese nicht zum Spielfeld der Entitäten wird. Die unangenehmen, negativen Gefühle sind unerlässliche Mittel, die den Seelen auf der Suche nach Entwicklung zur Verfügung gestellt werden, aber sie müssen Mittel bleiben und dürfen nicht zu Ressourcen werden: entscheidend ist, sie zu überwinden.

- Ist es den Entitäten, die sich der Antissenz angeschlossen haben, möglich, auf die eine oder andere Weise auf die Erde zurückzukommen, um die Menschen zu beeinflussen?

- Nein, das ist unmöglich; der Weg ist für sie wie vernebelt. Die auf der Erde wirkenden Entitäten hingegen können leicht mit der Antissenz in Verbindung bleiben und kommunizieren.

- Haben die Entitäten Geistführer, wenn sie sich in diesen Welten inkarnieren?

- Nein, denn da sie nicht in der Perspektive einer Entwicklung sind, haben sie kein Bedürfnis, sich helfen zu lassen. Nichtsdestotrotz respektieren sie die Entitäten ihrer Höheren Instanzen und leisten ihnen den Treueeid, dem Vorbild der Unissenz folgend.

- Warum inkarnieren sie sich in diesen Welten?

- Weil sie in der Vorstellung leben, die Welten des Guten zu bekämpfen. Man muss verstehen, dass diese negativen Geister sich in ihrem letzten Leben alle verraten oder verlassen gefühlt haben. Dazu kam es, weil sie als inkarnierte Wesen die Erinnerung an ihre freiwillige Inkarnationsentscheidung verloren hatten. Durch das Bekämpfen erfüllen sie das Bedürfnis, sich für die von ihnen erlittenen Leiden zu rächen. Manchmal sind sie in der Glaubensvorstellung, die Verteidigung der inkarnierten Seelen, die sie für Opfer der Tiefschläge der Unissenz halten, zu übernehmen - mit der vollen Überzeugung, eine gerechte Sache zu verteidigen.

Die Unermesslichkeit des Universums zu verstehen, das, was seine Welten ausmacht, ihre Funktionen, ihre Absichten, ihr Handlungsfeld, und der Einfluss von jeder von ihnen auf das Ganze, ist nicht in der Reichweite des menschlichen Wesens. Auch ist das Ziel hier nicht, das Universum in seiner Gesamtheit zu erklären, sondern nur – im Rahmen des Möglichen – das anzusprechen und euch bekannt zu machen, was den Menschen beeinflusst und was ihn berührt. Was ich sagen will, ist, dass ich nur das aufdecken kann, was in Reichweite eures Verständnisses liegt. Vor allem, dass noch zu viele Menschen sich keine andere Fortsetzung ihres Lebens vorstellen, als das natürliche Recycling ihrer alten Knochen. Das Universum ist eine umwälzende Kraft. Alles folgt aufeinander, alles ist miteinander verbunden, jede Sache hat ihr Gegenteil und jede Sache erzeugt Konsequenzen. Die Universen des Greifbaren sind mit einem unermesslichen Wald vergleichbar. In diesem Wald gibt es Riesenbäume, und auf einem dieser Bäume gibt es einen Zweig, und auf diesem Zweig ein blaues Blatt: den Planeten Erde.

Was geschieht im Zeitraum weniger Sekunden auf der Welt? Wie viele erlebte Emotionen, und Wechselbeziehungen zwischen den Milliarden Wesen, die eure Erde bevölkern? Und damit sprechen wir nur von eurem Planeten. Wie viele neue Seelen nehmen gerade jetzt ihren ersten Atemzug nach der Geburt aus dem Bauch ihrer Mutter. Wie viele Ältere atmen parallel ihren letzten Atemzug? Könntet ihr auch nur sagen, wie viele Emotionen euch an einem Tag, in einer Woche bewegt haben? Wann habt ihr euch das letzte Mal wirklich lebendig gefühlt? Und was bedeutet das für euch: lebendig sein? So viele existentielle Fragen, so viele Fragen ohne Antworten, weil der Mensch so oft lebt, ohne ein Bewusstsein für das zu haben, was ihn durchquert. Er ordnet einen Moment seines Lebens in der Folge eines anderen ein, ohne sich die Zeit zu nehmen, um zu begreifen, dass alle seine Erlebnisse von gestern das aufgebaut haben, was er heute ist.

Es fällt mir nicht leicht, euch zu erklären, wie das funktioniert, was das Blatt, den Zweig, den Baum und, mehr noch, den Wald miteinander verbindet, wenn klar ist, dass viele von euch nur eine winzige Kenntnis von den Wesen haben, die ihren Boden teilen, oder von denen, die auf der anderen Seite des Vorhangs leben. Bevor ihr einen Blick auf das werft, was euch umgibt, ist es ausschlaggebend, damit zu beginnen, euch selbst zu kennen.

Die Zeit ist für euch gekommen, über den Horizont hinaus zu schauen, jenseits des Sichtbaren, und euch mit der Realität und dem Authentischen zu verbinden. Ich wende mich an euch nicht im Ton eines alten, verbitterten Mannes, sondern, ganz im Gegenteil, getragen von einer grenzenlosen Liebe, um euch verständlich zu machen – nicht ohne Empathie –, dass der Sinn eures Lebens woanders ist. Den wirklichen Sinn eures Lebens werden ihr im Blick der Person finden, die euch mit einem Lächeln erfüllt. Ihr werden ihn in den Motivationen finden, die euch für eine gerechte Sache eure Grenzen überschreiten lassen. Ihr werden ihn in der Wärme der Tränen feststellen, die ihr auf eure Wangen spüren werdet, wenn ihr an das schon vor vielen Jahren gegangene geliebte Wesen denkt, und euch jenseits des Lebens und des Todes mit ihm in Liebe verbindet. Gerade durch das, was ihr verwirklicht haben werdet, weil ihr von guten Personen umgeben wart, durch all die Beziehungen, die ihr geteilt haben werdet, durch all die Dinge, die ihr aufgebaut haben werdet, jedes mit dem Willen zur Anstrengung abgeschlossene

Projekt, werdet ihr im Moment eures letzten Atemzuges erfüllt und selig davon zurückkehren.

UNISSENZ UND EPISSENZ

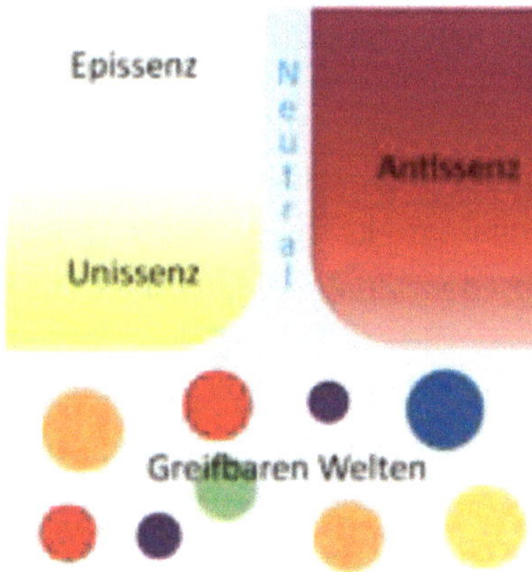

Abb. 3: Schematische Darstellung der verschiedenen Ebenen des Universums.(Epissence : Epissenz – Unissence : Unissenz – Antissence : Antistenz Mondes tangibles : Greifbaren Welten (wie die Erde))

Während ich mir der Größe und all der Möglichkeiten der Seele und ihrer Entwicklung bewusst wurde, störte dennoch eine Frage meinen Geist: Was ist das Ziel von all dem? Ich weiß, dass die Energie, die die Unissenz erhält, ohnegleichen ist, und dass die Möglichkeiten endlos sind; aber gibt es eine Art „Ende“? Mein Geistführer antwortete praktisch sofort.

- Wir werden zu einem späteren Zeitpunkt nochmals davon sprechen, wenn ich dir die anderen Niveaus der Unissenz und der Welten des Greifbaren erklären werde. Die Unissenz zu erreichen, ist keine Finalität. In dem Maße, wie die Seele sich entwickelt und ihr Bewusstsein ausweitet, erhöht sie ihre Schwingungsrate, bis sie ein Niveau erreicht, das ihr in einem Moment ermöglicht, in eine andere Welt überzugehen: die Epissenz.

- Das fügt allem, was du mir schon erklärt hast, eine noch ausgedehntere Dimension hinzu. Worin besteht diese neue Welt?

- Das kann ich dir nicht sagen, aus dem guten Grund, dass ich dort nicht bin, andernfalls wäre ich nicht in der Lage, jetzt zu dir zu sprechen. Auf unserem Niveau, von der Unissenz aus, sind wir nur in der Lage, den Zustand aufzufangen, in dem sich die Seelen befinden, die die Epissenz erreicht haben. Wir beobachten, dass sie eine intensive Emotion empfinden, die sich dem annähert, was ihr auf der Erde einen Zustand der Gnade nennen könntet.

- Hast du eine Idee, was sie dermaßen bewegen könnte?

- Wir stellen sie uns tief bewegt vor angesichts einer Offenbarung, die aber nicht mehr im Bereich des rationalen Verstehens liegt. Es ist das Geheimnis von „dem, was ist“; gerade dort liegt die Erklärung der Funktionsweise des Ganzen.

- Ist das letztendliche Ziel der Entwicklung der Seele also nicht, sich im Ganzen aufzulösen?

- Nein, natürlich nicht (Gelächter). Im Gegenteil! Das Ziel der Seele ist, sich zu erheben und vom Ganzen zu lösen. Von der Unissenz geht die Seele über zur Epissenz, denn nach einer gewissen Zeit wird es belastend, ständig und endgültig mit dem Ganzen verbunden zu sein.

- Hier nun ist endlich eine Erklärung, die mir gefällt! Ich hatte keine Lust, all das zu durchlaufen, was du mir erklärt hast; also die Geburt der Seele, die verschiedenen mühsamen Inkarnationen, die aufeinander folgenden, kennen zu lernenden Welten usw., um mich ganz einfach im Ganzen aufzulösen. Alle diese Mühen für ein Ergebnis, das bei mir den Eindruck erweckte, zu „Nichts" zu werden, wie anonym oder geschmolzen in einer universellen, aber unpersönlichen Masse! Kann man von der Epissenz zur Unissenz zurückkehren?

- Nein, die erhöhte Schwingungsrate der Seele erlaubt dies nicht.

- Ich fühle mich nach dieser Erklärung sehr klein vor meinem Computer, und ich verstehe viel besser, warum ihr, die Geistführer, unsere Inkarnationen von der Unissenz her als „Details" anseht.

- Ja, wie bedeutsam ist es, einige Jahre in einer unbequemen Situation zu leben, während der Zeit einer Inkarnation durch schwierige Etappen zu gehen? Wir sehen alle eure Passagen als Formen der Erfahrung, und jede Erfahrung als ein Mittel, eure Seele wachsen zu lassen und euch letztendlich immer ein wenig mehr dem anzunähern, was ihr auf der Erde als „Ewigkeit" bezeichnen könntet, am Ende derer ihr aber Zugang zum Geheimnis des Ganzen erlangt, zu diesem „Gnadenzustand". Aber stellt euch nicht vor, euch auf einen ungezügelten Wettlauf gegen die Uhr machen zu müssen, mit der Suche nach diesem

Geheimnis als einziger Wahnvorstellung. Die überwiegende Mehrheit der Seelen in der Unissenz hat keinerlei Vorstellung von der Epissenz. Was an sich eine gute Sache ist, denn die Unermesslichkeit des zu durchlaufenden Weges und der zu durchquerenden Etappen erscheinen ihnen unzugänglich. Man könnte diese Situation mit der eines Kindes vergleichen, das beginnt, das Alphabet zu lernen. Es kann sich vorstellen, dass das Lernen all dieser Buchstaben ihm nützen wird, Wörter zu entschlüsseln, aber es ist unfähig, sich den Umfang all dessen vorzustellen, was das Lesenkönnen ihm ermöglichen wird, in seinem Leben zu verstehen und zu leben.

Die Menschen funktionieren nach dem Prinzip, dass alles einen Beginn und ein Ende hat und dass zwischen diesen beiden Daten eine mehr oder weniger lange, festgelegte Zeit verfließt. In der Unissenz wird die Zeit nicht auf dieselbe Weise wahrgenommen; aus diesem Grund empfinden wir weder Eilfertigkeit noch Ungeduld noch Sättigung. Jede unserer Situation befriedigt uns vollständig, und wir nutzen das, was ist, als einen einzigartigen Moment. Ihr auf der Erde kennt starke Momente, die ihr auf einzigartige Weise erlebt, in ihrer ganzen Intensität: ein Gefühl der Liebe, einen großen Erfolg, einen aufrichtigen freundschaftlichen Austausch, das Streicheln einer liebenden Person, einen vor der Schönheit einer Landschaft sprachlosen Blick und noch so viele andere Dinge. Alle diese Momente sind nicht miteinander vergleichbar, selbst mit denen der gleichen Art. Sie sind um so einzigartiger, als sie von eurer eigenen Wahrnehmung abhängen, vom Einfluss derjenigen, die euch umgeben oder am Ereignis teilnehmen, aber auch – in größerem Maßstab – von der Energie, in der die Erde in dem Moment badet, in dem ihr die Situation erlebt. Die Seelen in der

Unissenz entwickeln sich nicht mit dem alleinigen Ziel, diesen Gnadenzustand zu erreichen, denn sonst würde alles, was vorher vorgesehen ist, seine Bedeutung verlieren. Sie leben nicht, um sich zu entwickeln, sondern um genau in der gegenwärtigen Sekunde zu sein. Der Rest wird sich zu gegebener Zeit zeigen; ob sie daran denken oder nicht.

Ihr könnt auf jeder Etappe der Umsetzung eures Entwicklungsplans mit einem genauen Ziel leben, arbeiten und handeln und dabei gleichzeitig im gegenwärtigen Moment bleiben. Ganz einfach deswegen, weil es unmöglich ist, das vorherzusehen, was in der Zwischenzeit geschehen kann und auf welche Weise das Projekt sich entwickeln wird, denn in jedem Moment kann eine Information hinzukommen, die eure Sicht der Dinge verändern wird und euer Projekt umformen wird.

Es ist wirklich wichtig, zu verstehen und aufzunehmen, dass das Wesentliche nicht darin besteht zu werden, sondern zu sein.

DIE BOTSCHAFT DER GEISTFÜHRER

- Durch jede eurer alltäglichen Handlungen steht ihr in Verbindung mit einer Periode, einer Bevölkerung, einer Welle; aber mehr als einer Welle: Eurer Welle. Nicht aus Zufall entscheidet ihr, euch in einer präzisen Epoche und an einem bestimmten Ort zu inkarnieren, denn alle diese Parameter haben Anteil an eurer Entwicklung. Selbst wenn ihr euch anders fühlt, so sehr, dass ihr euch fragt, was euch wohl mit dem Rest der Menschheit verbinden könnte, erinnert euch daran, dass es immer einen guten Grund für eure Präsenz inmitten der anderen gibt. Ihr könnt euch mit einer riesigen menschlichen Leiter vergleichen, an der jeder eine horizontale Strebe ist, auf die der andere sich stützen kann, um sich zu erheben. Alle eure Handlungen, gute wie schlechte, werden auf mehr oder weniger wahrnehmbare – aber immer positive – Weise diejenigen beeinflussen, die ihr unbemerkt geführt werden zu treffen, oder mit denen ihr für die Dauer eures Lebens zu tun habt. Der gegenseitige Einfluss wird bei jedem die Sicht auf die Dinge und die Lebensweise beeinflussen. Es gibt nur sehr wenig Raum für den Zufall auf eurem Weg; weder in euren Freuden, noch in euren Leiden.

Jede Mutter erlebt die Ankunft ihres Kindes auf einzigartige Weise, und jedes Kind, das zum Leben kommt, ist mit einer einzigartigen Persönlichkeit ausgestattet. Dennoch wird jede entstehende Generation dieselbe Epoche gemein haben, dieselbe geerbte Quelle von Erinnerungen ihrer Ahnen, und wird ihren Teil zur Erde und zu denjenigen, die sie umgeben, beizutragen haben. In der aktuellen Epoche sind die Verbindungen echter Liebe sehr selten. Wenige Personen sind fähig, echte und haltbare Beziehungen zu pflegen. Die Verwandschaftsbeziehung ist oft der einzige noch beibehaltene legitime Grund, um einem Familienmitglied in schwierigen Momenten zu Hilfe zu kommen oder ihm eine Vergebung zu gewähren. Diese Tat der Vergebung erfolgt viel häufiger aufgrund der Glaubens-vorstellungen oder kulturellen Gewohnheiten als aufgrund einer wirklichen Herzensregung. Einem Unbekannten zu helfen, oder sich auch nur vorzustellen, die Anstrengung aufbringen zu müssen, ihn zu verstehen, ist für die meisten Leute schwierig. Sich von denjenigen fernzuhalten, die Entgleisungen begangen haben oder die abgeirrt sind, ist ein leichterer Ausweg, als sich einzusetzen, um zu versuchen, sie zu verstehen oder sie auf einen besseren Weg zu begleiten. Dennoch ermöglichen die Irrtümer der einen die Bereicherung der anderen. Sich der Rolle bewusst zu werden, die jeder in der kollektiven Geschichte spielt, ist für eure gemeinsame Entwicklung unerlässlich. Natürlich geht es nicht darum, pedantisch den kleinsten Austausch zu erörtern, den ihr an eurem Tag habt leben können, sondern darum, mehr auf die kleinen Dinge zu achten, die euch zunächst belanglos erscheinen und euch doch ermöglichen werden, die Bedeutung des von euch Erlebten besser zu verstehen, und somit voranzukommen. Dem anderen zu helfen, wird euch helfen. Es gibt keine Einbahnstraßen-Handlungen.

Von der Geburt bis zum Tod geht der Mensch durch verschiedene Etappen, die für seine Entwicklung unerlässlich sind. In der Unissenz erhaltet ihr eine theoretische Schulung, dann inkarniert ihr euch für die Praxis während der Dauer eures ganzen Lebens. Euer Geistführer kann nicht alle eure Bitten und alle eure Wünsche erhören. Er muss die für euren Fortschritt erforderlichen Prozesse respektieren, selbst wenn ihr das ungerecht findet. Ihr seid euch der Kraft seiner Lehre, seiner allgegenwärtigen Unterstützung ab genau dem Moment nicht bewusst, an dem ihr euch entschieden habt, eure menschliche Erfahrung zu beginnen, bis zu eurer Rückkehr in seine Nähe. Selbst in den tragischsten Schicksalen ist er der treue und engagierte Begleiter, der euch zuhört und euch zur Verfügung steht, um – im Lichte seiner Kenntnisse – die zahlreichen „Warums" zu erhellen, die euer Leben abstecken.

Kehrt zurück zum Wesentlichen, zu dem, was eure Seele nährt. Gebt dem Nutzlosen und Illusorischen nur ihren Wert weltlicher Mittel, statt daraus eure Lebensziele zu machen. Nutzt die paar Minuten, die ihr morgens zu viel braucht, um im Spiegel eure Falten zu erforschen, um im Innersten das Bild zu beobachten, das ihr von euch selbst und von eurer Seele haben möchtet. Nutzt die Zeit, die ihr bei unfruchtbaren Konflikten oder nutzlosen Streits verliert, um euch die richtigen Fragen zu stellen, die euch neue Verständnisniveaus erreichen lassen. Die Stunde ist gekommen, zu den Werten zurückzukommen. Neu zu betrachten, was wirklich zählt, was euch erfüllt. Denkt jeden Moment, als ob es der letzte sein könnte. Nicht in der Angst zu sterben, sondern, ganz im Gegenteil, mit dem Bewusstsein dessen, was wesentlich, unerlässlich und richtig ist. Dessen, was ihr Lust habt zu erreichen und vor dem Gehen nicht zu verfehlen. Dessen, was ihr gern in euch mitnehmen möchtet und was euch glücklich und stolz über euch selbst machen würde am Tag, an dem ihr da oben auf der Wolke angekommen sein werdet, auf die ihr euch unausweichlich eines Tages setzen werdet. In diesem Moment ist es nicht mehr möglich, in dieser unvermeidlichen Gegenüberstellung irgendwen zu täuschen; nicht einmal euch selbst. Was habt ihr dann Lust, dort zu sehen? Die Liste der glücklichen Momente, die Serie des geteilten Lächelns oder die Menge eurer materiellen Güter?

Die Erde vollendet ihren Zyklus der „langfristigen Pläne", um den des „gegenwärtigen Moments" zu starten. In dieser schon eingekuppelten Zukunft werden die Bindungen, die die Menschen einen, enger werden müssen und eine bewusste Einheit erschaffen müssen. In der Abenddämmerung der Ära der Individualität wird das Bewusstsein des Ganzseins, der Einheit fortbestehen, das euch alle miteinander verbindet und das schon bestimmte Menschen bewegt. In einer kompakteren Einheit, die die Menschheit seit Langem nicht mehr gesehen hat, werden die Menschen dann die Welt im Bilde dessen, was jeden Menschen bewegen sollte, neu erfinden. Erst dann wird die Erde wieder zu einer heiteren Erde werden, wo eine gemeinsame Evolution möglich und effizient sein wird. Lasst nicht die Arme hängen, indem ihr glaubt, auf das verzichten zu müssen, worauf ihr Lust habt. Im Gegenteil, öffnet die Arme, um jeden Moment zu empfangen, der euch ermöglichen wird, in euren Handlungen oder euren Erlebnissen den Endzweck der Dinge zu sehen.

Ihr bleibt frei, gemäß dem, was euch richtig erscheint, zu denken und zu handeln, aber vielleicht werden ihr meine Botschaft als eine offene Tür zu einer anderen Realität sehen. Ihr könnt dieses Buch in die Ecke eines Regals stellen, es wegwerfen oder es in weitere Hände geben, die euch wertvoll sind. Vielleicht wird es ihm gelungen sein, etwas Menschliches in euch zu berühren oder zu erwecken, das euch mit euch selbst verbindet, denn ihr seid die einzigen, die die Schlüssel für eure Entwicklung in der Hand halten. Wir teilen hier nur gemeinsam einige Sekunden eures Seelenlebens, und dennoch führt jede von ihnen zu einer neuen Kurve auf dem Weg der Seele. Ich spreche hier im Namen von Milliarden Geistführern, die nur auf eins warten: dass ihr die Hand ergreift, die sie euch reichen. Sie sind da, um euch zu helfen. Allen, so wie ihr seid, in eurer Individualität, eurer Singularität. Mit euren Hoffnungen, euren Schmerzen, eurem Potential, wisset, dass es wirklich eine Person gibt, die an euch denkt und die zu allem bereit ist, um euch die Hilfe zu geben, die ihr braucht. Jenseits dessen, was ihr glaubt, zum Leben zu brauchen, sieht er eure nächste Entwicklung voraus und stellt euch alle erforderlichen Elemente zur Verfügung, damit ihr bestmöglichen Erfolg habt. Er ist derjenige, der euch noch besser kennt als ihr selbst und noch viel besser als eure Mütter. Er ist euch viel näher, als ihr denkt, und er hört euch fortwährend zu.

Also Kopf hoch, und ergreift seine Hand; er ist für euch da!

LEXIKON

Unissenz	Von den Geistführern mitgeteilter Begriff, der die Begriffe Universum und Essenz verbindet (in der Metaphysik beinhaltet das Konzept der Essenz einen Unterschied zum Wesen). Bezeichnet die Ebene des Universums, zu der die desinkarnierten Seelen zwischen zwei Inkarnationsprojekten zurückkehren, hier befinden sich auch all diejenigen Seelen, die sich von der Ebene der greifbaren Welten lösen konnten.
Antissenz	Der Unissenz sich entgegenstellende Welt, die im Negativen wirkt, jedoch mit der Überzeugung, im Rechten zu sein. (Von den Geistführern mitgeteilter Begriff.)
Epissenz	Höhere Ebene der Unissenz, auf der sich die desinkarnierten Seelen wiederfinden, die sich entwickelt haben und nicht mehr durch die Reinkarnationszyklen laufen. (Von den Geistführern mitgeteilter Begriff.)
Aphasie	Die auch als Stummheit bezeichnete Aphasie ist eine Sprachstörung, die den sprachlichen Ausdruck oder das Sprachverständnis beeinträchtigt, schriftlich wie mündlich.
Aura	Das Individuum umgebendes Energiefeld, dessen Farben je nach emotionalem, körperlichem und spirituellem Zustand variieren und das von Hellsichtigen wahrgenommen werden kann.

Asynklitismus	Begriff aus der Geburtshilfe, der unter der Geburt das Fehlen einer Parallelität zwischen der Beckenachse und der Kopfachse im Moment des Eintritts des Kopfes des Fötus in das Becken bezeichnet.
Balken	Angelehnt an die Balken statistischer Diagramme, bezieht sich hier auf eine Kontrolle der Entwicklung der verschiedenen Emotionen, Gefühle und Ressourcen der Seele in unterschiedlichen Entwicklungsstadien.
desinkarniert	Seele, die einen physischen Körper verlassen hat und in die Unissenz zurückgekehrt ist.
Entität	Irrende Seele, die im Jenseits geblieben ist und sich von ihrem Geistführer abgetrennt hat, indem sie negative Gefühle entwickelte. Negative Seele, die destruktive Absichten haben kann.
Gamet	Männliche bzw. weibliche Reproduktionszelle, deren Kern nur einen Chromosom jedes Chromosomenpaars enthält und die sich bei der Konzeption mit dem Gamet des anderen Geschlechts vereint, sodass die befruchtete Eizelle (Zygote) entsteht.
Geistführer	Desinkarnierte Seele, die ein gewisses Entwicklungsniveau erreicht hat, das ihr erlaubt, in den greifbaren Welten inkarnierte Seelen in ihrem Lebensprogramm zu begleiten. Auch als Geisthelfer bezeichnet.

Geisthülle	Feinstoffliche und ätherische Materie, aus der (nach dem körperlichen Tod) die Umhüllung eines Geists besteht.
Hilfsführer	Geistführer, der Nebenfunktionen erfüllt (oft in einem ganz bestimmten Bereich) und der den einer inkarnierten Person zugewiesenen Geistführer unterstützt. Die Hilfsführer haben sich entschieden, diese Funktion während einer Zeit ihrer Existenz auszufüllen.
Morbus Crohn	Gehört zur Gruppe der chronisch-entzündlichen Darmerkrankungen. Kann einen oder mehrere Teile (Seiten) des Verdauungskanals erreichen (den Grimmdarm, den Dünndarm und/oder den Anus).
Polytheismus	(von griech. poly und theoi: Götter) Vielzahl von Göttern oder Geistern.
uninkarniert	Adjektiv, das die Geistführer einer Seele gegeben haben, die desinkarniert ist und die – aus dem einen oder anderen Grund – dennoch in einer greifbaren Welt geblieben ist, zum Beispiel auf der Erde.

DANK

Ein großes Dankeschön an alle Menschen, die uns großzügig ihre Lebensgeschichte geschenkt haben.

Danke auch an alle Freunde, die sich für die Entstehung dieser Arbeit eingesetzt haben und die uns während des Projektes ermutigt und unterstützt haben.

Danke an das Universum und unseren Geistführern dass zum richtigen Zeitpunkt die richtigen und wertvollen Begegnungen stattfinden konnten.

INDEX